小病不求人

张步桃◎著

中央廣播電視大學出版社
中国城市出版

图书在版编目(CIP)数据

小病不求人/张步桃 著. -北京:中央广播电视大学出
版社,2009.10

ISBN 978 - 7 - 304 - 04250 - 9

Ⅰ.小…Ⅱ.张…Ⅲ.常见病 - 防治 - 基本知识Ⅳ.R4

中国版本图书馆CIP数据核字(2009)第121779号

小病不求人

张步桃 著

出版:中央广播电视大学出版社

发行:中国城市出版社

电话:选题策划中心 010 - 68183482

　　　发行部 010 - 63275378 　总编室 010 - 68182524

网址:http://www.crtvup.com.cn

地址:北京市海淀区西四环中路45号 邮编:100039

经销:新华书店

策划编辑:郑毅　　　　　　　　　封面设计:安晓蓓

责任编辑:郑毅 郑良苹 冯俊文　　插图设计:李卫

责任印刷:杨冬梅

印刷:北京耀华印刷有限公司

版本:2009年10月第1版 2009年10月第1次印刷

开本:710×1000mm 1/16 　印张:16 　　字数:138千字

书号:ISBN 978 - 7 - 304 - 04250 - 9

定价:28.00元

自序　了解身体警兆就不会恐惧

　　尽管现代科技昌明，医药发达，大多数疾病都可以找出病因，进行有针对的治疗，但是仍然有许多功能性疾病是尖端仪器一筹莫展的。然而，我们的老祖宗从千百年来与疾病的斗争中，早就体察出临床病症与人体经络、脏腑之间的关系，只要临床上出现某些症状，就可确诊为某经络或脏腑发生病变，并据以治疗。如果大家都能够学会这些基本的自我诊治原则，那么既可以节省许多不必要的检验时间与医疗资源，更重要的是可以立即掌握自身的病情。这就是我一向主张自我辨症的原因。如果每个人都能充分认识自己的身体，知道趋利避害，生活中面对病痛也就会少了很多疑虑和恐惧。

　　事实上，我们的老祖宗累积了相当丰富与实用的药食、方剂，只不过因为大家对此缺乏认识，又没有深入了解，才会将其斥之为不科学、迷信。这种状况是非常令人担忧的。其实每个人都知道中药都是取自天然药材，从日常饮食中寻求有益身心的食物也是每个人所期望的。有鉴于人工合成药物对人体的副作用，我近年来有意识的向大众介绍常用、实用的方剂，这一举措已经引起社会大众的热烈反响。这更加使我感到责无旁贷，应该尽我所能的把我们老祖宗的智慧结晶，用浅显易懂的文字介绍给大家。

　　我在 1991 年 11 月 20 日因为肾盂肾炎，腰痛得感觉都快要断掉了。当然，我肯定知道是肾脏出了问题，为了进一步了解病情，我就去医院挂了急诊。经过现代设备的各种检查，最后确诊我患的是急性肾盂肾炎。当时我的血小板指数急剧下降，只剩下 7000，而正常情况下是 15 万至 30 万。按照现代医学的看法，简单地说我就是患了血癌。一般人听到这消息肯定如同晴天霹雳，要不就是感到宇宙即将毁灭、地球将要消失，要不就是以泪洗面，终日哭泣。而当我得知这个消息的时候，也没有感觉到什么特别不能够接受的，心情很平静，但是绝对不是麻木。

　　我从小生于忧患，有 11 个兄弟姊妹。我的父亲生前常说："1 个人的嘴巴两寸，11 个两尺二。"也就是说家里每天要 1 斗米才能够勉强维持温饱，但是我父亲当时每天的收入还不到 1 斗米的钱。在那种食不果腹的情况下，像我这种3级贫户的孩子能够考上台湾大学几乎就是一个奇迹。所以从小我就知道自己必须更加努力，只有付出比别人加倍的心血我才有可能闯出自己的一片天空。取得中医师资格，从事医疗工作，一步步走来，我所作出的努力，不说以一当十，起码也能说是以一当三；现在我已经活了60岁，再乘以3的话就是180岁，所以我已经没有什么可遗憾的了。我每天都保持着这种平和的心态，只要早上起来发现还能呼吸，我就满怀喜悦。所谓心无牵挂，心无牵挂也就没有恐惧，没有恐惧就不会反复颠倒地去想。所以，到现在我还活得好好的。

我从事医疗工作已经超过30年，手头累积的病例不下百万，已经出版的相关著作也有20余种，书中病例都储存在电脑档案里面，随时都可供查证。三十年来，我的临床处方用药一直都是本着"简单、方便、便宜、有效"，也就是"简、便、廉、效"的原则，其目的都是弘扬祖国的传统医学，以传统医学来救死扶伤。

2007年9月台湾地区红眼病流行，每天患病的人数成倍增加。治疗这种病西医至少需要两个星期的时间，还不一定能够治愈；而中医只需要用菊花、桑叶、竹叶煮水熏蒸，拿这个当做药来喝，不出3天症状很快就缓解了。这样不仅节省了医疗资源，更重要的是使得人体避免了药物的毒副作用。老祖宗说"凡药皆毒"，更何况西药都是化学合成的，其副作用就不言而喻了。终究还是老祖宗的东西管用。

以上是我从医30余年来个人的一点感悟，在图书即将出版之际，姑且就以之为序。

张步桃
写于台北市百佛居

目 录

小病不求人

第八章 五脏增阳减阴法（上）

第九章 五脏增阳减阴法（下）

第十章 食物增阳减阴大法

第十一章 全家都健康的真谛

后　记　中医的科学性

第一章　医病先医心

> 患者在治病的时候，最忌患得患失、不相信自己能够战胜病魔，更不相信医生的诊治，一味求速。中医很看重心态在治病中所起的作用，只有保持良好乐观的心态才能够加快病情的好转，否则只会适得其反。

时刻保持乐天达观的心态

养生医病没有什么特别深奥的东西，说简单点就是"放下"。能放下的人，名利与他无关，权、钱他不在意，就没什么好争的，心境就很淡然、开阔，自然身体就容易康复。

每个人最注意的还是自己，在意自己的臭皮囊，任何和自己相关的问题都不容易放下、看开。所谓的七情六欲，都在影响着我们的心情。但是一个人如果挂念太多，心里就放不下，相应就会影响到自己的生理的机能，从而直接或间接地损害自己的健康。《黄帝内经》中有句话说："正气存内，邪不可干。"所以，养生或治病必须从养心开始。

这些年来，一有空我就到各地去做义诊，义诊时会遇到许多疑难杂症，我觉得很有意思。给他们治好了病，病人就高兴，我也会感到很开心。例如有一位中风的太太，她是9月17日发的病，12月11日到我这里来就诊。当时她坐着轮椅，双脚不能站立，更别提走动。经过一番诊断之后我给他开了药，吃完药第2天她就可以站起来，两周后竟然可以不用拐杖、支架，只需人搀扶已经可以自行走路，等到第2年4月份我再去做义诊时，她几乎已经完全康复了。还有位先生从 1926 年到 1970 年一直持续拉肚子，拉了 44 年，每天至少会拉 8 次，结果我把他医好了。这不也是一件很值得开心的事吗？

其实人常常会因为外在的因素影响了心情。例如当医生告诉病人他的病情后，即使原本没有患病的人，也会开始全身出现大大小小不同的病症，这就是心没有达到"心无牵挂"的原因。

我记得小时候身体不好，经常会出问题。在大约 2 岁的时候我有一次拉肚子，吃什么药也没有效果。有的人说鸦片可以止泻，我的母亲就弄了一大块鸦片屎（鸦片燃烧后的灰烬）给我吃，结果拉肚子马上止住了。但鸦片除止泻外还有麻醉作用，所以我吃下去之后 3 天 3 夜都没有醒过来。我母亲以为我肯定是小命难保，所以买了一个小肥皂箱准备把我埋掉。幸亏我命不该绝，后来我父亲出诊回来了才把我救醒。还有一次，母亲生病，我大姐将熬好的药放在桌子上面，我因为肚子很饿，误以为那碗里面装的是可以吃的食物，就动手去拿。结果不慎打翻了药，导致全身烫伤 1/2 的严重后果。一般烫伤达到全身 2/3 就会有生命危险，因为皮肤有呼吸及保护内脏的功能，一旦造成大面积烫伤，皮肤的呼吸和保护功能就会严重受损。而且烫伤处还不能接触到衣服，伤口必须随时擦药也不能穿衣服。还好当时是夏天，不然我不因为感染而死也会被活活冻死。后来经过我父亲的细心治疗，总算是从鬼门关捡回来一条命，但是到现在身上的伤痕还是可以看到。有过这几次生死经历后我就看得很开了，人生中最糟糕的情况都被我碰到了，还有什么不能坦然面对的呢？

或许有人还会说："我的孩子还小，我还有很多事没有完成……"。但只要我们把每一天都当成生命的最后一天来过，就没有什么好遗感的。就像我，从小因为家庭贫困经常是三餐不饱，身体可以说是先天不足、后天失调，能够活到五六十岁我还有什么不满足的？当然近几年来我能够不生病的原因，我想除了心无牵挂、放得下外，跟每天生吞黑豆也有点关系。因为黑豆可以解毒、明目、补肝肾。肾又是主骨的，所

以黑豆还能够增强造血功能。

所以只要心无牵挂、放得下，不要暴饮暴食，正常生活就可以避免患病。即使有一天面临死亡我们也不必太担心，因为死是人生必经之路，走一趟殡仪馆就可以了结。人生在世如过眼云烟，也不必太刻意去争什么，只要心安就可以。我现在觉得我是稀有动物！因为像我这样的人已经不多了。至今我每天都会喝酒，但是会控制量，下酒菜只不过地瓜叶、莴苣、萝卜汤这几样简单的日常小菜，可以说是既能够保有自己的嗜好，又能够做到有所节制，所以能活得很好。

总而言之，一切在于自然，心无牵挂。如果可以做到活在当下，珍惜每一天、每一刻，又能放下一切烦恼，自然可以保持愉快的心情，拥有健康的身体。

病来如山倒，病去如抽丝

疾病的发生绝对不是偶然的，尤其是那些重症，它们都有一个长期潜伏积累的过程。因此要想一下子就把它根除掉那是不可能的。患者千万不能听信那些宣称"一帖见效，二帖转机，三帖治愈"的"祖传秘方"，否则不仅耽误病情，还有可能因此送命！

我的患者中有位姓郑的先生，有30来岁，很不幸他得了鼻咽癌。他在高雄的一个医院以放射治疗配合化学治疗一段时间后，鼻子、眼睛、耳朵都出现了并发症，医院也没办法。后来经过朋友介绍他来到我这里求诊，经过一年的治疗，上面所说的症状都逐渐改善了。虽然离痊愈还需要一段时间，但是起码病情已经稳定，应该不至于再恶化。谁知道这位郑先生认为进步缓慢，听信别人的传言，说是某市场附近有人标榜祖传秘方，能"一帖见效，二帖转机，三帖治愈"。他对此坚信不疑就前往治疗，不久就听说他因为病情恶化而去世！

还有一位姓李的年轻人，26岁，刚刚大学毕业。可能因为经年累月苦读、长期疲劳，加上不讲究营养，所以他体力不支突然病倒，很快被家属送到某医院住院诊治。医院检查结果认为是肝肿瘤，住院都已经几个星期，他的病情却没有明显进展。经过朋友介绍我过去给他看病，我就给他开了几副药方。当时他曾经跟我提起过，说是台湾省的南部有人擅长治肿瘤病，而且敢拍胸脯保证不出三五帖就可以治愈。这位李先生在住院期间就开始自行服用这个偏方，但是看不到什么效果。结果那个开偏方的人居然说是因为他没有专心治疗的缘故。于是，这位刚刚毕业的大学生征询我的意见。我告诉他不能够相信这种能快速治好疾病的医生及药品，可惜他和他的家人没有听从我的劝告，竟然办了出院手续专程去接受"治疗"。我一直很担心这位年轻人，所以不时打听他的信息。结果不出多久，就得到他已经离开人世的消息。

患者急求治愈的心情是可以理解的，但首先要明白的是世上没有所谓的"神医"和"仙方妙药"。殊不知"病来如山倒，病去如抽丝"，如果急病乱投医，看完西医看中医，甚至到处寻访所谓的偏方、家传秘方，往往会把小病耽误成大病，大病弄得最后人都没得救了。

信心是最好的良药

有个成语叫"讳疾忌医"，讲的就是齐桓公不相信扁鹊的判断，整天说自己没病，最后导致病情发展到无法医治。2000多年过去了，到现在还有很多病人不相信医生的诊断，最后耽误了自己的病情。所以，患者首先要做的就是"相信"。相信自己，相信医生。

关于医生看病方法这个问题，《黄帝内经》有一段话，翻译成我们现代话就是：治病之前必须先了解患者的大小便状况，详细辨别脉象，观察病人的心情与精神状态，甚至其他临床表现的症状。如果患者迷信鬼神，就不要跟他谈医学的道理，如果他不愿接受针灸或药物治疗，也不用向他解释针灸技巧。如果患者不愿以虔敬的心接受医疗，病就不容易治好，即使勉强治疗也会徒劳无功，无法收到预期的疗效。

其实远在 2000 年前，我们的老祖宗就已经有不信鬼神、宁信医学的科学思想。孔老夫子也早在春秋战国时代就对"不问苍生问鬼神"的行径很不以为然。历朝历代不知多少硕学鸿儒在钻研孔子学术、发扬儒家思想时，把孔老夫子推上至圣先师的最高地位。可惜的是，自春秋战国一直到汉朝，好不容易建立了完整的医学理论体系，却因老祖宗都热衷于当官，不屑去研究医术，而使传统医学发展停滞不前。不然，以我们中国人的聪明智慧，相信我们的医学水准早已到了登峰造极的地步，足可以为中国人扬眉吐气。前美国总统尼克松访问中国，就对神奇的中医针灸赞叹不已，这绝不只是奉承而已。

患者治病，首先要做到的是对医生要有信心，不然疗效肯定会打折扣。2000 年前是这样，今天依然如此。我曾经看过一个病人，他上午就诊一位医生，吃过药之后未见反应；下午又去看另一位医生，吃完药仍然没有看见效果，所以晚上再换了一位医生。这位病人一天之内换了3 个医生，后来的医生都在他求好、求速的心态下，开出最高剂量的药，结果最后他因为服药过量而发生意外。在身体不舒服的情况下，这种寻求神医、仙方的心态可以理解，但老祖宗曾经说过"仙方妙药也要 3 帖才能见效"，何况是沉疴痼疾！前段时间有位 27 岁的病人，他从7 岁起就患了肾病，全身水肿 20 年，都已经不知道住过多少次院了。后来他挑了个星期六到我这来看病，星期天吃了第一剂药，周一早上他就以质疑的口气打电话来问我说：为什么我吃了你一帖药，而全身的水肿一点都没消退？他的这个举动使我深深感到社会大众对传统医学的渴望，同时也发现他们对中医的不了解。"病来如山倒，病去如抽丝"，怎么可能 20 多年的痼疾在一夜之间就突然一下子都好了呢？事实上，只要有信心，慢慢治疗，一定可以完全治好的。

不要对药物一知半解穷担心

有位陈女士自己以前开过药店，患病后对医生开的药不放心，自己就对着方子查医书，自己随意增减。本来是小病，结果后来引发了急性肝炎。所以要相信医生，别凭着自己的经验瞎操心……

除了迷信神医之外，患者最常犯的错误就是自己对药物一知半解、心存疑虑，甚至有的人更因此而怀疑医生的判断和疗法。我也经常会碰见一些患者，当医生视病情需要，处方中用大黄时，他就紧张万分。因为他知道大黄有泻下作用，患者见到处方就告诉医生说自己的身体很虚弱，承受不了这种泻药。其实大黄配其他药物也不一定会大泻，如果剂量上拿捏得恰到好处，除了泻下之外，大黄还能解热、消炎、消除肿瘤。微量的大黄甚至有健胃作用，何况祛邪所以养正，病邪排除，正气自然恢复。因此传统中医文献中有"泻就是补"一说，这种深奥的传统医学理论并不是一般人士所能够领会的。

有位陈女士，已经 62 岁了，前些年得了急性肝炎。等到她被送到某医院急诊的时候，当时查出来肝功能指数已经高达 780 了，眼睛也已经出现黄疸，尿呈褐色、肝区有压痛感，这严重影响了她的睡眠。在现代医学检验与中医治疗配合之下，结果她的症状很快得到改善。但实际上在这次发病的前一年，她已经因为尿蛋白过高而住过院，因此每隔两周就到医院作检查。麻烦的是这位陈女士自己以前是开药店的，对药物的性能有一定了解。每次她拿到医生开的药方就马上回去查医典，了解药物的药性，只要是自己感觉不对头的药物就不吃，也不和医生商量。这样长期下去，身体状况越来越差，最后才造成了急性肝炎的严重后果。

再举一个例子，有些患者一看医生用当归，就会紧张万分地说："我的身体不能进补，每次吃完当归就上火，而且嘴巴会破的。"其实当归配地黄、芍药、牡丹皮等寒凉药或滋阴药后，其辛温的属性已经被平衡了。再说，好的医生以诊断结果为依据，应该用什么处方，他们心里面自然是有考虑的。中医用药讲究冷热寒凉的搭配，其实只要调配得当，药物之间不仅可以相互促进激发，对彼此的副作用也是相互中和、制衡的。

从上面的例子我们可以看出，目前社会大众的知识水准普遍提高，从各种报刊或传播媒体中他们也能获得丰富的医疗保健常识，但因为急病乱投医，或是对医生的信任感不够，加上江湖骗子横行，这样更容易被误导。所以患者在治病求医的时候一定要去正规医院，要相信医生的判断，配合医生的治疗，这样才能够让自己更快好起来。

药别随便吃

老话说"是药三分毒"，我们的老祖宗在几千年前就意识到了药物的毒副作用。其实无毒的药物也不是绝对安全的，一旦药性相冲的话可能会导致危险，所以说生病后最危险的是乱吃药。

中华民族是个喜欢吃药的民族，从每年进口药品所消耗的外汇和外出旅游而归大量采购的药品，就可以看出民众的这一喜好。

在医疗保险还没有十分普及的年代里，很流行一句话："一人看病，全家吃药。"家里有人担任公务员的，拿一张公保诊疗单去看门诊，患者常常会要求医生多开些药，反正"缴了保费，不看白不看"。因为那时工资待遇普遍偏低，医疗费用在一般家庭生活开支中占了相当大的比例。多拿些药以便家庭"共享"，一方面可以节省医疗费用，另一方面也可以减少诊病时间。（大家可能还记得"三长两短"的玩笑话，意思指等挂号、等看病、等取药的时间长，而医生的诊断、处方的时间短。）医生也非常了解这种情况，反正是顺水人情，也就乐得成全。

小病不求人

姑且不论这种做法是对是错，就以一人看病，全家吃药，以及未经医生诊断就贸然吃药这件事来说，如果恰好药对症那还好说，病情可以缓解甚至痊愈；但是如果患者判断错误而弄得药不对症，结果如何那就谁也不能预料了。尤其是现在，洗肾的患者逐年增加，几乎已到了令人怵目惊心的地步。这固然与自然生态的被破坏，空气污染、水污染有关，残留农药毒素、病猪（鸡）、死猪（鸡），各种食物防腐剂、色素等等也都是造成这些病变的可能原因。然而国人爱吃药这个问题也是值得我们深思的。

无论什么药物，服用后都要经过肠胃消化吸收，那些不能吸收的则经过人体的代谢系统排出，或沉淀滞留在体内。如果随便乱吃药，日积月累既增加肝脏的解毒负担，又增加肾脏的过滤负荷，那么身体组织被破坏、形成肿瘤也就不足为奇了。

事实上，早在2000年前，传统医学的经典《黄帝内经》就警示我们"凡药皆是毒"，即所谓："大毒治病，十去其六；常毒治病，十去其七；小毒治病，十去其八；无毒治病，十去其九；谷肉果菜，食养尽之，无使过之，伤其正也。"这段话意思是说：毒药只可以用来以毒攻毒驱除疾病，但是不可以用它来培养正气，因为正气是没有偏性的。所以，首先用大毒治病，将病邪去掉六分就应该停止；其次用常毒将第七分的病邪去掉；再次用小毒将第八分的病邪去掉；然后用无毒平缓的药物将第九分的病邪去掉，最后食用谷肉果菜等营养物质恢复精气。千万不要随意服用补药，以免使得人体内的寒热有所偏盛而损伤正气。

中国人的人情味很浓厚，一旦听说亲朋好友身体不好，要么立刻热心地推荐医生，要么就会取一些家里储备的药材给患者服用，并且还会说哪个人服用这个药后症状立刻改善，哪个人服用这个药后又是如何如何神效。患者及其家属碍于情面，拒绝也不是，用也不是，真是左右为难。尤其一般人总认为中药材或中药制剂都是天然物、毒性小、副作用少，因而有滥服的倾向。

几年以前有位开电子厂的吴老板，有一次他招待员工出去旅游，行程中安排参观一家制药厂。这家药厂给每位参观者送了一包黑色药丸，并且告诉这些参观者说"有病可以治病，无病可以强身"。听了这话大家都很高兴，很快都把药给吃了。谁知道我们这位吴先生吃完药后，却是头和脸都肿了，到我那边经过治疗才得以恢复健康。经受了这次教训以后，他再也不敢瞎吃药了。

还有一位姓吕的患者，其实一开始他的病很简单，就是得了点小感冒。问题是他自己没有经过医生检查就瞎吃药，结果竟然导致眼睛不能转动。我后来想大概是这个药物影响了他大脑的视神经中枢，所以才导致这种结果。这件事弄得他相当恐惧，后来住院住了一个多月才好。一出院他就把剩下的药丢到了金鱼缸里面，很快他就看到那些金鱼的眼睛全部都爆裂了！你说可不可怕？

我还认识一位林小姐，她的身体很消瘦，还经常头晕。正好她有位好朋友给她带来一种治头痛的药，她捱不过朋友的盛情就吃了几颗。结果，她被这个药弄得得了甲亢，颈部肿大、眼睛突出，心跳达到180，还患上心悸等变症，到这时候就已经后悔莫及了。

中药一般分为四级，第一级是由医生诊断处方，第二级由医生指示处方，第三级是医生或药师指示使用，第四级才是一般成方。像四君子汤、逍遥散、生脉饮等，可以不经医生指示，直接到中西药房就能买到，因为这些成方没有毒性，服下去也没有什么问题。但即使常用的中药也有禁忌，如果没有经过正规处理，也可能产生很严重的副作用。就像我们平时常用的中药附子、乌头、天雄都很讲究炮制，如果不经过炮制就吃下去，人就会中毒而死。日本有一位专门研究附子的专家叫白井光太郎，他不相信附子一定要加工才可以食用，结果一吃就死掉了。像大家喜欢吃的芋头，如果没煮熟也有毒性。不信你削一片芋头涂在皮肤上，肯定会痒得让你受不了；如果放一小片在喉咙里，不信你也试试，保管不到半个钟头就讲不出话了。

前一阵子有人看到报纸上报道八角莲可治风湿关节炎，就自己跑到中药店买来乱吃，结果一命呜呼。由此可见，吃药之前一定要慎重。20

世纪初，张锡纯编著的《衷中参西录》这本书中提到，寒凉药石膏会抑制心脏的跳动。除了石膏之外，黄连也不能随便乱吃，否则都可能有危险。

一般我的建议是，如果不能够确定自己的症状，那么身体不舒服的时候不妨以食物代替药物，这样既可以缓解症状，也不至于发生意外。例如心绞痛或冠状动脉出现问题，可以常吃大蒜、葛根、丹参等具有强心作用的食物。其中丹参是最好的，现在还有萃取丹参里面的成分制成"丹参复方"针剂，可以直接打在穴位上或作静脉注射。因为丹参有化瘀的作用，对心肌梗塞、心绞痛的患者很有帮助。

"医身"容易"医心"难

对于医生来说，治病不难，难的是和患者沟通。中医讲求因人施治，每个人的个性和先天体质都不同。有的人多疑，可能医生一个细微的动作和表情对他们都有莫大的影响；有的人过于自信，连医生的建议都不一定听。这就要求医生针对不同的人采取不同的方法，最终达到治愈的效果。

《黄帝内经》里面说："诊可十全，不失人情。"这里面所说的"人情"，包括病人之情、旁人（也就是家属或亲朋好友）之情，以及同道（也就是同行）之情，其中尤以"病人之情"最值得提出来与大家共勉。

首先，每个人的先天体质就不同，有的人偏阴有的人偏阳。这样我们在给病人开药的时候首先要照顾的就是病人先天的体质。

其次，每个人的先天性情不一样，各人的口味爱好也不同。像那种多疑的人，如果看病的时候你给他讲多了反而会招致他的疑心，这就极有可能使他不能安心接受治疗。

第三，因为后天的贫富状况不同，各人的处事方式更是大不一样。

像有很多富有的人就相当任性，而那些权贵人士通常只相信自己，听不进别人的意见。有的穷人可能连饭都吃不饱，那些工薪阶层则忙于工作，较少顾及调养、保健等医药卫生原则。这些都是我们做医生所要考虑的。只有结合这些因素，我们才容易和病人充分沟通，进而准确判断病人的病情。

那些缺乏主见的人容易受别人影响，吃药不一定能坚持下去，可能会经常换药；有的人则过度谨慎、不敢尝试别的治法，或者为求稳当，每次只吃一点点药，这样也很难看到效果。最常见的情况是患者会故意隐藏病情，让医生自己判断。如果医者说对了，他就认为这是个好医生；如果说不对，他就认为这是个庸医。事实上，人体的脉象不过24种，而疾病却远不止千百种；一种脉象也不代表一种病，一种病所显现的也非单一脉象，何况疾病的各种变化也不能完全靠把脉来决定。中医还是需要望、闻、问、切，这"四诊"都非常重要，缺一不可；如果只用一种肯定是没有办法完全判断病情的。

所以说，对各种不同的患者，医生除了给病人治病之外，还必须了解他们的心理。只有消除他们的疑虑，他们才能够更加配合医生的治疗，心态也会更加健康开放。至于患者则更应该相信医生的判断，积极主动地配合医生的治疗。毕竟信心也是良药，不信则效果肯定要打折扣。

第二章 其实你也可以了解自己的身体

哪里不舒服自己最清楚，每个人只要掌握了基本的方法，就可以大致判断自己的身体状况。这些方法其实也不难，就是脏腑辨症、舌诊技巧、观察二便状况，然后按照自己的判断加以调理就可以保持健康。

脏腑辨症最准确

虽然现代科技发达，但是有很多病还是查不出具体病因，更不用提诊治方法。而我们的身体与自己朝夕相处数十年，一有不适立刻可以察觉，假定每个人都能了解一些保健常识，了解脏腑辨症与传统医药，不仅在疾病发生时能正确指出症状供医生参考，有些小病甚至可以自己处理，当自己的医生。

中医常说人体是内脏器官的一面镜子，五脏六腑出现不适时，首先会在体表反映出来，有时这种奥妙甚至比现代医学检验还要准确。例如，我国医学典籍早在几百年前就已发现人体内有三焦经和心包络，并以之作为诊治的经络之一。直到现代，解剖学发达之后证实，心包络确实掌管心脏功能，但三焦经至今仍未发现可对应的器官。可见传统医学的脏腑辨症包括许多当代医学无法阐明的部分，值得我们深入探索。

中医所谓脏腑，实际上并不只局限在解剖学所看到的各种器官。例如，中医讲五脏中的心很少谈到心脏的心，大部分涉及到大脑，所以"心病"不是"心脏病"，跟解剖学看到的心不一样，是比较广义的。

因此，脏腑应该涵盖一些相关联的作用，应该把它当成一个像政府一样的有机体，从比较整体的运作来看待，它不是单独的一个单位。

在疾病与身体脏腑的对应关系方面，我们的老祖宗大约早在2000年前的《黄帝内经》时期就已经分类、归纳得相当完整：肝、心、脾、肺、肾通称为五脏；此外，还要加上"肝与胆"、"心与小肠"、"脾与胃"、"肺与大肠"及"肾与膀胱"五个系统，总共十个单位。其中，脾与胃是消化系统（西医将肝胆也视为消化系统），肺与大肠是呼吸系统，肾与膀胱是泌尿过滤系统。此外，还要加上心包络（经）与三焦经，总共11个单位才算完备。

《黄帝内经·素问》第九篇称为《六节藏象论》，"藏象"也就是内脏居于体内，其机能表现于外的象征。如：

心为"生之本，神之变也"（心是生命活动的主宰，智慧变化的起源，此处指实质的心脏及大脑中枢而言）；

"肺者，气之本，魄之处也"（肺是一身之气的根本，是藏魄的所在）；

"肾者，主蛰，封藏之本，精之处也"（肾主蛰伏，是收藏的根本，为五脏六腑精气储藏的所在）；

"肝者，罢极之本，魂之居也"（肝是疲劳倦怠的根本，也是藏魂的所在）。

"脾、胃、大肠、小肠、三焦、膀胱者，仓廪之本，营之居也，名曰器"（脾胃、大肠、小肠、三焦、膀胱是水谷的根本，也是营气产生的地方，这些组织称之为器）。这些总共有11脏，均取决于胆。

这些脏腑系统并不是依各自的功能独立运作，而是相互影响，互为表里。即一种症状包含多种病变，需要同时调理相关的脏腑，而并非肝病治肝、心病调心这么简单。

例如，有的人因为口苦、嘴巴破、眼睛干涩而认为是肝火旺、火气大，实际上可能只是作息不正常引起的肝火；有的人时常拉肚子而检查不出病因，实际上除了肠胃功能不佳之外，与肝功能、甚至心情也有关系。又如有人经常头晕、做梦、想吐等，也不单纯是头部的问题。如果头晕、脸红、头疼、颈肩僵硬，可能是高血压，称为"肝阳上亢"；如果头晕、眼冒金星，则可能是低血压。人体吃下食物，经过肠胃消化、吸收后变成营养，形成的葡萄糖燃烧后就会产生动力；燃烧剩余的葡萄糖则转变为肝糖，储存于肝，以供应平常的需要。如果糖分不够、动力不足，不能及时供应给心脏，大脑就会发生缺氧而头晕，缓解的方法是用指头按压中冲穴或喝点热开水。位于中耳、内耳间的半规管有前庭神经，这个神经主要是掌握平衡，如果前庭神经失调也会使人晕眩，严重时甚至会导致呕吐。

我们知道，胆经和三焦经合称为少阳经。手少阳三焦经起自无名指，与由脚趾头上来的胆经交会于耳朵。由于肝胆一家，七窍相通（口、鼻、眼、耳，除口为一窍外，其余各有两窍），因此，受到风寒感冒时，一处发炎就会感染其他地方。如喉头发炎可能引起扁桃腺炎，甚至中耳炎、内耳炎、角膜炎、结膜炎；如果诱发鼻窦炎，不但会流鼻血，还可能不辨香臭。内耳炎则引起流脓、耳朵痛，使人平衡感变差。中耳、内耳同时发炎，就会引起前庭神经不平衡而经常头晕。

· 五脏与七窍也有联系

五脏肝、心、脾、肺、肾，与头部七窍互有联系。肝与眼睛的关系尤其密切（肝开窍于眼睛），所以许多眼病都必须先治肝或补肝，如吃猪肝、蛇胆或用菊花、枸杞泡茶饮用等。肝与肾也有联系，从五行的观点来看，肾属水，肝属木，因此又可以说肝为肾之子，肾为肝之母。而黑属肾，所以说黑豆外形像肾脏，长期服用对肝、肾、眼都有帮助。其他的眼部疾病还有好多种类。例如，我们正常的眼压指数为20，眼压过高的话眼睛、眼眶就会胀痛；年纪大又有糖尿病的患者也会时常发生视网膜病变或剥落，以致丧失辨色能力。有些人患干眼症、青光眼，前者只能点人工泪液或眼药水，后者多靠开刀或激光治疗。实际上，如果能充分了解五脏与经络的关系，就可自我辨症，再辅以简单中药或食物就可以缓解（如"真武汤"可治眼压过高）。

鼻是气体出入的通道，与肺直接相连，所以称鼻为肺之窍。鼻的通气和嗅觉作用必须依赖肺气的作用。肺气和畅，呼吸调匀，嗅觉才能正常。鼻为肺窍，因此鼻又成为邪气侵袭肺脏的道路。因此，肺部的疾病，多由口鼻吸入外邪所引起。肺气正常，则鼻窍通利，嗅觉灵敏；如果肺有病，则会出现鼻塞、流涕、嗅觉异常，甚至鼻翼扇动、呼吸困难等症状。故临床上可把鼻的异常表现作为推断肺病变的依据之一。在治疗上，鼻塞流涕、嗅觉失常等疾病，又多用辛散宣肺之法，如用清燥救肺汤治疗流鼻血、利用泻白散治疗打鼾就是源于"肺开窍于鼻"这一理论。

《黄帝内经》说"肾主骨，在窍为耳"、"耳者，肾之官也"、"肾气通于耳，肾和则耳能闻五音矣"，这都强调肾与耳有密切联系。或者说，肾可影响耳的功能。中医认为肾气不足，不能通达到耳或肾精亏虚，不能充养于耳，均可引起耳鸣和耳聋。老年人肾气衰会出现听力下降或失聪的情况。

经络就是人体的"马路"

人体各个部分的协调都是靠经络来完成的，十二经络、奇经八脉都有各自的症状。人体每一根手指和脚趾都有一条经络。比如大拇指如果发麻，这是手太阴肺经有问题，那就该考虑是不是自己的肺部功能出现问题了。

依针灸经络系统分类的方法来判断病情称为"经络辨症"。人体的十二经络和奇经八脉，每一个经脉都有临床见症，每条经络有每条经络的症状。《灵枢·经脉篇》中，把12条经络从哪里到哪里都叙述出来，然后描述每一条经络有哪些病。十二经脉纵横交错、人里出表、通上达下，联系了脏腑器官，奇经八脉沟通于十二经之间，经筋皮部分联结了肢体筋肉皮肤，从而使人体的各脏腑组织器官有机地联系起来，协调运转，维护生命机能。

人体每一根手指都有一条经络，每一根脚趾也都有一条经络，像大拇指是手太阴肺经，食指是手阳明大肠经，中指是手厥阴心包经，无名指是手少阳三焦经，小指是手少阴心经。每一经络都有一定的行走路线。就像马路一样，身体内有条路叫手太阴肺经路，有条路叫手阳明大肠经路，可以把一条经络当一条路看待，每一站牌当一个穴道看待。每一经络都有联络的器官，手太阴肺经从中府到少商，手阳明大肠经从商阳到合谷到迎香，身体上很多器官、组织，与经络都有连带关系。

经络的主要病症有两种，一种叫"是动病"，一种叫"所生病"。我通常都会要求学生一定要把是动所生经络起始记得很清楚。比如大拇指、食指如果麻麻的，就联想到和手太阴肺经、手阳明大肠经一定有关系；有人中指弯不下来，弯下来又起不来，肯定和手厥阴心包经有关系。西医说这叫扳机指，我就叫患者去问医生，他当兵时是不是用中指扣扳机；你说食指不能弯起叫扳机指还有话讲，哪一个人用中指扣扳机的。这很明显就是手厥阴心包经，和心脏有绝对关系。

有个地铁工程师来找我看不孕症，他告诉我说他一个星期的睡眠时间不超过 20 个小时，就有手指不会反弹的情形。我告诉他我不开药，叫他回去调整睡觉时间。想想看才二十几岁，一个星期睡不到 20 个小时，纵使精虫数量够，活动力也不够，当然怀不了孕。所以我告诉他，人太累了，就会消耗心脏的能量导致供血动力不足。血液送不到手指，手指的运动神经不灵活，就不能弯曲了。"八纲"是判断病况的基本标准

中医看似复杂、千变万化，但是从根本上看它判断病况的基本标准也就是八个：阴阳、表里、寒热、虚实。各种疾病出现的症状虽然错综复杂，但都可用八纲进行分析、归纳，以探求疾病的属性，病变的部位、病势的轻重，个体反应的强弱，从而作出判断，为诊断和施治提供

依据。

中医把经络系统的 12 条经络全部列举出来，还有其他各种不同的辨症方法，即所谓的"八纲辨症"。这其实已经涵盖了经络系统辨症，因为经络系统和脏腑系统就涵盖了"阴阳、表里、寒热、虚实"。这八纲辨症是比较高的层次，底下才分不同系统的辨症，有六因辨症、七情辨症等。事实上，这属于病因学，不是辨症论治。人为什么会生病，有内因有外因，那又不同了，不要小看老祖宗不断观察、提炼、累积、浓缩的宝贵知识。

人自己可以辨症体质的寒热虚实，还分肝、心、脾、肺。肾脏的寒热虚实。比如说乱做梦，眼睛红红的，头皮昨天才洗今天就痒了，耳朵常常轰隆轰隆地叫，嘴巴很干，经常嘴巴发炎，嘴巴破，舌头都破了，嘴唇干裂、还会脱皮等，都可以用来诊断。

有一个银行职员，夏天嘴巴干裂，脱皮脱到像保鲜膜那样，可以一层一层地剥，体重逐减 40 斤，却找不出原因。他去医院做过胃镜、大肠镜的检查也查不出来原因。其实如果从中医来看，这就太简单了，因为脾胃开窍在口唇，嘴唇出问题了 100% 是脾胃病。西医认为胃部检查后没有溃疡，没有穿孔，也没有出血就是正常，这不是很奇怪吗？明明体重减了 40 斤，还说没病，这岂不是笑话！后来我用了些泄脾热的药，很快他这种状况就得到改善了。

如果患者尿尿量很少，颜色很深或红红的，所谓小便短赤，大便便秘，手心脚心都感到烫烫的，就是实热症。如果他嘴唇苍白、面无血色，嘴巴里头淡淡的，没有食欲，口水很多，整个人消瘦，手脚冰冷，大便不成形，每天要跑好几次厕所，尿尿很多，颜色白，这是虚寒症。辨症就这么简单。

如果你睡觉乱做梦，喜欢生气，耳朵轰隆轰隆地叫，嘴巴苦苦干干的，胸口闷闷的，常常会抽筋，尿尿的颜色是咖啡色，这是肝病。眼睛红红的，因为肝开窍在眼睛，肝主目，人体里的器官只有胆会苦，口苦咽干就和肝有关。所以肝火旺的人，总是眼睛红红的，长眼屎，喜欢生气。胸口闷，睡不好，乱做梦，嘴巴苦干，小便呈黄色的，甚至是咖啡色的，这就是肝火，就是肝发炎了，肝指数一定是上升的，只要用泄肝的药就可解决。实症用龙胆泻肝汤，更严重的话用当归龙荟丸，也可以用逍遥散、小柴胡汤、大柴胡汤、茵陈蒿汤，全部都有消炎作用，因为小柴胡有黄芩，茵陈蒿汤里有栀子、大黄，大柴胡汤里有黄芩、大黄，都是消炎药，一吃症状就消失了。

肝是人体的"国防部"

2000多年前老祖宗就已经观察出，肝是要帮我们作战的国防力量。任何外来的、不属于我们人体的事物，包括细菌、病毒和其他的，肝脏就一定要起来对付它。乱吃东西，没有好好休息，肝脏就要遭殃了。

·烦躁易怒，小心得肝病

从情绪上来看，肝主"怒"。因此肝患者的情绪都不太稳定，容易动怒。爱生气的人也容易患肝病，因为"肝主惊吓"，肝不好的人会影响睡眠。由于肝胆相连，都位于最后一根肋骨的肋骨弓底下，所以易怒的人这个位置会常常感到闷或痛。这在中医里面称为"肝气郁结"，严重的时候甚至会引发头痛。

从肝经的循行方向来说，肝经由脚拇趾开始朝上走到生殖器旁边，接着绕过生殖器上达乳头。因为环绕阴器，所以肝经和小便、生殖功能息息相关。如果尿液的颜色像隔夜茶或咖啡，而不是正常的淡黄色，这表示可能肝脏有发炎现象，应该去检查一下。

前面说过，肝开窍于眼睛。一般所谓的"肝火"，除了都有嘴巴苦的症状外，还会目赤、眼睛红肿，并且会因为不舒服而引起烦躁。

·肝气郁结

孙中山先生说："人生不如意事十有八九。"由于社会竞争的无形压力，很多人喜欢乱想，心情抑郁，所以越来越多人有肝气郁结的问题。肝气郁结最常见的症状是两肋或胀或痛，甚至两边一松一紧，导致痉挛，有时则有少腹拘急（肚脐两侧有紧绷发胀的感觉）。此时，用川楝子、香附、郁金，或常吃含磷钙成分的食物，如宴席上常见的九孔就可改善。有时由于紧张影响到大脑中枢神经，使脑下垂体分泌不正常，女性容易出现生理周期不规则。

·从指甲也可看肝健康与否

由于肝血充盈与否"其华在爪"，所以由指甲也可以看出肝脏是否健康。

正常的指甲应呈 45 度拱形状，带有光泽。所以，如果肝不好、肝机能有问题，就会凸显在指甲的地方：指甲颜色灰暗、不齐，长癣或灰指甲，很脆易裂等。症状包括灰指甲、富贵手等。有灰指甲有时可以用白醋点，如果点了还不好就用苦参子，同时也可以用当归四逆汤。

胆是其他脏腑的总枢纽

《黄帝内经》中说人体的五脏六腑最后都取决于胆。胆汁分泌正常，就能促进胃液正常分泌，胃液正常分泌就可以充分分解食物，精微物质由小肠吸收，变化成为营养，供应人体生命之所需。这种功能运作正常，其余 11 脏的生机才能蓬勃，像植物一样欣欣向荣。

·胆汁虽苦有妙用

胆和肝密不可分，所以两个人互相信赖、合作愉快，就说彼此"肝胆相照"。

胆很苦，很少人直接拿来吃，但是胆的作用很大。像中药里面常用的熊胆，功效就相当多，具有清热解毒、抑菌消炎、保肝护肝、利胆溶石、降脂降压、镇咳平喘、去翳明目、抗疲劳等多方面的药理功能；尤其是治疗胆囊炎、胆结石，更是功效独特。另外，如果以猪胆洗头，不仅可以除去头虱，还可以改善发质，使头发乌黑、亮丽。眼睛红、嘴巴苦、便秘的人，只要吞服一点点猪胆汁就可以改善。

·黄疸的中医疗法

我在台北曾经见过一个病人，他以前患过直肠癌，开刀过后就出现寒热往来的症状，加上全身发抖，找过很多医生看也没有找出病因。后来经过中医确诊，他吃了香砂六君子汤之后不久就痊愈了。新竹也有一位儿科医生持续发烧4个多月，到医院做过B超、CT等各种检测都找不出病源，后来我给他吃了3包小柴胡汤加味，不久病也好了。

可以说病人如果经常感疲倦，而且嘴巴苦、胸口闷、常吐苦水、爱发脾气，睡不着、头晕，这些都与肝胆有关。

几年前有位70岁的王老先生，因为胰脏肿大，波及到胆管，最终导致胆囊发炎而送到医院住院治疗。当时他的黄疸指数升高到30以上（正常值在1.2以下）。医生除了给他做胆汁引流之外，同时还给他吃了一些消炎、抗生素之类的内服药，但是黄疸消退得很缓慢。他后来就来找我诊治。我开给他小柴胡汤合茵陈五苓散加味，并嘱咐他用二两茵陈蒿煮水当茶喝，结果第5天胆色素就下降到18，两周后再下降到2.4，已接近正常边缘。遗憾的是他的血红素始终偏低，可能是胆的病变

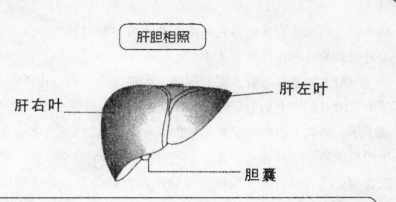

肝胆相照

肝右叶

肝左叶

胆囊

> 肝脏能够产生胆汁，胆汁由肝脏流入小肠帮助脂肪的消化，多余的胆汁则储存于胆囊并被浓缩。胆囊位于肝脏下部，当我们吃完富含脂肪的食物，胆囊就会收缩将额外的胆汁送入小肠帮助消化。

影响到饮食消化及营养吸收所致，因此从发病开始不到两个月，这位患者的体重已经锐减了40多斤。

还有一位姓辜的官员，40出头，去年底可能因为工作太过劳累，加上交际应酬频繁，喝多了酒引起急性黄疸，被送医院急诊。在医院治疗期间他解过黑便，这显然是有胃出血。医院给他输血治疗，效果也不是很明显。后来经人介绍他来到我这边就诊，我除了给他开了小柴胡汤合茵陈五苓散外，还加了一些止血、修补及增加造血的药物。两三天之后他的症状就稳定下来，继续服药10天后黄疸就明显消退，而且肤色渐趋红润。

由上述例子可以发现，全身性从头至脚的症状，包括生殖器官、小朋友的疝气或阴囊肿大等问题，都与肝胆有密切关系。有了这样的认知，以后如出现类似症状就可以缩小检查范围，而不至于如大海捞针，找不出原因或病急乱投医。

"心"还包括大脑和神经

中医讲的"心"并不单指心脏，它还包括脑和神经。一般人常有胸口闷、胸痛，有压迫感或刺痛，甚至有心跳过速、心悸、紧张多汗、心神恍惚等症状，这些都属于心的问题。

一般人如果有心脏方面的问题，大都会先去做心电图等各种检查，了解有没有器官上的毛病像心脏瓣膜缺损、心肌梗塞等，并决定要不要动手术。事实上，这类手术的成功率只有百分之五十左右，而且另外一半的原因不一定检查得出来。前些年，台湾地区"华航"副驾驶李长安在高空飞行时，血管瘤爆裂过世就是仪器检查未必全可信赖的惨痛例子。

人体是最精密的机器，不能光依赖外在的仪器检验，而必须透过望、闻、问、切的技巧来诊断。尤其是患者本身的感觉最敏锐，他们的气色、不适和表现出来的症状最值得参考。何况五脏六腑互相关联，胸口不适未必只是心脏有问题。像心悸、胸口像有大石头压着，也有可能是肝胆方面的毛病。

·心为君主之官

中医将五脏六腑归纳在脏象里，传统医学把心比喻为人体的君主，把肝比喻为人体的将军，肺则被比喻为人体的宰相。这里所指的"心"主要为大脑的指挥系统，只有少部分涵盖人体的心脏。所以说有时感到恍惚、失眠、睡不好，甚至整天坐立不安、失神等，多半起因于脑子中思绪繁乱、乱想，如失恋、婚变，或者生意失败等过度刺激。心跳加速、心悸则是过于紧张或劳累、体力透支，而血液供应不足，以致心脏就像马达一样空转，当然会感觉灼热了。

·手汗症千万别轻易切神经

中医上强调"汗为心液，血汗同为津液所化"。汗腺属于心管辖，一旦流汗过多，思考力会稍微减退。如果是交感神经亢进，副交感神经又失去制衡作用导致出汗，过于严重时，有的西医会建议切除交感神经。但作为患者必须谨慎，否则有时不仅无法根治汗液过分流失的问题，还可能衍生其他的问题。比如有人手汗症严重，如果把这一处的神经切除了，汗又会从其他地方流出来。

流汗不足或流不出也有问题。现代人一到夏天，整天待在空调房中，新陈代谢不顺畅，无法将部分废物由汗液排出体外，加上普遍喜欢吃冷饮，更使得情况恶化。同样，常年待在冰库工作的人身体也容易出问题，除了心脏、胸口不舒服外，甚至还会引起皮肤方面的病变。

肺就是你的"宰相"

在人体各器官中，肺是吐纳空气的大本营，是人体脏腑活动的动力所在，能够协助心脏调节气血运行。老师、播音员这种职业就需要消耗很多的肺气，容易导致咽喉和鼻腔等部位的问题，应该尤其注意。其实判断方法也很简单，稍微注意一下自己的痰就可以。

·干咳是肺燥的原因

肺燥的表征是不断咳嗽，到秋天更为明显。由于受到气候影响，持续的咳嗽会慢慢转成干咳，缓解之道是多服食一些可滋润的贝母、杏仁、北沙参、百合、白木耳、海蜇皮等。如果干咳无痰，可以像痰饮、咽喉痛那样使用健胃药。如果久咳引起喉咙发痒，形成又咳嗽又痒的恶性循环，有可能使得口腔、鼻腔变得异常干燥，造成支气管破裂出血，还会影响到声带，形成失声。另外，风寒、感冒及职业病，如教师、播音员等也容易声音沙哑与失声。有些人只要天气忽然变冷或吹到风就没有声音，那是体质特异，不在讨论之列。

·肺寒肺热需分清

肺寒或肺热和干咳有明显区别，如果咳嗽有痰且鼻涕不止，颜色稀稀白白的，这属于肺寒症；如果鼻涕和痰都黄黄浓浓、又稠又黏、呈块状就属于肺热症。像这种时候，饮食调理很重要，如果热症还吃胡椒粉、生姜等燥热性食物，无异于火上加油，最好是吃有滋润性的冰糖炖萝卜或麦芽糖炖萝卜，或者吃有化痰润肺功效的梨。寒症则不同，有些严重的患者除了流鼻涕和清痰，还出现口水很多和咳血现象，甚至连站都站不稳，也不能平卧，一躺下来气就上逆。这是因为呼吸道有分泌物，长时间刺激引起痉挛导致的，解决的方法就是是化痰降逆，用杏仁、陈皮、前胡、贝母或半夏都很有效。

·排尿不畅要治肺

由于肺属金，金能生水（水指泌尿系统），因此呼吸系统有问题会影响排尿功能，甚至引起水肿。另外，吸烟的人上了年纪之后几乎都有肺气肿。有时患者因为重感冒引起肺积水，到医院急诊都是将积水抽出来。其实抽出来的并不仅仅是水，那是人体的组织液，抽取过多会使得抵抗力减弱。要治疗肺积水，最根本的解决方法是使用强心、开肺气的药。因为"肺为五脏之华盖"，意思就是肺像一把伞保护人体内脏，尤其维护心脏不受任何伤害；加上肺主气，服用开肺气、补肺气的药，也可帮助顺利排尿。老祖宗的经验告诉我们，肺为水的上源，只要从肺部着手就能解决排尿问题。

脾是人体的"搬运工"

人体消化系统中最重要的器官是脾胃。传统医学指出,"脾胃开窍在嘴唇",人体的嘴唇和眼皮都属于脾胃掌管。因此如果夏天气候炎热,而你的嘴唇仍会干裂、剥皮,甚至出血的,可以判定肠胃必然不好。

·水肿多半是脾出了问题

身体健康要靠消化系统吸收营养来供应,一旦吸收出现障碍,无法正常供应到手脚,就会四肢无力,甚至整个人都消瘦下来。这种时候很有可能伴随有水肿出现,称为"脾性水肿"。因为脾主运化,如果脾无法正常运作,营养物质及水分蓄积起来就会形成水肿。

水肿的原因很多,最直接的反应多半是肾功能出现问题。其实水肿

降血压的日常蔬菜

芹菜

萝卜

木耳

蔬菜也可以降血压

西红柿

葫芦

几乎和全身都有关系，肝癌末期患者或心脏跳动有问题者都会引起水肿。糟糕的是，很多医生都给水肿患者开利尿剂，过度使用的结果是患者体内微量元素如磷、钙、钾、钠等大量流失，这就进一步造成电解质无法平衡。例如降压剂的主要作用在排除钠离子，但长期服用将导致缺磷、缺钙而发生抽筋现象。因为人体的元素、营养物质是一定的，动不动就泻的观念是不对的。如果过度使用利尿剂形成恶性循环，水肿将更为严重。

·夏天小心"湿困脾阳"

湿困脾阳多在炎热的夏季发生。湿是觉得头很重，像戴了钢盔的感觉。如果头重如裹，加上身体困重，晚上睡觉无法翻身，即是"湿"。有些女孩子洗完头不赶紧吹干，也容易引起湿症，结果造成鼻腔黏膜肥厚、鼻塞，晚上睡觉无法正常地经鼻腔进行气体交换，而必须靠嘴巴呼吸，隔天就会感到嘴巴又臭又干。

湿困脾阳不仅会身体困重、胸闷，"湿"较重者还会向下发展形成风湿，或因胆汁分泌受到阻碍而出现黄疸。我们正常分泌的胆汁大部分都在利用完后由排便带出，所以正常的大便应呈淡淡的黄，如果带黑色，又没有吃含铁质的食物，则可能有出血现象。更严重时粪便呈灰白色，俗称"拉白屎"，表示胆汁分泌确实有问题。

要改善湿困脾阳，可以在医生的处方下服用神曲、砂仁、肉豆蔻等中药，并注意尽量不要吃冰，以免病情恶化。

胃就是一个储藏室

中医认为胃是"五脏之本"。脾胃的保养，事关人体健康全局。胃的功能在分泌胃液以消化食物，如果经常腹胀胃痛，或心窝下、肚脐上方不舒服，大概就是胃病了。平时也要注意胃的保养，零食吃得太多了对胃肯定是不好的，尤其切忌大量地吃冰棍这些冷饮。

·随时注意保持胃的温度

《黄帝内经》中有"胃中寒"、"胃中有寒"、"胃中寒则胀满"等论述，指的就是"胃寒症"。胃寒症通常是胃阳不足或寒邪凝滞在胃里面导致的，主要症状就是胃脘疼痛。胃靠胃阳和胃阴的协同作用来发挥腐熟各种饮食的功能。如果胃部受寒或者吃多了生冷食物，阳气不足又感染了风邪，就会导致阴寒凝滞胃腑，影响胃的生理功能，出现胃寒症。胃脘位于人体的肚脐上、胸窝下。胃脘疼痛可能出现想吐、反胃、口水很多的"上吐清涎"现象，同时会有胃痛绵绵、空腹疼痛、喜温喜按、食后痛减的状态。如果你感觉整天口水都很多，不吐不快，多半就是此症。但是婴孩长牙时期也很容易流口水，这个就不算了。缓解的方法通常用理中汤或甘草干姜汤改善。由于胃本身是温热的，因此胃寒患者在症状发作时吃点热食会感觉比较舒服。

·口臭可能是胃热造成的

"胃热症"最明显的是口臭、牙龈肿痛或出血、口渴、多饮，喜欢吃冰冷，同时有胃脘灼痛、吞酸嘈杂、大便秘结、小便短赤、舌红苔黄等症状。胃热症者也很容易肚子饿，因此食量很大，有点像糖尿病。"胃中热则消谷"，传统医学把这种情形称为"消谷善饥"，即中消证，通常服食承气汤就可以改善。大黄剂就是承气汤，有大承气汤，有小承气汤，还有调胃承气汤，这3个汤里面都有大黄，使用时要注意大黄可能会引起拉肚子。

·牙齿毛病也与肠胃有关

前面提到，消化系统的第一关为牙齿。从经络的观点来看，上牙属于足阳明胃经，下排牙齿为手阳明大肠经，其中各有一条神经连到胃

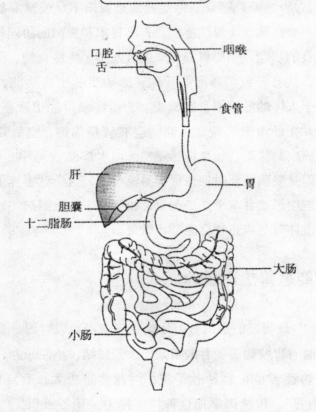

人体的消化系统

口腔　咽喉
舌
食管
肝　胃
胆囊
十二脂肠　大肠
小肠

部，所以说牙齿的健康与肠胃有关。比如现在常见的牙周病，中医称为"牙宣"，凡是刷牙时牙龈流血的人大部分都是感染上了牙周病。对于这种牙龈肿痛的患者，甘露饮是最佳的治疗方剂。这个方子包括二冬二地：天冬、麦冬及生地、熟地，都是滋阴降火的药。此外像枇杷叶、石斛也都可养胃、清除口腔疾病。

大小肠是吸收与排泄的重镇

大肠和小肠是人体营养吸收与废物排泄的重镇，是消化系统中的关键所在。胰腺癌是美国人10大死因之一，主要就是饮食不均衡所引起的。因此我们要一定要注意饮食，保护好自己的肠胃。

·大小肠的虚寒实热

小肠和大肠也有虚寒与实热症之分。其中"小肠虚寒症"包括：小腹痛且胀、大便不成形、小便频数且不顺畅；而"小肠实热症"则是心烦、尿红，甚至生殖器附近有灼热、刺痛感。此外，脐腹膜胀（肚脐周边胀得很厉害）或小肠气痛也是小孩的常见症状。小腹胀痛会牵连到肚脐和腰，连睾丸也会有疼痛的感觉。

至于大肠方面，"大肠虚寒症"往往肚子痛，发出"咕噜"、"咕噜"的声音，兼有大便不成形，一拉肚子就来势汹汹、暴泻如注，严重的患者连肠黏膜都会失去收涩作用。也可能"肛坠不收"，拉肚子拉到最后连肠黏膜像鼻涕一样拉出来，甚至带血。这是因为肠黏膜的微血管已无法承受，而破裂出血，患者因此也会感到手脚冰冷。通常这类患者喜欢待在温暖的地方，并借着按摩肚子才感到舒服。"大肠实热症"是便秘、肚子痛或便溏，有些是大便很臭或有特殊的怪味，有的则是下痢脓血、赤白杂下，排泄物带血或白白的像鼻涕一样．如前面所说的肠黏膜滑脱。

大小肠的虚寒实热	
虚寒症状	实热症状
小腹痛且胀，大便不成形、小便频数且不顺畅	心烦、尿红、生殖器附近有灼热、刺痛感
肚子痛、泻下不止、手脚冰凉	便秘、肚子痛、便溏、下痢脓血等

·胰与十二指肠归小肠和脾管

以上所述的肝胆、脾胃、大肠、小肠为广义的消化系统。古代的文

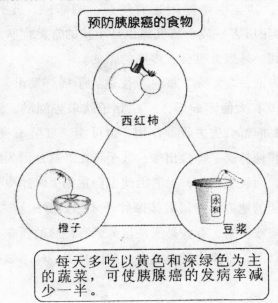

预防胰腺癌的食物

西红柿

橙子　　豆浆

每天多吃以黄色和深绿色为主的蔬菜，可使胰腺癌的发病率减少一半。

献资料虽没有十二指肠、胰脏等名称的记载，但都包含在脾脏与小肠之中。小肠掌管吸收功能，所有食物经过胃的消化后，纤维质进入大肠，而较精密的物质则寄存于小肠。小肠本身并无消化功能，须依靠胰脏及十二指肠液帮助，才能充分吸收。因此，饮食无节制不仅影响肠胃，更会增加胰脏与十二指肠的负担。

·胰腺癌不明显但会要命

欧美人都以牛排、汉堡为主食，这些高脂肪食物不易消化，长年累月就会增加胰脏与十二指肠的负担。这恐怕与美国人胰脏癌患病率偏高有关（是美国人十大死因之一）。胰脏出了问题，胰岛素的分泌不顺畅，也是诱发糖尿病的原因。近来国人的饮食习惯逐渐西化，高蛋白、高脂肪饮食加上吃下太多防腐剂（如泡面），使得肝胆病的患病率偏高。《黄帝内经》记载，五脏六腑最后取决于胆，胆汁可以帮助消化脂肪类食物。消化之后，细致的物质就会被送到小肠，粗纤维质则被送到大肠准备排出。如果不吃的时候腹胀，吃了觉得更胀，那就是所谓"食难用饱"，必须特别留意。因为胰脏毛病初期并没有什么症状，但是一经发现就已经回天乏术了。尤其是胰腺癌，从发现到死亡通常不超过3个月。所以我们务必要多讲究饮食才好。

肾是你的"过滤器"

肾是人体的过滤器，被中医称为"先天之本"。它负责调节人体的体内水分，同时有毒成分也是经过肾的过滤之后，再经由尿道排出体外。但是判断肾的状况其实也很简单，那就是每天起床之后花上30秒观察一下自己尿液的变化……

·肾喘最不好治

其实我们的五脏六腑都可以令人气喘，惟独"肾喘"最不好治疗，一不小心可能形成心肺衰竭。因为肾主管吸气，心肺管吐气。如果吸气困难，无法直达丹田，这就表示肝肾有问题。这时候可以服用六味地黄丸加五味子来收敛，这七味药的名称叫"都气丸"。如果这七味药再加上麦冬就是八仙长寿丸，这3味药都可改善喘的现象。如果患者感觉提不起气，就可以加人参来补心、加黄芪来补肺气。因为气的来源在丹田，说话要从丹田出来才省气力，否则发声方法错误，容易导致口干舌燥、声音沙哑。病因不一，切莫牵强对症

事实上，许多病症并非单一器官失调所致，同一种病症有可能其发病原因是完全不同的，要区别对待才不至于耽误病情。

以上我尽量将症状归纳在所属器官中，以便于读者了解与查考。但是许多病症并非单一器官失调所致，好比属心肺的疾病，可能又与肝胆或脾胃有关。有人经常觉得嘴苦，那可能是他的肝胆不好；经常口渴则可能与糖尿病有关……事实上也未必一定如此，如果生活习惯不好的话，有作息时间日夜颠倒、经常熬夜、喜欢吃油炸食物或吸烟等问题，也有可能出现上述不适。又如小便红、排尿不顺、尿道发热、刺痛应是尿道发炎；肚脐下有胀痛感可能病在膀胱，尿液浑浊应是肾脏发炎；小便带血最可能的是结石，但肿瘤、尿毒症、肝硬化病人也可能如此。另外，经常晚睡熬夜或睡不好、体力透支，体质变成阴虚内热，尿液也会变红。这种不适只要改变生活作息并吃滋阴药就可以改善。

有些症状看似复杂，其实诊治起来很容易。比如记忆力减退可以用麝香通窍。如果觉得麝香太贵了，那么凡是具有刺激性或香味的东西都有通窍作用，如胡椒粉等，也可以多加应用。

传统医学讲究辨症论治，只要多加了解，自己也可以当自己的医生。本节主要在让大家对身体各部机能及可能病因、症状等有基本认识，这样就能见微知著，随时提高警觉。如果要看医生，在症状描述时也才能切中弊害，从而帮助医生找出症结、对症下药，早日恢复健康。

舌头就是一个"窗口"

脏腑出问题时，往往也会反映到舌面上。正常的舌头应该是淡红色的，如果颜色变淡可能是贫血症，如果变红可能有化脓感染，如果发青可能有慢性支气管炎、肺病等……

舌诊包括舌的形状、颜色和舌苔3部分。

·舌形

舌肿大时须注意是否是甲状腺功能减退。如果充血肿胀而带蓝红色，可能是肝硬化的表征。慢性消耗性疾病者大多舌头瘦瘪，急性心肌梗塞、肝性脑病发作时则多半表现出舌缩现象。

·舌色

正常的舌应是淡红色的，如果颜色变淡可能有贫血症，如果变红则需要注意是否有化脓的感染疾病；舌头两边发红常见于发烧、高血压；而舌尖偏红表示过度疲累、睡眠不足、缺乏营养；如果舌呈青紫色，则可能有慢性支气管炎、肺病、肝硬化等疾病。

·舌苔

正常的舌苔应该是薄白、干湿适中的。如果白厚而滑，常见于慢性支气管炎、哮喘等病人；厚黄苔则代表胃炎或溃疡复发；舌苔厚腻的人可能有消化不良的困扰；如果光滑无苔则是营养不良；灰舌苔常是久病或消化不良的表征；精神紧张或正在服用抗生素者，舌苔可能呈黑色。

望诊要素	表征	可能发生的疾病
舌形	舌肿大	甲状腺功能减退
	充血肿胀带蓝红色	肝硬化
	舌头瘦瘪	慢性消耗性疾病
	舌缩	急性心肌梗塞、肝性脑病
舌色	颜色变淡	贫血
	舌头变红	化脓的感染疾病
	舌头两边发红	发烧、高血压
	舌尖偏红	过度疲累、睡眠不足、缺乏营养
	舌呈青紫色	慢性支气管炎、肺病、肝硬化
舌苔	白厚而糙	慢性支气管炎、哮喘等
	厚黄苔	胃炎或溃疡复发
	舌苔厚腻	消化不良
	光滑无苔	营养不良
	灰舌苔	久病或消化不良
	舌苔呈黑色	精神紧张或正在服用抗生素

马桶里暗藏健康玄机

从二便是可以看出人体健康状况的，只要每次方便后仔细观察，通常都能及早发现疾病的征兆，从而及早应对。

一般人视粪便和尿液为又脏又臭的排泄物，大概没有人上完厕所会特别"驻足观赏"。但就中医的观点，粪便和尿液暗藏许多健康警讯，如果能每次方便后仔细观察，也许可提早发现疾病，发挥这些废物的

"剩余价值"。

一、颜色和形状。粪便是由胆色素着色，正常应呈淡黄色。如果颜色转白、变淡，很可能是胆出了问题；颜色过黑者，则可能是肠胃出血。如果粪便总是稀稀的、水水的，表示营养吸收不良；如果过于黏稠，则可能有慢性肠胃道炎症或溃疡。

二、尿液如果呈咖啡色、较浓，通常与肝功能有关；而尿色白浊，尤其是会起泡、久久不消的情况，则可能是蛋白尿征兆，得注意肾功能是否出了问题。

三、至于尿液的味道过于浓臭，也别等闲视之，有可能是身体器官出毛病所引起的。

四、生殖、泌尿系统不佳，多与肝经有关。因为肝经起自脚大拇趾大敦穴（脚趾背长毛处），向上循腿部内侧至生殖器，环绕之后再上行到达乳头，所以说多数泌尿和生殖的问题都应从疏理肝经着手。

二便虽可看出健康状况，但如果留在体内过久，毒素积聚愈多，会损及健康。以前我见到过一位官员，也主张一天至少要排三次便，也就是三餐用完后，隔一两小时就到厕所报到，真可谓深明保健之道。但每个人体质不同、习惯各异，不一定完全一样，只要定时排泄，有进有出就是健康了。

第三章　五脏不调百病生

很多疾病看似复杂万端，其实如果从肝、心、脾（胃）、肺、肾五脏来查找病因，就可一目了然，便于使用中药调理治疗。以下我以五脏为纲，分析了5个器官最常见的病症及中医上治疗的有效方剂，便于读者在日常小病中的治疗和调理。

为什么说"肝胆相照"

我们自古以来就有个词语叫"肝胆相照"，意思是两个人之间能够非常坦诚地、推心置腹地相处。其实这个词语也从另一个方面说明了肝与胆这两个脏器之间的关系。

说到肝和胆的关系，肝属里，胆为表。在生理情况下二者互相配合，病理隋况下互相影响，治疗上也经常肝胆同治。如果肝出了问题就会影响到胆汁的分泌、排泄；反之，胆汁排泄失常，也会影响到肝，所以肝胆症候基本上是并发的。

·小感冒可能造成大问题

当今，肝胆病的患病率很高。肝胆病多发与伤风感冒发烧有绝对的关系。一旦感冒发烧，就会破坏胆囊或者影响到胆管，出现发炎阻塞的现象。很多肝胆病都是感冒发烧造成的，临床上有太多太多的例子，包括急性肝炎、急性黄疸，甚至急性重症肝炎。有的人可能本来就有潜伏的因素，又有感冒的诱因，才会导致急性发作的现象。有人一感冒黄疸指数就直线上升，甚至会全身出现黄疸。

肝胆病的另一个诱因与饮食有关。因为中国人的饮食文化常常不太注意卫生，就容易造成感染。

·肝病也会分阴阳

西医把肝病分成很多型，有 A 型、B 型、C 型等。其实老祖宗在汉朝时就已经把肝病分成阴阳两大类。最简便的区分方法就是在望诊时，黄疸像橘子色，鲜明而有光泽为阳黄症；暗暗的、黑黑的就是阴黄症。

就这两大类型来说，阳黄症又分为两类：热疸和酒疸。热疸是因为感冒发烧造成的，酒疸则是喝酒引起的。很多肝病包括肝硬化、肝癌都是喝酒造成的，尤其加上心里抑郁更是伤身。没有心理压力、适量地喝应该没有什么问题。像高加索人活到 100 多岁照样喝酒，就是因为没有心理问题。

阴黄症也有分类：一类叫谷疸，一类叫女劳疸，还有一个类型为黑疸。在古老的文献中，也有关于我们现在最怕的急性重症肝炎，叫做急黄。急性重症肝炎在现代医学上，死亡率高达 90% 多，患上急性重症肝炎最快 3 天就可以送命。曾经有一位医生帮患者打针，不小心戳到自己，就感染了急性重症肝炎，从发病到结束生命不过 3 天，非常快。但是用中药治疗的话，常常也是 3 天之内患者就可从重症病房出来了。有一位住院的患者姓罗，医院已经开出了病危通知，我给他茵陈蒿汤加减以后，3 天就被转到普通病房了。

·抽筋并不一定是缺钙

时常我们听到说"肝火太旺"，或说某人"大动肝火"，其实这里的所谓"肝火旺"并不是发热，而是指脾气不好、容易怒而言。那么"肝火"是什么？与我们日常生活又有何相关？

其实不仅是肝火，人体每一个器官都有"火"。例如，大肠主排

泄，所以大肠火太旺就会出现排泄困难。小肠火过盛，尿液就会变成红色。胃火太旺会使得胃有灼热感，甚至胃痛。但是人体各种火中以肝火最常见，影响也最大，因此特别提出来讨论。

我们说，"肝开窍于目"。所以如果肝火太盛，眼睛就会红肿、布满血丝，嘴巴里也会感到苦涩，而且会出现睡觉时多梦，或晕眩、耳鸣等现象。

"肝主怒"，所以肝火太旺容易使情绪上扬、激动、生气、暴躁。古人认为，凡在致病因素上属于风邪的或者临床症状中有眩晕、强直等表现的，其根本病变还是在肝。所以肝火过旺也会引起晕眩、眼睛充血、多眼屎、胸膛有压迫感等。如果情况严重者，所谓火上加火即成"炎"，也就是说可能变成肝炎，这时候病人的尿液因火气大就会呈现深黄或咖啡色。

"肝主筋"，所以肝火太旺容易抽筋。有人只要一伸腿就会抽筋，甚至到半夜会痛醒，都是与肝血不足有关。

肝火旺的人大便也会比较干燥。就女性朋友而言，因为动怒干扰了脑下垂体，可能会影响到正常的生理周期。

另外，现代生活紧张忙碌，再加上天气燥热，容易使人变得焦躁、缺乏耐心、容易发怒，因而造成了肝火旺。在这里我给大家介绍几个方子：

一、时常做梦的人需要的是安神，这种情况可以到医院请医生酌情开一些安神的药方。

二、动不动就容易发怒，控制不住自己的脾气的人，可以吃点逍遥散。

三、经常眼睛红肿、还带着血丝的人，可以喝点小柴胡汤或者是竹叶石膏汤，再适当加些菊花、木贼草、川芎，这些都有扩张血管的作用。

四、如果嘴巴经常感到苦涩，可以适当喝点小柴胡汤、逍遥散，并且可以加些天花粉。

五、如果是耳鸣患者，可以用逍遥散或小柴胡汤；如果时常会晕

眩，也可加些天麻。

六、容易抽筋的人，可以用芍药甘草汤加"怀牛膝"和木瓜（蔷薇科）。芍药属于毛良科植物，专门用来松弛平滑肌。牛膝就像牛的膝盖一样，如果希望药的作用向下走，一定要用牛膝，它可以"引药下行"。

· 没睡好才容易上火

以上论述了肝火太旺的影响和处理的方法。如肝火不旺，则容易产生倦怠感、无精打采、爱睡觉等现象，这是能量燃烧不足所导致的。食物中像糯米、菠菜、决明子、菊花、枸杞等对补肝都很有帮助，可以当作日常食物。肝火不旺会导致冬天手脚冰冷，有的人手脚都会被冻裂。这时服用当归四逆汤，就会有很好的改善。当归四逆汤是由桂枝汤（桂枝、芍药、生姜、大枣、甘草）衍变而来的，桂枝汤加上当归、白通草、细辛，去掉生姜就成了。其中当归补肝血，芍药作用于血液，同时有桂枝强心，促进血液循环。此汤适用于肝血不足的调养，它甚至可以治疗痛经、富贵手。

所谓"肝为罢极之本"，疲倦往往容易上火，因此保持睡眠正常、不过分透支体力为保养要件之一。在饮食上则要避免食用烧、烤、油炸类的食物，并保持大小便通畅。另外就是平日需要让自己随时保持心态平和，减少发怒的机会，毕竟"心灵环保"才是健康的根本。

· 治肝得先把脾胃养好

老祖宗在《金匮要略》这本书中，开宗明义第一章第一条就说："见肝之病，知肝传脾，当先实脾"。这句话就是说见到肝病不从肝去治疗，必须先实脾。要先把肠胃功能处理好，肝病不用治肝就会好了。所以，中医里面有隔一、隔二、隔三的治疗，比如头痛常常从脚底治疗，不是直接的治疗。这就是中医的高明之处。

肝脏因为制造胆汁，促进了胆汁的分泌，胆汁分泌促进胃液的分泌，同时帮助胃液把食物消化分解掉。肝胆的毛病常常会影响到消化酶素的分解，所以患有脂肪肝的人通常一天大便五六次。一般比较胖的人患脂肪肝的几率较大，但并不表示有脂肪肝的人就会肝硬化，就会长成肝癌。有的人一听到脂肪肝就会很紧张，其实根本没有什么关系。

中医没有脂肪肝这一名词，但是有肝病的名称，通常分为实症和虚症。事实上肝通常和脾胃一起病。所以，中医治肝，通常都是事先实脾疗胃。实脾的意思就健脾，是加强消化系统的功能，增加运化加以治疗。

有一位中医同行，现已经90多岁了，大概20年前，他就发现自己有肝病、肝硬化。西医建议药用开刀、化疗，但是他用最简单的一个方子六君子汤治好了肝病，一直活到了现在。所以治疗肝病以四君子汤、五味异功散、六君子汤、七味白术散等同系统的药都具有相当的功效。

· "胆子小" 其实说的是胆功能差

中医认为"肝胆一家"，因此胆结石的病人不论在症状或治疗上，都和肝病有相似之处。在《黄帝内经·素问》第八章中提到，人体几个重要器官的强弱，最后皆取决于胆，因此惟有营养均衡、消化系统都好，身体健康，胆的功能才会健全。

一般笑人"胆子小"，其实"胆子小"表示胆功能差。胆结石的病人在临床上，轻则眼角膜、巩膜有黄疸，有时也伴有口苦咽干、睡觉多梦、胸闷、便秘或腹泻、尿液呈咖啡色、皮肤瘙痒，还会出现呕吐，甚至拉白屎的现象，相当困扰病人。

就其成因而言，虽然医界有人指出，胖型糖尿患者得胆结石较多，但我的临床经验是胆结石与年龄、体质与性别的差异无关。《黄帝内经》上说"风为百病之长"，即指出风邪（俗称感冒）是诱发多种疾病的主因，其中也包括胆结石在内。其他诸如病人以前过度疲劳，或肝气郁结、情绪过度压抑、饮食过于油腻，都有可能造成胆结石发作。一般认为，每一个人都有胆结石，至于发作与否，与个人的疲劳度、饮食习惯有关。至于有无疼痛，则跟结石本身的形状有关。让胆结石病人疼痛辗转难熬的，多半是属于多角形的结石；至于圆形结石，有时在人体胆囊内也可以相安无事。

中医疗法上，目前以大、小柴胡汤为主的柴胡疏肝汤加减退黄药物如茵陈蒿汤以及化石药物如化石草、金钱草、车前子、石韦、鸡内金等，或加入协助结石滑动排出的冬葵子、滑石、石首鱼、海金砂，另外还有止痛药物如延胡索、川楝子、郁金、川七、丹参等。患者在服用中药时，我还是建议最好辅以肝功能指数检查，治病效果会比较可靠。如果肝胆指数不正常，可以加茵陈，因为它是很好的利胆药，不管是用茵陈煮开水喝或加点米煮成粥、饭吃都很有效。民间有人用砚壳、蛤仔汤来治疗、预防肝胆方面的问题，这都很好；但要注意蛤仔汤里不可加其他东西，包括油及盐巴。

另外，胆结石病人的饮食以清淡类为主，切忌油腻。同时注意少吃菠菜等铁质食物，保持充分的睡眠与体力，胆结石的复原自然指日可待。

心为何是五脏六腑的"大主"

心是五脏六腑的中枢，只有心的功能正常了，其他器官才能正常工作。但是心脏的疾病并不仅仅是和心有关，比如心绞痛很有可能就是肺脏功能欠缺引起的。而道家的胎息大法，说白了就是尽量减少人体的消耗，把心跳降到最低……

·抽烟也是心绞痛的元凶之一

就西医而言，心绞痛的原因主要与器官本身有关。其实除了心脏方面所引起的之外，肺脏功能欠佳也有可能诱发心绞痛。不过有些人器官

本身并无疾病，同样会出现心绞痛的症状。尤其现代人生活紧张、压力大，心绞痛出现的比例相对增加。这又是什么原因呢？

中医对心绞痛的定义相当广泛，除了器官本身的问题外，过度疲劳会促使心脏加速将血液送出，在此情况下就容易出现缺氧导致心绞痛。过度疲劳的结果首先受到伤害的就是心脏、肝脏，尤其是心脏，它每一分每一秒都在帮你做工，做到最后负荷不了了，你就会常常感到胸闷，严重的话就会产生心绞痛现象。

另外，抽烟也是心绞痛的原因之一，它会使微血管收缩，影响到血液的供应和输送。

台湾地区有一位姓姜的校长，他曾经开过7次心脏，做过5次的气球扩张，最后治疗的结果很不好。我给他开了一些强心的药，像生脉饮、四逆汤这一类的处方，再加上些丹参、川七、远志、菖蒲等。这些药物一方面有强心作用，另一方面有活血化瘀作用，结果服用之后不久就反映效果很好。

在治疗心绞痛的过程中，也可以用木防己汤加减。一般在临床上出现二尖瓣脱垂的人，肤色（尤其是脸部）常常黑黑的，因为缺氧，所以望诊就是面色黧黑。这个"黧"就是黄与黑凑起来的颜色，缺氧现象就是这样子，黑黑的没有一点光泽。木防己汤中有人参、桂枝。人参本身就是强心的药，桂枝也有强心和扩张血管的作用，所以用木防己汤治疗效果是相当不错的。用木防己汤加减，器官组织会慢慢恢复弹性，就不会脱垂了。如果是西医，一定要开刀，而在中医看来，老祖宗留下的处方非常有效，吃一吃就好了。

前几年，德国开发了一种以银杏叶为主要原料的药物，因为据研究说银杏叶具有强心作用。而我们老祖宗在千百年来用的是银杏的果实，叫做白果。另外，人参等五加科植物都具有强心作用，像远志所含有的皂素、郁金都是很有效的强心药。我个人比较常用的一味药是蒲黄，生蒲黄有活血化阴的功效，制成粉状后，还是一种非常好的止血药。

· 以食疗来保心

爱生气的人有时会有气郁之症，也就是胸口会感觉闷、痛，一股说不上来的气郁结在胸口压迫着。血郁症患者主要是身体会感觉有如针刺，非常难受。所以我经常提醒人们在繁忙之中要保持心境平和，以从容的态度来面对现代生活。针对气郁之症，可以通过饮用生脉饮或者四逆汤来调节。生脉饮是以人参、麦门冬、五味子一起煮着喝或者是泡着喝，这样能够安神益智。四逆汤包括炙甘草、干姜和附子。这个方子是以附子为主药，附子大辛大热，能够温发阳气、祛散寒邪；而干姜则能够温中散寒；再加上甘草温养阳气，治疗效果就非常好了。同时甘草还能够缓和干姜、附子的燥烈之气。

在食物方面，大蒜、薤白对心脏的问题也有治疗的效果。薤白又叫做"藠头"，闽南语叫做"路乔"，可以用来配早点。薤白的样子跟蒜头相似，一般也可以做成小菜，具有止痛作用，对心绞痛、冠状动脉与心肌梗塞的问题都有效。如果心脏常有缺氧的现象，咬几颗大蒜有改善作用；而当你吃太多大蒜时，你会感觉到心窝麻麻辣辣的，最后到胃都有这种感觉。不习惯生吃的人用蒜熬粥吃也可以，且不会有大蒜的味道。

· 让心跳慢下来

心脏组织本身有问题就会心悸。另外，感冒发烧、呼吸比较急促，心脏就要加速跳动把血液送出去，这样也会导致心悸；太过劳累，除了胸闷以外，心跳也会加快，要加速供应血液、供应氧气，以致心悸；吃药也会导致心悸。

我平生见过最快的心跳跳到每分钟204下，患者吃西医开的毛地黄吃了8年之久，因为毛地黄具有抑制心跳的作用，所以8年下来，她的心跳已经渐渐地减缓到了每分钟47下。我建议她不要再吃毛地黄了，虽然患者的血液检查还没有发现毛地黄中毒反应，我认为等到发现中毒，就已经来不及了。

实际上有些人心跳会真的可以慢至每分钟30几跳，像运动员、道家练气功、打坐的人。道家有一个名词叫做胎息大法，一意思是回到在妈妈肚子里面的状态，把心跳修炼到每分钟30几跳甚至18跳都可以，正常人的心跳在每分钟72跳左右，他们才30几跳，这样他们消耗的能量少，寿命就长。这也是为什么热带民族的平均寿命比较短的原因。他们天天处于热带环境中，循环代谢非常快，代谢快就容易引起衰老。北极圈内的爱斯基摩人因为天气冷，能量消耗少，平均年龄就比较长。

现代人患心悸的很多，因为疲劳、紧张、焦虑，一紧张心跳就会很快，这都是情绪在主导。情绪导致的不仅仅是心跳加快。比如，有些没有演讲经验的人，在临上台的时候甚至都会紧张到发抖。这样，胃、肠的肌肉就会痉挛，胃肠一痉挛就会呆呆地不蠕动，胃肠一不蠕动，吃的食物就会发酵，发酵以后就会胀气。女性通常比较情绪化，心跳就会比较快。长期心跳快当然很不好，好比橡皮筋用久了就会松掉。松掉以后，就会胸闷、心悸。事实上在这种情况下，做做深呼吸，心跳就会慢下来。

心悸我们可以用炙甘草汤治疗。炙甘草汤中有人参、麦冬，都是强心的药；有阿胶，是补血的药；还会加一点柏子仁，再加上让心跳安定下来的药如龙骨等，龙骨是动物的化石，再加一些远志，慢慢就能改善。

·手脚冰冷，请服当归四逆汤

有些人一到秋冬就手脚冰凉，甚至有人一年四季手脚都是冰冷的。手脚冰冷与心脏血管有很大关系，血液由心脏发出，携带氧气到全身，氧经过燃烧利用产生热，手脚才会温暖。如果心脏功能有障碍，如心脏衰弱无法有效输送血液到身体末梢，或者血液量不够，血红素或者血红球偏低，就会产生手脚冰冷现象。另外，血管堵塞、感冒导致发烧影响大脑中枢神经，使运动神经受到抑制，也会导致手脚冰冷。相对来说，血液不足就要补血，血管阻塞就要需活血化瘀，感冒发烧就要服用解热剂。平常多运动，多泡温水，都可以有所改善。

由于当归具有增加血液、促进血液循环的功能，所以有手脚冰冷症状的人，尤其是女性，可以服用当归四逆汤，效果很好。其实当归四逆汤不仅手脚冰冷可用，冻疮、脱疽症、静脉曲张也适用。因为血虚寒侵导致的经痛，也可以用这个方子治疗。

脾、胃、肠，你的"后勤总部"

肠胃系统就像一个军队的后勤总部，是人体营养物质的供应站。三者密切配合，胃部把食物消化以后，小肠负责吸收，然后脾就把吸收的营养运送到人体的各个部位。三者构成了一套分工有序的后勤体系……

·运输队长的脾脏

什么叫做"运化"？运化包括营养的消化、吸收，还有运送。人体所有的血液都由脾统筹分配，然后才把饮食的精华运输全身，所以说脾是后天之本。脾又能统摄周身血液、调节血液循环，让它们正常运行。脾气主升，能把饮食中的精气、津液上输于肺，然后再输布于其他脏腑以化生出血气。通常所说脾有益气作用的"气"，就是代表人体机能的动力。而这种动力的产生，则有赖于脾发挥正常的运化能力。脾能运化水湿，和水液的代谢有关。同时脾还与四肢、肌肉等有关，如脾的运化功能正常，则四肢活动有力，肌肉丰满壮实。

如果临床上出现出血异常现象，尤其是女性，在非生理周期出现功能失调异常出血的现象，那是因为"血不归经"，不归到正常血管内，乱跑了，才会出现异常出血现象，所以用归脾汤给她吃。归脾汤内有当归、黄芪用来止血，也加四君子汤来补脾胃。有些睡眠不好的患者，吃了归脾汤就会睡得很好。

中医上还有一种说法是"思虑伤心脾"，因为脾主忧思，也就是思

小病不求人

考。脾主运化，负责消化和血液营养的运输，如果脾不好，就会减少营养物质的输送。没有足够的营养物质的供应，大脑细胞就会缺氧。除非是天生智力很高，否则一定要有足够的营养才足以供应思考能力、记忆力。所以，脾还和大脑有关。

也有一说是"脾统血、肝藏血、心主血"，也就是说，脾是统筹分配血液的，是血液的统帅。一旦血液中的血红素、血小板和红血球太多，脾就会把它们吞噬掉。但一旦你发现血液中的血红素或者血小板变少时，第一个考虑的就是脾脏是不是有状况，是不是"脾肿大"。如果用 B 超检查，发现脾脏没有肿大；第二个考虑的就是看骨髓造血有没有问题；第三个考虑的问题就是骨髓有没有被病毒破坏。骨髓造血有问题就用补肾的药，因为肾主骨；有病毒就用抗病毒的药。

如果是脾脏肿大的话，一定要想办法用活血化瘀、软坚的药物。我的病人中有一个姓黄的小朋友，才上小学五年级就被查出脾脏比同龄人大一倍，是由于他患了慢性肝炎。他在医院看了 3 年多看不好，来找我看后，脾脏肿大消了一半。他的医生很纳闷，为什么原来肿那么大却很快就消了，便向他打听怎样处理的，他妈妈说是我看的，于是以后就有一大批病症相同的患者被推荐过来了。

海里的植物、矿物都具有软坚作用，也有制酸作用。所以，多吃海带肯定可以抗肿瘤。除了海带外还有昆布，还有日本寿司外面的那张海苔，都是同类的东西，多吃就会把肿块化掉。我这里还有很多病例，有的患者身上的肿瘤像乒乓球那么大，有的像鸡蛋那么大，有的像葡萄柚那么大，用这种方法化解都有效。另外，四君子汤、五味异功散、六君子汤、七味白术散、香砂六君子汤、参苓白术散等都是健脾的药，同时有补气作用。

总之，中医所指的脾脏，除了解剖学看到的脾以外，还包括血液里营养成分的运化、运输和统筹分配。所以，脾脏是一个很重要的系统。

·情绪也能引起胃胀痛

胃胀、胃痛对许多人而言早已司空见惯，却仍然需要小心注意，以免恶性循环，扩大病情。基本上，胃胀、胃痛的原因主要有两个，一个是饮食，另一个就是情绪。

·饮食引起的胀与痛

现代人应酬多，饮食不知道节制，长期暴饮暴食，再加上喜欢食用大量大蒜、辣椒、生姜、胡椒粉等调味的刺激性食品。这种不好的饮食习惯不但容易导致肠胃不舒服，严重时甚至会引起急性或慢性肠胃炎。烟、酒过量也是因素之一，尤其热性体质的人，由于肠胃血管一直处在扩张状态，抽烟、喝酒更加扩张血管，而使胃部越发不适应。甜食由于比较容易发酵产生气体，也容易因此导致腹胀、疼痛。另外，吃了不干净的、过期的或者有些腐败了的食物，也会产生这种现象。这时，有的人就会往下发展，比如说一直放屁。不过也幸亏能够放屁，那起码有一个出气的通道，不然肚子只会胀得更厉害。

比较黏滞的、不好消化的食物吃了后当然比较容易胀气。最不好消化的就是糯米类的东西，有很多人非常喜欢吃糯米类的制品，偏偏烧肉粽、汤圆等都是最不好消化、最黏滞的。古代没有水泥之前，都是用糯米、黑糖和一些植物纤维混合以后当水泥用，有些建筑物历经千年的风吹雨打都还存在。台湾地区的嘉义县有两座房子据说是使用糯米做的黏合剂建成的，经历了3次大地震后，房屋主结构仍然屹立不动，只掉了几块瓦片，而且瓦片还是后来镶嵌上去的。由以上例子可以看出它们的黏性是多么强。

·肠胃不好当然胀

如果肠胃消化功能比较差，本身蠕动比较缓慢，出现胀气的机会就特别多。我曾经看过一个姓吴的小男孩，患病在医院开刀后，因为麻醉药的缘故导致肠胃粘黏，不仅胀而且痛得很厉害。后来越治越糟，腹胀得很严重。我给他用了一些促进肠胃蠕动、促进消化的药物，他按照我的方子定量服用，很快腹痛就减轻了。接着，腹部的肿胀也开始逐步消除，这是肠胃消化后的结果。针对这种病情，只有从根源上下手，找到病因自然就可以对症施药了。

有的人胀气不是向下发展，而是向上，这样就会一直打嗝，嗝出一些酸臭的味道。我看过一个60出头的太太，她被这种症状困扰了大概有22年，经常因为打嗝和放屁让周围的人向她行"注目礼"。我给她用了旋覆代赭石汤，代赭石是一味矿石的药材，吃了3个星期，症状大概好了六七成以上。

·情绪导致的胃胀痛

情绪上导致的问题往往比饮食更重要。像职位升迁、人际关系不良，或情绪的压抑等。

心理的压抑通常会影响到肝功能。由于肝细胞是制造胆汁的地方，胆汁分泌则有助于胃液分泌，而胃液的强酸反应为分解食物必要的条件。所以当肝功能受到影响时，连带也会影响到胃部的消化功能。

一般胀气，我建议大家服用平胃散就可以，这是最简便的方法。平胃散里有两味药具有消胀化气的作用：一个是厚朴，另外就是陈皮。我对平胃散做了一些改进，加了两个东西：生姜和大枣。这样口感会比较好，而且姜本身就是一个健胃剂。一般姜科植物都有香的味道，会刺激肠管蠕动，生姜也是一个非常好的止呕药。

像木香、砂仁、肉豆蔻这些药都有消胀化气的作用。有个老太太，年纪很大，肚子胀得厉害，家人把她送到医院里，医院的评估结果是要开刀。80多岁的老人，开刀很伤元气，很危险。后来有人推荐她来中医药铺买砂仁，砂仁是襄荷科植物，味道很刺激也很强烈。她用石臼捣一捣，用开水冲泡做茶喝，喝着喝着胀肚居然好了，总共也只花了五块钱。

另外，五味异功散、香砂六君子汤等处方也可以消胀，很多人一胀气就会肚子痛，必须兼顾痛感。要止痛，木香就是很好的止痛药，延胡索也是很好的止痛药，它同鸦片同样属于罂粟科。鸦片是所有止痛药都没用时才会用到的药，也就是麻醉药品。

传统医学认为胀是因为体内的气体滞涩，痛则是因为血液淤积，这里面也有寒、热症的区分。如果是寒症，就应该用温性食物调和；如果是热症，则应该避免食用燥热的食物。发作时，可以用芍药甘草汤，这一味药具有松弛肌肉的功能，可以缓和任何疼痛。其实只要饮食正常，并有适当运动促进胃肠蠕动，经常保持一颗愉快的心，就可大大减少胃胀、胃痛的几率了。

·月事期间的胀痛

胀痛有时同饮食有关，有时也与月经周期有关系。女性月经周期来了的时候，肚脐下面的下腹腔会因为周期的运行导致周边器官受影响，所以有的人会绞痛、拉肚子，有的人会便秘。会便秘的人，肚子就会胀痛，有时会胀得非常严重。所以，在胀痛诊治时如果患者是女性，一方面要考虑饮食，另一方面也要考虑是否和月事周期有关。这也与很多女性平日饮食上不太注意，喜欢吃冰冷的食物有关，热胀冷缩导致下腹绷得紧紧的，所以必须用调经的方法。只要生理周期顺畅正常，肚子胀痛的情况自然改善。

·手术后的胀痛

外科手术包括剖腹产也会导致肚子胀气。在很多人手术后，医生或护士在巡房时，第一个会问的问题就是"你放屁了吗"，因为手术用到麻醉药物把人整个机能都麻醉了。所以术后如果有放屁，就表示肠胃已经在蠕动了；如果没有放屁，表示麻药的作用还在。在手术后，西医也常常会给一些帮助消除胀气的药物，促进肠胃蠕动。

在传统中医用药里面，神麴这味药就非常有效。它最主要的功能是帮助胃液分泌，帮助消化酵素的分解，因为神麴本身就是酵素，是由六

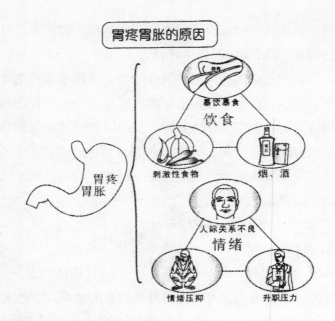

胃疼胃胀的原因

饮食
暴饮暴食
刺激性食物
烟、酒

胃疼胃胀

情绪
人际关系不良
情绪压抑
升职压力

味药组合起来发酵的。如果把它制成茶包，放在杯子中泡着喝，就可以消除腹胀。它也可以和乌梅在一起，加一些甘草片，用水冲泡起来有一种酸酸甜甜的味道，这就是乌神茶。乌神茶可以消脂，让整个肚子的胀气消掉。

·胃酸过多过少均不宜

人的胃是一个强酸反应器，胃液呈现的酸碱值是 $2 \sim 2.4$，胃酸是靠胆汁分泌来帮助消化的酶素。很多人有胃酸过多的毛病，但如果没有胃酸的话，就没有办法分解消化食物。

胃酸过多时，就会出现"嗳酸水"、"烧心"、"胃部隐隐作痛"等症状，我们通常把胃酸过多的原因分为两种：一个是你本身组织的问题，我们通常叫这个病为器质病，就是器官有病变，包括胃溃疡、胃穿孔这一类实际在医学检验下可以看到的病症；另一个就是功能性的，属于功能反应，一紧张、焦虑或者压抑，它就出现状况了。

现代人晚睡晚起已经成为一种习惯。由于工作忙碌，很多人连三餐都无法正常进行，饥饿时也只能以"忍耐"度过。殊不知空腹的时候，胃部会持续蠕动摩擦胃壁，这样对消化系统危害极大。如果再加上组织本身已有溃疡、出血、穿孔等现象，当然会有疼痛感。这样就会出现"吃也痛，不吃也痛"的状况。

情绪不佳、压力太大会使人食欲不振，消化不良；经常紧张则会导致胃部大量分泌胃液、腐蚀胃壁，胀、痛也就会随之而来。长期下来，将容易导致溃疡、出血、穿孔等现象。除了胃液大量分泌以外，紧张还会导致胃痉挛，一痉挛就会使得平滑肌强烈收缩，产生剧烈的痛感。

针对胃痉挛的这种状况，中医用松弛的方式治疗，比如用芍药甘草汤、小建中汤等。小建中汤里的麦芽糖有松弛的作用。药物学里讲：甘能缓。"缓"就是缓和、松弛的意思；"甘"就是甜的意思。所以，如果有的女性在月经来时会肚子痛，而且是剧痛没有办法找医生的时候，就可以用家里的甜食，包括砂糖、冰糖、方糖或者巧克力等，就能够松弛平滑肌，达到止痛的效果。所以芍药甘草汤和小建中汤就是松弛剂，不仅有松弛的作用，还能补充营养。

相比胃酸过多的人来说，胃酸过少的病例较少。胃酸较少的人不容易消化。对于胃酸过少的患者，西医没有药，最多的就是打免疫球蛋白。但是打免疫球蛋白会有后遗症，会疲劳、倦怠、掉头发、食欲不振，就像生了一场重病，很不舒服。治疗胃酸过少，最好的办法是用最纯最好的蜂蜜，蜂蜜会协助制造胃酸。判断蜂蜜是否纯正的方法就是把蜜倒在卫生纸上，一般有水分的，马上就晕开了，卫生纸立刻就湿了，但是纯正的蜜不会晕开。

· 胃溃疡、胃穿孔

胃酸分泌过多就会腐蚀胃壁，先会导致胃溃疡，严重了就会造成胃穿孔。溃疡和穿孔只是程度上的不同，溃疡比较轻微，穿孔比较严重。

一到穿孔，西医就要开刀，把穿孔的地方缝上。但是任何人在开刀以后，体力都会受损。我们发现所有的胃癌患者到末期开过刀后，维持生命的时间都很短，慢慢吃药调理还好一点，或者开刀后赶紧用中药调理，做修补重建的工作，这样生命可以得到一定程度的延长。

台湾地区顺天堂药业开发了一种新药，叫做乐适舒，英文名叫做WTTC。临床报告上显示，它对胃癌、直肠癌、大肠癌有40%的治疗效果。这已经是很不错了。这个药里面最重要的成分是薏仁，薏仁对肠胃有非常好的作用。薏仁和米同属于禾本科植物，在最早的中医经典《神农本草经》里，就已经说它可以去痹，意思是说它可以治疗神经痛。薏仁煮了会黏黏的，可以想象它的黏液对胃会有非常大的好处，其中最有名的处方就是治疗盲肠炎的薏仁附子败酱汤，2000多年以前就被应用了。中医临床上治疗风湿关节有一个有名的方子，叫做麻黄杏仁薏仁甘草汤，简称麻杏薏甘汤，一方面止痛，一方面对肠胃有很好的养护作用。因为现在的药品，尤其是化学药品吃下去以后，胃会很不舒服，对胃黏膜、肠黏膜的组织都会有破坏作用，甚至会导致'胃溃疡、胃穿孔。

一般溃疡会有灼热感和明显的痛感，因为不管是空腹还是吃东西，胃都会摩擦，到溃疡和穿孔处就会产生剧痛。穿孔也好，溃疡也好，一定要用一些修补的药。以下介绍几种具有"修补"功能的药，对肠胃溃疡患者应该会有些帮助。

一、乌贝散。乌就是乌贼的骨头，也被称为海螵蛸；贝就是贝母。将这两个药物磨成粉服用，必要时可加些甘草粉调一下味道。尤其是乌贼骨，本身有很强的修护作用。

二、白芨。如果乌贝散的效果不够，白芨的修补效果更为理想。但由于白芨味道较为苦涩，也可以加些甘草粉。白芨的黏着性非常强，古代画国画的人几乎都会用白芨磨朱砂，磨了朱砂后，画在丝质的绢布上。所以现在很多文物出土以后，整幅画的颜色都完好如初，几乎不会掉颜色，白芨的粘着性可见一斑。所以，它对局部的溃疡或破洞有很强的修补作用。有一位姓陈的小朋友患有心脏瓣膜破损，开始像米粒那么大，我在药里加了白芨给他服用以后，洞就越来越小，最后小到针尖一样。台湾社会大学一位女性耳膜破了，我用小柴胡汤加减，加一味白芨，她吃了以后耳膜就修复如初。诸如此类，人体的机能组织哪些地方有破洞、缺损、溃疡，都可以配合白芨修补。

此外，白芨、石斛、天麻都属于兰科植物。石斛可以养胃，如果把石斛放在嘴里嚼，越嚼黏液越多。因为黏液有修护作用，所以石斛被称为养胃圣药，单只这味药就可以产生很好的疗效。

·腹泻与便秘

前段时间，有位70多岁的老太太来我这里看病，她的问题是腹泻已经一个半月了。此前她曾经在一家颇具规模的大医院住院诊治了半个月，大肠镜、胃肠、血液检验、超声波扫描等所有该做的项目都做过了，结果既没有溃疡、穿孔、出血，也找不到细菌病毒等可能导致拉肚子的原因。然而她每天至少上厕所10次，一个半月下来，体重锐减20多斤，只好靠点滴补充营养，才不致脱水。

在此之前，我也诊治过一位年仅21岁的年轻人，他在服兵役期间，像我前面说的那位老太太一样腹泻，每天"难以数计"。从野战医院转到总医院，治疗了将近一个月，仍然吃什么拉什么，最后因肠黏膜滑脱而出现脓血。没有办法，只有从总医院再转往更具规模的大医院，都已经准备做直肠切除术了。后来经过别人介绍用传统中医治疗，用唾液分次吞服了四逆汤加龙骨、山药、五味子等配方的药，第2天就奇迹般不再腹泻，第3天他就直接办理了出院手续，到现在没有再出什么问题。

·饮食与情绪可以导致腹泻

拉肚子可以说是一般人最常见的毛病之一，而且人人都有可能，一不小心就会发生。大致说来，其原因不外乎饮食不当、肚子受凉、情绪紧张、肠胃疾病这几个方面。

饮食不当恐怕是所有腹泻的主因。我们有句老话：不干不净，吃了没病。为了填饱肚子或享受美食，卫生总是被摆在次要地位。一般的公司，除非颇具规模，否则很少请人经营员工餐厅。现代的上班族除了少数人自己带便当外，大部分都在外面解决吃的问题。因此，食物中毒的例子时有所闻。

有时着凉也会导致腹泻。晚上睡觉时，如果肚脐与命门部位吹风、受凉，就容易引起腹泻。如果在这些地方温灸，就会起到止泻的效果。

情绪性问题如愤怒、紧张也容易引起腹泻。紧张会使肠胃快速蠕动，将体内水分吸收到肠管里。如果你是容易紧张的那一类人，在腹痛时你可以试着用力按压"内关穴"。这个穴位不但有镇定作用，也有止痛的功效。愤怒的时候，则不妨多作几次深呼吸，这样就能够缓和情绪。

风寒感冒也会引起腹泻，这就是肠胃型感冒，最好请教医生诊治。在这里我给大家推荐几个治疗腹泻的简便方法：首先可以多吃点酸性食物比如酸梅，这类食物都有收敛的作用；山药熬粥也是一个很好的方法，此外茯苓、白果都是很好的止泻食物；最后还有个"四神汤"，就是把山药、莲子、薏仁和芡实在一起煮汤喝，疗效奇佳。

此外要注意的是，腹泻时应避免吃油腻的食物，以免肠黏膜滑动。我建议最好用米汤加盐食用，既可补充营养，又不增加肠胃负担。

·宿粪便秘

长时间坐办公桌的人，由于缺乏运动，加以工作上的压力与紧张，往往容易造成便秘。造成便秘的原因有很多，除了以上说的缺乏运动、精神紧张外，喜欢吃黏稠性强的食物，像糯米这类的也容易引起便秘；同时，感冒发烧也可以造成便秘。由于肺与大肠为同一系统，上下横膈膜与肋间肌压缩顺畅，才能促使肠胃蠕动。所以肺功能较弱、有呼吸系统病变者及老人，通常都会影响到排便；有烟瘾的人尤其应该戒除，并常作扩胸运动来带动肠管蠕动，使排便顺畅。

中医上讲，3天以上不大便就叫便秘。因为每个人每天吃3餐、4餐，吃了就一定要代谢，如果吃了不代谢，积存在肠道中，当然就会产生状况。在医案中，便秘最长的有49天没有大便的患者，我自己也碰到过3个近30天没有大便的人，这些都是很恐怖的症状。

像这样大便解不出来，在肠管中日积月累，就会产生宿便。宿便是人体代谢废物，会产生毒素，它刺激干扰肠神经、胃神经、痛觉神经，就会产生痛的感觉，严重了就会干扰生理，甚至影响大脑记忆。毒素过多还会影响身体皮肤，尤其是脸部，很多人的青春痘、面疮、痤疮就是这样来的。便秘到底会引发什么样的其他疾病，我们是无法预料的。但只要对症下药，情况便能获得改善。

便秘也分寒热。有人属于热性便秘，一般称为阳结便秘；有人属于寒性便秘，常被称为阴结便秘。通常阳结便秘的人肠子水分比较干，所以大便都是干干燥燥的，又干又硬；阴结便秘很可能是稀稀软软，这是因为肠子不动了，水分不一定很少。在对症下药上，由于阳结便秘属于热症，治疗上要采用凉药，大黄、芒硝都是大寒的药物，一般我使用承气汤；阴结便秘我们要想办法刺激肠子能够正常蠕动，我们就用巴豆这种强烈的泻剂。巴豆本身属于大热，内含生物碱，是一种毒性很强的药物，如果没有经过处理随便放在嘴里嚼的话，整个口腔都会溃烂；吃到肠子里，肠子也会溃烂。所以一般都把它提炼成巴豆霜，毒性就会减缓很多。

容易便秘的人最好多吃点含纤维、胶质的食物。胶质的食物有润滑作用，像海带、白木耳、黑木耳、发菜、茼蒿、川七叶子这些东西都富含胶质，所以润滑作用也非常好。另外，常吃具有润滑作用的食物对便秘的缓解也有帮助。有一个比较好的办法就是把海蜇皮、葱花、萝卜丝用麻油拌着吃。因为海蜇皮软便，葱花与萝卜丝则能通气。此外，还可以多吃些像莲藕这种纤维质多的东西，纤维主要能够刺激肠管，促进肠胃蠕动，梨、西瓜等水分多的水果，木瓜中的木瓜酵素，也可以促进消化。

如果是严重的便秘患者，还可以试试吞服"黑豆"。

·食物中毒

现代生活节奏紧张，人们不免在饮食上有些疏忽。现代农业也是农药越加越多，再加上不法之徒在食物制作过程中添加各种添加剂，导致现在食物中毒的案子时有发生。

如果到了食物中毒的地步，我们就要用药进行缓解。缓解药最典型的代表就是小柴胡汤。小柴胡汤也能够治疗妊娠呕吐，有的人会从怀孕一直吐到生完宝宝为止，我看过很多孕妇，在医院打点滴都没有办法止吐，而且强行抑制会影响胎儿的成长。在中医中，我们还可以用生姜半夏的处方来治疗呕吐，一吃就好。我以前的一个患者请了长达一年的待产假，就是因为呕吐得厉害。她在医院治疗了一个多月还是不行，我给她用小柴胡汤、香砂六君子汤，这两个处方里面都有半夏、生姜的成分，都可以起到止呕的作用。她吃完之后，呕吐很快就止住了。

半夏是有毒性的药物，属于天南星科植物，作用在于抑制大脑延髓。延髓有一个呕吐中枢，受到某些因素影响时，如怀孕、吃错东西、喝醉酒都会导致呕吐。半夏作用在延髓，抑制神经反射，所以就抑制了呕吐。

·胃出血、解黑便

每到寒冬季节，就有年龄大的人会感到肠胃道不适，因解黑便、胃出血而就诊的病例就会多了起来。我有一位80多岁的患者，他几乎每年都会旧病复发，而且出血部位都在以往手术缝合的地方。我仔细诊断之后才发现，原来主要原因是气温下降，人体肌肉、血管神经遇冷就会收缩，年纪大的人由于血管壁硬化、缺乏弹性，在胃部强烈蠕动和摩擦之下，血管壁上的微血管就会破裂，进而血液渗出，经过氧化经由消化道排出，就形成了黑便。但是如果是较大的血管破裂，排出的就可能是鲜红的血液，出血量也较大、较多，情况严重的甚至可能会因此昏厥、

休克。

预防胃出血症状的出现，平日健全脾胃功能是最重要的。最稳妥的办法是用四君子汤、五味异功散、六君子汤、七味白术散、参苓白术散等调理，或者以平胃散和四逆散搭配使用。民间广为流传的四神汤（薏仁、芡实、山药、莲子，也有用白茯苓、白果取代其中一二味）对脾胃消化系统的养护也大有帮助。

饮食方面，平日可以多吃点黑白木耳、海带这些含有丰富胶质的食物，因为胶质对人体组织溃疡具有非常好的修复作用。更重要的是平时要保持情绪稳定，不要紧张、焦虑、压抑，因为情绪的起伏波动使胃液大量分泌；而胃液呈强酸反应，容易腐蚀胃壁，有可能最终导致溃疡、穿孔、出血。饮食方面尽量少接触刺激性食物，尤其是烟、酒，更忌暴饮暴食。年纪大的人在寒冬季节，最好使用肚兜，使肚脐周边保持温暖，这样也可以减少胃出血的几率。

·春节症候群

尽管近 20 年来，我们创造了经济奇迹，人均收入也大幅提升，我们每天日常的饮食比起三四十年前的春节过年还要来得丰盛，但是消化不良和肠胃炎患者却日益增多。记得小时候住在乡下，生活水准低，大家一年辛辛苦苦也只能勉强维持温饱，记忆中只有一年三节（春节、端午节、鬼节）才有肉吃，才舍得宰杀自己饲养的鸡鸭鹅。但是感觉那时候人的身体却普遍比现在人好。

像春节这种盛大的节日自然是要好好庆祝一下。可是人的肠胃毕竟容量有限，在短短的几天假期中，从除夕团圆饭开始，一路吃到元宵节，怎么可能消受得了？难怪春节期间闹肠胃病的人越来越多，轻者肚子胀气、消化不良，重者可能患上急性肠胃炎、腹泻、腹痛，需要到医院挂急诊。可是这个时候医护人员也忙着过年，人力自然不足，对患者的照顾也不如平日周到，患者是心急如焚，但是也没有办法，到那个时候才后悔病从口人，懊恼不应暴饮暴食，已经为时晚矣！如果因为饮食不当而导致春节在医院度过，这样一来不仅大煞风景，也失去了过春节的意义。

除了肠胃病，现代人呼吸系统方面的病变也日益增多。香烟抽多了（患者姜老先生自称，春节打牌熬夜，一天抽了8包半的香烟，结果连声音也没了），辛辣或油炸食物吃多了，肯定就容易引起上呼吸道的毛病。尤其有些人喜欢吃火锅，食物温度很高，会把口腔黏膜烫伤，致使口腔溃疡、糜烂或发炎，到时候冷热酸咸都不能接触，痛苦不堪；有些也可能会引起牙龈肿痛，影响咀嚼。

由于春节期间就医很不方便，在这里我特别推荐几个简、便、廉、效的传统中药处方供救急之用。

针对呼吸系统的病变，包括咽喉疼痛、喉头发炎、吞咽不适，可以用麦门冬汤加桔梗、百部；如果是口腔发炎、溃疡、糜烂，症状较轻的可以服用甘露饮，症状比较重的建议服用清胃散。

至于肠胃消化道方面，如果是单纯的腹胀，可以服用平胃散；如果得的是急性肠炎，可以用葛根芩连汤来清除；如果是里急后重、大便滞下，白头翁汤的疗效尤为显著。水泻可以将平胃散加上五苓散合成胃苓汤；以上症状如果再兼有腹痛，则配合芍药甘草汤再加木香，效果立竿见影。这些药方纵使派不上用场，平日居家有备无患，总比到处乱投医要来得好一些。

其实在我们这个商业社会，人们的生活步调都非常紧凑，为了营造并维持一定的生活水准，一年到头辛苦奔波，难得与家人团聚。我们自然应该利用春节这个机会好好地陪伴家人或安排旅游活动，徜徉于青山绿水之间，共享天伦之乐，这样也有益身心的健康。肺，五脏的"华盖"

在中医学上，肺被称作"五脏之华盖"，因为在诸脏腑中，肺的位置最高，所以称为"华盖"。华盖原指古代帝王所乘车子的伞形遮蔽物，在此引申为肺在五脏中的地位崇高，高高在上保护其他器官。

·咳嗽不用怕

据美国密歇根大学医学中心咳嗽门诊的医生指出，如果咳嗽持续3周以上，就得去找专科医生检查了。因为根据他们的经验，不抽烟的慢性咳嗽病人中，有80%都要从肠胃着手治疗。这是因为长期咳嗽是气喘或鼻涕倒流所致，甚至是因为消化不良，从胃部上来的酸刺激食道而造成。如果是这种情形，只要服用一些胃药就可以治好咳嗽。只有吸烟者的咳嗽才需要从呼吸系统调理。

其实传统医学早在2000多年以前，就很清楚形成咳嗽的原因、病理机制及治疗方法。中医最古老的典籍《黄帝内经》及相关文献就很清楚指出：胃浊脾湿是咳嗽和多痰的根本原因。因为胃是"酒囊饭袋"，一切食物都必须经过胃消化，像果汁机或洗衣槽般先将食物搅拌、粉碎成乳糜状态，然后把粗糙的部分代谢到大肠，精微物质则交给小肠吸收。但胃液呈强酸反应，必须靠十二指肠及胰脏分泌以制造中性环境，帮助小肠吸收；小肠吸收后交给脾脏去统筹分配，并将营养输送到人体各部组织，以维持生理作用正常运转。一旦这个过程发生问题，如胃的消化及脾的吸收、运化不良，过多的黏稠液体上逆到呼吸管道，就形成所谓的痰饮（稠浊为痰，沫清是饮），结果造成呼吸道痉挛或逆蠕动现象，咳嗽、气喘的症状就会出现。所以说"胃浊、脾湿是咳嗽、痰饮的大本营"。

传统医学有句老话叫"聚于胃、关于肺"，意思就是说痰饮、咳嗽是脾胃不适但显现在肺（指整个呼吸系统而言）上的生理现象。这些都是老祖宗千百年来与疾病的抗争过程中，累积下来丰富而宝贵的经验。

临床上我们常用二陈汤、温胆汤、四君子汤、五味异功散、六君子汤、参苏饮、杏苏散、桂枝汤、苓桂术甘汤、小柴胡汤、麦门冬汤、小青龙汤等，均可直接或间接作用于消化系统，而改善咳嗽毛病。

在这里我给大家特别介绍一下"桂枝汤"。桂枝汤是医圣张仲景最著名的一个方子，后来从这个方衍生出来的方子不计其数，且每个变方都有专门治疗的症状。桂枝汤由桂枝、芍药、生姜、甘草、大枣组成，适用于流行性感冒，尤其是体质虚弱的感冒患者；对怕风寒、发热、头痛以及骨节酸楚有汗的患者也有很好的疗效。

临床上以桂枝汤为基础方，加减以稳固疗效的处方很多，包括以桂枝加桂汤治疗经年不愈的头痛，桂枝加黄芪治疗季节变换性的过敏性鼻炎，当归四逆汤治疗末梢循环障碍与预防冻疮，黄芪建中汤治疗十二指肠溃疡，加味黄芪物汤对多发性关节炎的治疗。

有一位读者跟我说他 15 年来，胸中时常有白色的浓痰，每次用餐后胸部就感到闷痛。只好用力清喉咙，平时也时常干咳（有痰但咳不出来），不知如何是好。其实，餐后胸闷是因为用餐时胃部不断蠕动，帮助食物消化，蠕动的时候就会充血。此时，胸部甚至头部相对显得缺血、缺氧，因而感到呼吸不顺畅、闷痛，必须用力清喉咙，又因呼吸道干燥，自然咳不出东西来。

像这种状况，我们必须使用一些像桔梗、枳壳之类的药物来开胸利膈。既然干咳、有痰咳不出来，就需要以沙参、贝母、麦冬、玉竹、紫菀、款冬花等润燥化痰的药物。咳嗽的原因通常是因为气上逆，所以降逆的药也不可或缺，厚朴、杏仁、前胡、苏子、旋覆花、代赭石都有卓效。本来半夏也是一味很常用的降逆气的药，只是半夏的药性比较燥，在干咳或是燥痰的时候不宜使用。最后再加上陈皮、香附理气，郁金止痛，自可痊愈。为了方便，也可选用清燥救肺汤、百合固金汤或麦门冬汤，随病症加减。

·症型不同，处方不一

俗语说："穷人怕屋漏，医生怕咳嗽。"前一句话很好理解，那么医生为什么怕咳嗽呢？其实主要是因为咳嗽的原因不下十多种，如果辨症不明确，服药的效果不仅不显著，有人甚至咳嗽了 20 多年都没治好。就传统医学来看，咳嗽痰多通常大的分类是：黏稠浑浊的大多是阳症，痰液清稀的主要是阴症。痰液黏稠就要用凉性的药来治，痰液清稀就一定要用温性的药物。但有时有些症状是介乎二者之间的，当人休息或者晚上睡觉时，一些生理功能呈现半静止状态，等到早上一起来，就会发现这个痰是黄色黏稠的。因为人有体温，大约摄氏36.5~37度，那不就像在锅子里面煎饼一样，会蒸发水分。水分蒸发后痰就会变得黏稠，鼻涕也会黄黄的。"咸能软坚"，经过早餐后，经过咸味的软坚作用，再加上稀饭、豆浆或者牛奶的稀释，痰也会变得白白的、稀稀的。

痰又分为风痰、湿痰、燥痰及皮里膜外之痰（经络之痰）；咳嗽也可分为风寒咳嗽、火郁咳嗽、燥咳、痰饮咳嗽、积热咳嗽、虚寒咳嗽（老年人常见）、久劳咳嗽（如肺结核）等，因此在处方用药上截然不同，只要药症相当，就可以收到立竿见影的效果。

·过敏引起的咳嗽

过敏也会引起咳嗽。现代环境中很多因素会使人过敏，例如吸烟、被动吸烟、空气污染和职业病等。

吸烟是"自作孽"的代表。抽烟会使微血管收缩，影响血液的正常供应及呼吸道的气体交换。我们知道，血中带氧，抽烟的量越多，血中含氧量就会越少，加上烟的薰灼使气管黏膜分泌减少、挛缩而干咳。因此，有抽烟习惯的应该尽快戒掉。否则不仅干咳，甚至会引起肺气肿、肺癌的病变。我曾经诊治过一位患者，他每天必抽两包半长寿烟。这位患者除了长年痰咳外，到医院做x光检查，还发现胸腔一片乌黑。后来戒烟4个月后他再去照，肋骨已一根根清晰可见。这足以证明吸烟对呼吸道的害处。

现代工业社会工厂林立、汽车增多，随之而来的就是废气、尾气排放量逐日增大，呼吸系统和皮肤都容易受影响而生变，轻者咳嗽，重者甚至可能患上肺气肿、肺癌。所以，改善空气品质、加强环保意识是迫在眉睫的事情。

·形寒、饮冷则伤肺

《黄帝内经》早在2000年前就提出"形寒、饮冷则伤肺"，现代人的呼吸系统毛病特别多，主要原因除了气候多变之外，喜欢吃冰冷食物也是祸首。

"形"就是我们的身体，"寒"就是冰冷的刺激。吃冰冷的东西，或者衣服穿少了就是"形寒饮冷"。形寒饮冷对肺非常不好，这里的肺指的不仅仅是解剖学上的肺脏，而是指广义的呼吸系统。所以我们随时要注意自己的身体，如果气温变化大，很多呼吸器官或者气管功能差的人，就没有办法适应气温的剧烈变化。因为"肺主皮毛"，皮肤中的毛细血管也是广义的呼吸系统。一旦气温剧变，身体保护外面的功能适应不过来，想不咳也不行。

因为形寒饮冷伤肺，就需要用一些比较温性的药来治疗。在《金匮要略》第13章指出治疗痰饮用的温药，我最常用的就是苓桂术甘汤。如果痰黄黄稠稠的，就用麻杏甘石汤，如果是白白稀稀泡沫状，就用小青龙汤。这个方子也适用于感冒引起的咳嗽。

·秋冬气喘容易发病

气喘也就是哮喘。但哮和喘在定义上并不相同。哮有声音，所以是以声音来命名；喘则是以呼吸次数来命名。哮症是指当情绪太过兴奋或紧张时就会发出声音。不过哮、喘通常都会同时出现，并有冷热与虚实之分。热喘的症状为呼吸急促，有痰，鼻涕呈黄、浓、稠、黏状，胸口闷、呼吸提不上来，大便干硬、较燥，嘴唇泛红等。而寒喘则是嘴唇苍白，痰和鼻涕稀白，呈泡沫状，似鸡蛋清一般；大便稀稀溏溏，不成形，手脚冰冷，呼吸急促，胸口闷等。热喘需要用凉性药物来诊治，如麻杏甘石汤；寒喘则需要服用温热性药物，如小青龙汤。

哮喘通常都发生在过敏性体质的人身上，发病的原因与饮食、气候和空气有关。因此饮食上忌吃冰、橘子和萝卜、白菜，否则有时即会立刻明显发作。

每年一到秋冬，天气骤寒，或气候变化太大都容易引发哮喘。而近年来空气品质恶劣，到处都是灰尘。空气不好，像灰尘、抽烟等也是致病原因。发生哮喘后除了应请医生诊断外，在饮食上绝对要自我节制，否则治疗效果将会受到影响。

前台湾大学医学院院长谢贵雄曾在近年特别推出了一个大型的"过敏气喘临床研究计划"，计划中邀请了 9 个中、西医生共同合作，进行过敏性气喘临床研究。结果依照辨症筛选了三个处方：

1. 肾虚型用六味地黄汤。

2. 脾虚型用参苓白术散。

3. 脾虚兼肾虚型用四君子汤加麦冬、五味子、补骨脂。

经过一年的观察研究，发现有效率在 80% 以上，这足以肯定传统医学对气喘的治疗成效。我建议有气喘毛病的人，日常可以食用杏仁、贝母、百合以化痰。尤其是杏仁，有降气、解除气管痉挛、镇静的效果，三者一起炖煮来吃，或磨成粉泡茶喝，都能改善肺功能。

·开胸利膈，丹田气生

有人常形容"提不起气来"，这主要是呼出有问题。传统中医认为心、肺主呼出，肾主纳气。所以，呼出有问题就要从强心补肺入手。我常用丹参、川七来强心，因为只有心脏有力量把血液输送给肺，肺才能进行气体的交换。我通常用生脉饮，同时用黄芪或者人参以补肺气，要让气升起来就用升麻、柴胡、荷叶。如果感觉胸闷且有压迫感，就要用开胸利膈的药物。这时候可以用桔梗，因为桔梗可以上行，而且可以入肺。同时，桔梗含有皂素，可以补肺润气。

气管内有痰阻碍，也会有胸闷的感觉。这种情况下把痰化掉自然就会顺畅不闷，所以要用化痰的药。还有一种情况就是气吸不进来，吸不进来是肝肾的问题，就要用肾气丸，引气到丹田来。也可以用肾气丸加上生脉饮合用，还有五味子，五味子有具有益气、敛肺、生津、止渴等功能。

·气管炎、支气管炎的治疗

中医并没有"支气管炎"这个词。中医的说法叫"肺痿症"，指的是慢性呼吸系统病变，患者长期咳嗽不能康复，最终导致肺部受到严重的伤害。

人体的肺部有两亿多个肺泡，主要功能是过滤、帮助吸收及排除支气管内的尘粒和细菌。但目前空气品质差，加上不良的饮食习惯、抽烟成瘾，都会减损肺部的过滤功能，久而久之，便容易患上慢性支气管炎。由于香烟会使得支气管膜的纤毛停止活动，无法进行清除脏物的工作，因而刺激支气管壁引起咳嗽。长期下来甚至会演变成"肺气肿"。因此要提醒吸烟的人们，如果能尽早戒除当然最好，如果不能，也要慢慢减少烟量。

经常伤风、感冒的人，也容易引起支气管炎。由于感冒属于滤过性病毒，如果是常常身染风寒，病毒感染的机会就大大增加。因此如何预防感冒也是重要的课题之一。玉屏风散则有预防感冒、改变体质的功能。这个方子的主要成分是黄芪、白术、防风，尤其防风有抗过敏作用。容易感冒的人平日也可以用这个方子来调养。如果要预防小孩子感冒，可以在还没有感冒发烧前先吃小建中汤加玉屏风散，以增强体质、补充营养。由于小建中汤里面含有麦芽糖、大枣，小孩子不会因药苦而不想吃。此外，常见的生姜加红糖或葱姜汤也是很好的健胃剂与感冒药。

支气管炎			
形成原因	典型症状	治疗方法	保养食材
吸烟	咳嗽	小青龙汤	百合
经常伤风、感冒	有痰	清燥救肺汤	薏仁
形寒饮冷	胸痛	麦门冬汤	贝母

支气管炎的共同症状为咳嗽、有痰，或者因为咳嗽引起胸痛。治疗的时候需要分寒症和热症。寒症表现为分泌物呈稀、白、泡沫状，可以用小青龙汤加减来医治。热症的分泌物呈浓、黄、稠状，可以用麻杏甘石汤加减来治疗，或用清燥救肺汤、麦门冬汤效果也很好。

麦门冬里面有麦冬，对支气管有修复作用，百合科的植物几乎都有这种效果。除麦冬外，百合、葱、蒜都是百合科植物，所以在平日保养时，可用百合熬稀饭，有保护气管作用。禾本科的薏仁同百合一样对心、肺（特别是呼吸系统）效果都很不错，黑白木耳里面的胶质对气管也有很好的修复作用。

贝母也属于百合科，可以磨成粉也可以用火炖。磨成粉时，可以和人参、百合等几味药组合。在未发病以前，服用这个方子可以起到预防的效果。比如给气管不好的人吃，对气管就有比较好的保护作用，不会动不动就因为感冒而引起上呼吸道的种种症状。除了人参、百合、贝母外，也可以用桔梗和沙参。桔梗和沙参同属桔梗科，桔梗科植物都含有皂素，可以清除呼吸管道内的脏物。

·肺积水

前段时间有患者家属来信询问：他的一位长辈曾经因为肺积水住院，现在已经出院。但是又患有高血压，而且经常喘气、小腿微肿、没有食欲，总感到非常疲惫而且排便不固定。他问我这种情况要如何调养。

肺积水中的"水"其实是组织液，这个病早在东汉张仲景的《金匮要略》中的"痰饮篇"及"水气病篇"中就提到过，这本书里面"肺痿肺痈篇"也提到过肺气肿的治疗方法。一般而言，曾经大量抽烟的人，到了老年几乎都会患上肺气肿，风寒感冒时也可能引发肺积水。传统医学在这方面累积了相当丰富的经验，也有不少有效的方药，比如小青龙加石膏汤、越婢汤、葶苈大枣泻肺汤、防己椒目葶苈大黄丸、木防己汤等，不胜枚举。对于这种症状，现代医学多半采用抽水或引流方

式处理，效果较明显。但那些积水并非纯然是水，其中还有食物营养的精微物质，应该叫做组织液。如果持续引流，病人的正气以及抵抗力也就越来越虚弱，这对病人的身体恢复是极为不利的。

有位汤老先生已经有70多岁了，早年吸烟很厉害，2006年11月下旬因为感冒引起了严重的肺积水，所以气喘、呼吸困难，很快被送到大医院急诊。结果抽水后不慎感染了绿脓杆菌，人直接就昏迷了，也没有办法自行呼吸。最后只好借助于呼吸机，在加护病房整整住了两个月。今年元月下旬用中医方法治疗，他竟然很快就苏醒了，而且恢复得非常好，四月上旬就已经转入普通病房。这令人不得不佩服老祖宗传承下来的医学宝藏的神奇疗效。

·喉痛声哑

曾经有位补习班的胡老师由其朋友推荐到我这里来就诊，他来的时候喉咙疼痛、声音沙哑，已经拖了一段相当长的日子，看过耳鼻喉科医生，也吃了不少消炎药。医生告诉他是患上了慢性咽喉炎，需要长期治疗。我通过望、闻、问、切很快就明白了发病原因。

因为他自己告诉我说，他每星期最少要上70小时的课，天南海北地到处跑。他一星期上课70小时也就等于从周一到周日每天必须安排10个小时的课，也就是从早上8点开始到晚上9点或10点为止。除了用餐，可以说连喘息的时间都没有，简直是在玩命。

虽说现在拜电子科技所赐，上课、演讲有扩音器，不必声嘶力竭地放大嗓门，人毕竟是血肉之躯，即使是铁打的金刚也经不起这样到处奔波、滔滔不绝地讲课。患者如果懂得腹式发音（也即声音要发自丹田）还好，如果声音出自喉咙，不出半个小时就会口干舌燥、声音沙哑，就算猛喝水也无济于事。就这样日复一日，月复一月，经年累月因循下去，旧伤未愈，新伤又起，才终于导致喉咙长茧，甚至演变成慢性喉头炎，还有人症状恶化而成喉头癌，到时候就后悔莫及了。

依据中医理论来说，"肺主气"、"话多伤气"，一天讲话长达十数小时，所需消耗的能量必然相当可观，这也是道家养生或佛家修身都强调打坐、寂然无声的原因。

再说人的体力负荷总有极限，任何组织器官超过使用极限必然会疲乏。连金属都会疲劳，何况是人！如果不及时休养保护，就只能是走向老化。因此我开给他的第一帖药方就是：先把讲课的时间减少一半。他似乎显得有点为难，最后才表示愿意试试看。

读者也许觉得夸张，事实上像这位胡姓老师的人相当不少。为了增加收入、让自己及家人过上好的生活而努力工作这个方式原本无可厚非，可是赚了全世界、赔掉了性命又有什么意义呢？

等他能够接受这些观念之后，我就给他开麦门冬汤加桔梗、百部、蝉蜕、诃子等润燥、滋阴、消炎、止痛、开音的药；并嘱咐他要充分休息，注意饮食，油炸、烤烧及燥热性食物尽量避免。我建议他每天早上洗脸刷牙后，用鸡蛋白冲泡冰糖服用，以此来保护声带和咽喉。等到他下次来的时候他告诉我已经改善了很多，我听了也觉得高兴。顺便一提的是，工作上必须经常讲话的人，都可以在早晨喝蛋白冲冰糖，或以枇杷、川贝、沙参或百合固金汤治疗。

虽然喝胖大海加罗汉果对改善声音沙哑也有效果，但是女性如果饮用过多，可能会增加白带分泌量，倒不如口含甘草片，不但可以修补嘴中的溃烂，还能保护口腔黏膜。含黄连片或黄连粉也很好，只是有人嫌苦。我认为黄连药性苦寒，如果用量不当，反而会有大热，也就是"多服黄连，反从燥化"，所以自己治疗时，不要轻易尝试。我主张还是口含甘草片，效果好，又没有副作用。

·解决皮痒先治肺

人体会选择性地适应外部环境。当天气热时，毛孔就会充分打开散热；天气冷的时候，就会收缩，加上衣服穿多了，减少了散热，维持这样才可以维持温度的恒定。所以，一旦皮肤毛孔闭塞，内环境就会出现状况。比如一伤风感冒，毛孔闭塞不能充分散热，第一个就是温度升高，就会发烧。因为皮肤的毛孔也是一个呼吸单位，从皮肤代谢出来的废物大约占一天代谢废物量的60%多，因为它是每一分、每一秒都在代谢。当毛孔阻塞，那些代谢废物不能通过毛孔这个管道出来的话，留在我们皮下会刺激皮下组织的知觉神经（包括冷、热、痒、痛等感觉神经，尤其痒觉神经），此时就会出现瘙痒感，渗透到肌肉就会产生浑身酸痛。所以，每年一到冬天就有许多人皮肤瘙痒，尤其高龄老人更深以为苦。其实原因多半是卫气血不足（即血液循环的功能趋于迟缓低下）所导致的。

皮肤瘙痒的症状在现代社会中越来越多，这种情况主要与生态环境有关，尤其是空气污染。由于皮肤直接与空气接触，所以空气污染严重时，皮肤过敏的人就容易产生痛、痒、冷、热的感觉，尤其是"痒"最为显著。

此外，感冒、饮食也是原因之一。许多食物中都含有过敏原，比如气喘的人一食用寒性食物，像萝卜、白菜、橘子等就会立即发作；而有些人则对于芒果、竹笋，甚至鸡蛋、牛奶都会有过敏反应。

传统中医学上讲"肺主皮毛"，"皮毛"包括汗腺、皮肤与毛发等组织，有分泌汗液、润泽皮肤、调节呼吸和抵御外邪的功能，是人体抵抗外邪的屏障。肺通过其宣发作用能将卫气和气血津液输布全身，温养肌腠皮毛，以维持其正常生理功能。可见皮毛的功能是受肺气支配的，所以说"肺主皮毛"。从肺脏的角度来看，皮肤的病变也可以分成几种类型，要根据不同的类型施以不同的处方。

一、风热型：感冒、发烧所引起。病毒破坏组织，并且在皮肤上形成块状斑或成点状的疹，可以用麻黄杏仁甘草石膏汤治疗。

二、湿热型：喜欢吃冰品冷饮，从而导致湿热下注，因此多半在下半身发病，尤其腿部最容易发生皮肤瘙痒症。此类可用清热利湿的药方如当归拈痛汤加减服用。

三、营卫失调症：皮毛闭塞、腠理失通，致使腠理津液无路外泄，聚之成湿而导致瘙痒。可以用桂枝汤系列治疗，如葛根汤、青龙汤、桂枝加黄芪汤以调和营卫气血。

治疗皮肤瘙痒除了服药之外，也可配合外用药处方。最简便的方法是用香菜泡酒涂抹，这样很快就可以止痒；如果是长痱子则可以用苦瓜煮水洗澡，效果也非常好。

有些人对油漆过敏，不但发痒还有红肿现象，这时候可以用韭菜或麻杏甘石汤煮水洗澡，不但可治皮肤痒，对头皮屑、头皮痒等症状也有效果。

如果皮肤只是发痒而没有伤口或溃烂，可加些薄荷、樟脑、冰片等，里面所含的挥发精油会使人感觉更加清爽舒适。但是如果有伤口或溃烂现象则不适用，因为其中的挥发油将会渗透刺激到患处。此外，也可加些杀菌的百部、苦参根、苍耳子等，或者在洗完澡后，擦些药用痱子粉，也有止痒的效果。

皮肤病变的解决办法	
症状	解决办法
长痱子	苦瓜煮水洗澡、香菜泡酒涂抹
皮肤痒、头皮屑、头皮痒	韭菜或麻杏甘石汤煮水洗澡
皮肤有伤口或溃烂	
百部、苦参根、苍耳子煮水洗澡	
因牛皮癣发痒	莲藕、白茅根、地黄煎汤服用

如果是因为牛皮癣而发痒，可以用莲藕、白茅根、地黄煎汤服用，一方面补血，一方面又能清除血液里的杂质，改善瘙痒的症状。

皮肤瘙痒的种类繁多，不胜枚举，原因也各有不同。如果单纯用抗组织胺或抗生素等药物治疗，只能治标，获得一时的缓解；如果用类固醇，固然能够收到立竿见影的效果，可是长期使用会破坏肝肾功能，这已经是众所周知的事实。

·头皮屑、头皮痒也从肺入手

我们有时开玩笑地劝人"重视头皮下面的智慧，不要太在意头皮上的皮毛小事"。实际上则不太容易，掉头发、头皮屑、头皮痒还是会令很多人感到苦恼。有些人说：明明前一天才洗的头发，隔天就开始瘙痒，而且长了很多的头皮屑。甚至有人用"雪花片片"四个字来形容头皮屑之多，可以说十分贴切。

这个问题首先要从体质谈起。燥热型体质的人，体液、水分的代谢快速，血液的循环、输送未能充分上升头部，就会导致头发、大脑皮肤缺乏营养供应，形成局部组织枯燥而瘙痒，甚至产生大量的头皮屑。

其次是呼吸系统功能的不足。依照传统医学的观点，"肺为相傅之官"，就像宰相辅佐君主一般。又说："肺主清肃，主治节"，也就是说肺脏的功能在于调整人体动静态及身体内外环境的平衡，以达到《黄帝内经》所说的"阴平阳秘，精神乃治"的正常生理状态。尤其"肺主皮毛"，皮肤、毛孔是由肺脏掌管的，那是调节体温、避免感染的第一道防线。当外部的气温升高时，毛孔就会张开以散热，相对地气温下降时，毛孔就会收缩以减少体温发散，因此能维持体温恒定，不会因为寒暑气候变化或纬度高低而受害。它们也是除了大小便之外，排除体内代谢废物的另一个管道，一旦这个管道受阻，就会体温升高、发烧（热）、体液蒸发，血液变得比较黏滞，不能充分输送、供应到大脑，严重时会出现缺氧、休克，有时甚至使组织发生变异而出现各种不同的症状。另一方面，由于废物停蓄在皮下，经刺激、干扰知觉神经而出现瘙痒。

可见除了风寒感冒之外，睡眠障碍、睡眠不足、晚睡，喜欢膏粱厚味（如烤、烧、油炸、燥热及刺激性食物），以及便秘等，都会导致头皮痒、头皮屑增多。

在防治方面，改善睡眠、调整饮食习惯；多摄取含纤维质、灰分、胶质的食物，如芹菜、苋菜、海带、海蜇皮、黑白木耳等对防治便秘非

常有效果；如果情况严重，则须借助药物改善。

针对这恼人的问题，我自己常用麻杏甘石汤加味，内服外洗，效果显著。因为麻黄能发汗，将代谢废物带出体外。杏仁协同麻黄有发汗作用，又具有镇静、解痉、降气、润燥的效果，使头皮获得滋润而不干燥。石膏性凉，能清热、降火、生津、止渴，使热势缓解，体液的蒸发减少，从而使头皮屑减少，瘙痒也就止住了。甘草既可缓和麻黄的发散所带来的弊病，又可以制衡石膏的寒凉，这味药还是清热解毒的良方，读者如果有以上困惑可以在医生的指导下服用此药。

·打鼾惹人嫌

据报道，有人因为打鼾太严重而丧命。因此常有人问起，对扰人清梦的打鼾，是否能以传统医药治疗？答案当然是肯定的。姑且不论打鼾是否真的会严重到丧命的地步，这种病例在举世数十亿人口中毕竟极为少数，但深受打鼾困扰的人据说相当多，确实值得提出来探讨。打鼾的原因主要有以下几种：

体型肥胖

打鼾的人或许自己并不知情，可是枕边人（包括同住一室的人）却深受其扰。根据临床上的观察，体型肥胖的人比较会打鼾，虽然没有确切的统计数据，但肥胖的人由于体型大，肺活量也大，呼吸力大而重，所以引起打鼾。数年前我和几个朋友前往日本东京参加一项国际会议，其中一位体型肥胖，又素有打鼾的毛病，有一晚大伙聊天到凌晨后，各自回房歇息。我恰巧和他住同一间寝室，当我睡的正好的时候只听见一阵轰雷，惊醒一看原来是这个人正在打鼾。被这样一吓我马上睡意全消，但时间还在半夜，只好枯坐煎熬到天明，这是我这辈子对打鼾第一次真切的体验，所以印象特别深刻。

鼻子有病

其次是鼻子有病，尤其长鼻息肉或者是鼻塞的人也会经常打鼾。白天活动量大时还不觉得鼻塞，晚上睡觉一躺下，鼻子立即不通，需要用嘴巴呼吸，因此鼾声四起，惊天动地。那是因为"肺开窍于鼻"，而肺又主声的缘故。有些人风寒感冒时也会出现此一症状，道理相同，只要针对这些原因辨症施治，基本上都会获得很好的改善。

感冒

如果是感冒引起的，只需要服解表发汗的麻黄汤、葛根汤等方药；尤其是风热型，可以服用麻杏石甘汤加味，效果马上就出来了。记得去年年初和10个朋友一起去印尼旅游，一位谢姓医生形体较胖，每天晚上都会打鼾，加上受到风寒感冒，鼻塞、咳嗽使得鼾声更大。刚好我行李中带有麻杏石甘汤加味，给他一包服下后，当晚他就寂然无声了。回国后他继续服用麻杏石甘汤，据称从此不再打鼾。之后他将这个方子开给其他患者，也取得了很好的效果。

中医最常用来治疗感冒的是桂枝汤与麻黄汤。麻黄汤是张仲景的药方里面开表逐邪、发汗的第一良药，由麻黄、桂枝、杏仁、甘草组成。麻黄可以松弛肌肉组织，散寒；桂枝辛温，能把风邪引出肌表；杏仁苦甜，可散寒而降气、化痰、解除痉挛，而且具有镇静作用；甘草可以发散而和中。只要患者出现外感风寒、流行性感冒、肺炎、支气管炎、鼻窦炎、鼻塞，还有肠热病、膀胱炎、关节风湿等，都可以使用麻黄汤。

如果是鼻子的毛病所造成的，则可以选用葛根汤、大小青龙汤、苓桂术甘汤、柴胡桂枝汤以调和营卫气血，并加芳香通窍的白芷、细辛、远志、苍耳子等就可以。

至于肥胖型的人，最好的方法自然是减肥。依中医的看法"肥人多痰"，痰饮影响呼吸道的气体交换与出入，因此在方剂的选择运用上，以二陈汤、温胆汤、钩藤散等加减，只要辨症明确，不但打鼾症状可获得缓解，体重也可以减轻。

打鼾也不简单	
原因	治疗方法
体形肥胖	减肥，然后辅以二陈汤、温胆汤、钩藤散
鼻子有病	葛根汤、大小青龙汤、苓桂术甘汤、柴胡桂枝汤加白芷、细辛、苍耳子等
感冒	用解表发汗的麻黄汤、葛根汤等方药

当然，人类有适应环境的能力，习惯就成自然。有一个患者的太太就笑着说："已经习惯了那高低起伏、节奏规律的声音，如果忽然寂静无声反而无法入眠！"这是特例，严重打鼾者还是适度改善比较理想。

保护你的肾就是保护你的本元

如果说肝脏是人体的第一道防线，那么肾就是人体的第二道防线，它能够调节人体的水分平衡，同时也能够选择性地把有益物质留在体内，把有害物质通过尿液统统排出体外。现代人五花八门的食物加重了肾的负担，因此近年来肾病患者比以往增加了一百多倍……

·肾就是你的第二道防线

中医上说"肾为作强之官"，相当于现在的免疫系统。所以过度疲劳首先受到伤害的就是肾脏。随着现代生活节奏日趋紧张，现在肾脏功能的病变越来越多了，这也与大环境中的水、空气污染有绝对关系。

肾脏就是人体的过滤器，会对付身体里一切外来的东西。外界东西进入人体后，最先把关的是肝脏，肝为将军之官，帮人体打仗，对付有害物质。但是有关水分、液体的部分，就要透过肾脏过滤。肾脏有肾小管、肾小球，过滤以后还要重新吸收，一旦这个环节出现了问题，最倒霉的还是肾。

现代人饮食不当，五花八门的食物中充满色素、人工甜味剂、食物添加剂等，这些东西都会影响肾脏的功能。由于肾脏负荷不了而出现的尿蛋白患者近年来成倍数增长，严重的最后可以导致尿毒症。台湾地区曾经做过一个调查，最近 10 年间，洗肾的患者比以往增加了 100 多倍。

另外，现代人吃药不当也非常容易引起肾功能问题。特别是类固醇药物泛滥，人们在医院中无论什么疼痛都用类固醇治疗。因为类固醇便宜，所以强直性脊柱炎这样吃，大脑长瘤也这样吃，肌肉无力症还这样吃，气喘病、异位性皮炎用类固醇，尿毒症、红斑性狼疮也用。总之没有一样不用类固醇药物的，但哪一个病人吃了痊愈了？所以，过度使用类固醇药物，不但治不好病，而且非常容易引起肾脏的病变，甚至可以导致尿毒症。

·第一泡尿很重要

尿尿是否正常是我们生活、饮食正常与否的最好指标。我们每天早上一般都是尿急才会起床，有人甚至迷迷糊糊地撒一泡尿又回去睡了，常常搞不清楚尿的颜色。实际上，第一泡尿是很重要的，我们一定要仔细看是不是尿的颜色很深，或者有血尿，或者像淘米水一样浑浊，或者泡沫很多。各种不同的现象意味着肾不同的生理状态。

如果泡沫很多，像洗米水一样浑浊，就意味着肾脏功能可能有问题。它是告诉你说昨天吃得太咸了，或者吃了加了太多防腐剂的东西。也就是说，你的肾脏负荷量发生了问题。如果尿液是红红的，就是血尿，这你就要考虑是否有感冒发烧或者结石问题。

观察尿液可以检查出肾脏组织有没有问题，所以我奉劝读者每天早上仔细观察你的尿液。只要花上不到 30 秒钟的时间，注意尿液的变化，然后调整生活习惯、饮食习惯，这样就可以做到未雨绸缪，防患于未然，使身体保持健康。

·血尿不用心惊

我在各处演讲时常有人问到血尿或尿血的问题。顾名思义，血尿就是尿中带血的意思。其可能因素有下列几项：

首先考虑是不是风寒感冒、发烧引起的。因为风寒引起体温升高，会使局部组织充热，血管因而扩张充血。有些人的微血管比较脆弱，无法负荷充血扩张的压力而破裂，显现在鼻腔就是流鼻血，如果出现在排泄系统就是便血（又有大便出血与小便出血之别）。

其次要考虑的是有没有结石，包括肾结石、膀胱结石或尿道结石。另外要考虑结石的形状是圆形、多角形还是菱形。因为结石在移动的时候难免刺激肌肉组织、血管、痛觉神经，如果结石小、形状圆，则症状较不明显；如果结石大而多棱角，则容易出现疼痛欲死及血尿的现象。目前是否有结石可以透过 X 光等方式检查出来。事实上，可能每个人或多或少都有结石，只是有些人发作，有些人终其一生皆未发作而已。

再者要考虑的是有无肿瘤病，包括尿毒、肝硬化、肝癌；尤其肝硬化、肝癌到了末期会并发出血，甚至七窍或前后阴也出血。

尿血的最后一项原因是现代医学往往忽略，却又是临床常见的问题，包括睡眠与工作环境两项。前者如是否晚睡、睡眠品质是否很好等。因为晚上属阴，晚睡或睡不好都会消耗有形的体液，形成阴虚内热，血管壁因而变得比较脆弱，容易破裂出血。如果又喜欢吃刺激性食物或大量抽烟，更容易使情况恶化。就工作场所而言，高温环境如工厂的锅炉旁或在厨房中，整天汗流浃背，如果没有补充足够的水分，血液就会变得黏稠，容易使血管硬化、出血。

找出原因之后我们就可以对症治疗了。用滋阴的药物如地黄、人参之类可以补充体液，尤其生地黄兼具补血、解热的作用。用解热、利尿药物如车前子、冬瓜子、白茅根之类，通过利尿作用使体温下降，并缓和充血现象，尿血自然停止，纵使有结石也可因利尿作用而排出。除了利尿，修补也很重要。无论什么原因造成的血尿，直接病灶都是局部微血管破裂，因此修补药如阿胶剂是非常重要的。这些含有丰富胶质的药物可以修补组织、促进愈合，这也是我建议大家平时常吃黑白木耳、海参或喝莲藕汁的原因。

西医对尿路感染有时候不容易处理得很好。有一位患者因为尿路感染才吃了一天的抗生素，结果全身水肿。他来我这边就诊，吃过几副药就逐渐痊愈了。

尿路感染的致病原因有很多，我对尿路感染通常考虑是否由感冒引起。对通常感冒引起的尿路感染我会用导赤散来治疗。

我们做一个比喻，假设我们弄一个容器，在里面装满水，在下面打一个洞，里面的水不一定会流畅地流出来；如我们在上面再打一个洞，水流就会非常顺畅了。中医也可以运用这个原理，我们管这个叫做"提壶揭盖法"，又叫做"开瓶盖法"。我们仔细看看，是不是所有的茶壶盖儿上都有一个小洞？如果你把这个洞堵起来，茶水可以倒出来，但肯定不是很顺畅，这也就是"开肺气"的意思。老祖宗从很多生活细节上观察，所谓的"盖"就是肺，"肺为五脏之华盖"，所以中医就有一个处方叫做华盖散。而竹叶就是起这种作用的，它可以有效清除上焦的内热。

导赤散只有四味药。第一味是竹叶，竹叶是专门清上焦的。明明是下半身的毛病，为什么吃治上焦的药？中医理论中，肺和大肠互为表里，肺是水的上源，因为肺属金，金生水，"肺主清肃"，意思是说肺功能有问题就会影响到大小便。按中医五行相生的观念，可以充分利用肺主清肃的功能。清肃不降，就尿不出尿来了，所以要清肺。

导赤散的第二味是地黄。因为尿不出尿来，可能是体内没有水，就用地黄补肾水。这好比自来水没有水，即使打开水龙头也没有用。再有就是木通，木通是苦寒药，清火润燥。最后是甘草。

虽然只有四味药，但因为感冒引起的尿路感染、尿道发炎、排尿障碍、小便短赤、嘴巴干渴等都可以用这个方子治疗，就算是舌头会破、生疮，吃了导赤散也很快就可以得到改善。

如果导赤散的效果不很明显，就再加黄连进去，加黄连的话就叫做泻心导赤散。黄连有消炎作用，可以抑制尿路的细菌与病毒。

有些人平常熬夜、透支体力、疲劳，泌尿系统这方面的功能自然会受到影响，容易感染发炎。一般来说尿路感染会排尿不利、小便短少频繁，颜色红红的，尿道也会有灼热感、刺痛感。严重的话肚脐下面会胀痛。事实上，尿路感染的症状也可以从口腔中看出来，嘴巴会干，舌头红绛、会破。

要避免尿路感染，千万不能憋尿，因为一直忍尿就会造成细菌感染。人的胃中最少有 300 种细菌，整个身体中更多，人与细菌是共生的。所以现在治病动不动就用抗生素，不管好菌还是害菌统统消灭，这对身体是很不好的。

在高温环境工作的人也很容易引起尿路感染。因为工作场所的温度超过体温，人会出汗出得厉害。汗出得多又没有补充水分的话，就会造成局部组织的抵抗力减弱，尿液中的细菌就会感染尿路。针对这样的情况，我们要用滋阴的药来治疗。滋阴就是补充水分，如运用地黄、元参这一类药。

结石也可以造成尿路感染，如肾结石、膀胱结石、尿路结石等。如果是结石的话，就一定要用化石的药。可以用猪苓汤来治疗，猪苓汤由猪苓、茯苓还有泽泻、阿胶、滑石等组成。猪苓和茯苓是很好的药材，结在枫树下的是猪苓，结在松树下的是茯苓。这个方子还可以加入怀牛膝和车前子。

一般而言，葫芦科、禾本植物都有利尿作用，所以容易尿路感染的人应该要多吃。如丝瓜、冬瓜、西瓜、黄瓜、苦瓜等葫芦科植物和白茅根、玉米须等禾本科，都可以帮助排尿。玉米须是一味很好的药，可利尿、消水肿，治疗肾脏炎、尿路感染、膀胱炎、糖尿病、尿毒症等。绿豆也是很好的利尿剂，而且能解百毒，所以要多吃绿豆，把积存在体内的毒素借由利尿作用排出体外。

·遗尿与失禁

膀胱无力或尿失禁有两种情况，一种叫做遗尿，另一种是失禁。二者是有区别的。通常来说，失禁的人有一种感觉，比如说到洗手间，距离没有多远就已经控制不住了，尿在裤子里面；而遗尿本身没有知觉。所以遗尿的人一般都要用成人纸尿布，否则什么时候尿出来自己根本就不知道。从程度上来说，一般遗尿比较严重，失禁则比较轻微。因为人的大小便都是大脑神经在控制，遗尿的治疗就是要恢复大脑意识中枢、知觉中枢；而失禁则好比橡皮筋用久了就会松弛一样，改善一下括约肌的弹性就可以了。

一般年纪大的老年人尤其是老年痴呆症、失智症的患者出现遗尿的几率比较大，年纪大的人、行动比较迟缓的人出现失禁的机会比较多。出现失禁和遗尿的主要原因在于膀胱无力、肾气衰竭。所以尿滴滴答答的状况和尿路感染的情况不一样，差别在于尿路感染会有灼热感，肚脐下面会有胀痛的感觉，尿的颜色是红色的，同时会有嘴巴干渴的症状；而。肾气衰的尿是白色的，没有刺痛感，患者的嘴巴也不会干。

大人的尿失禁，我会用肾气丸，补肾气。其方中的附子、肉桂、熟地、山药、山萸肉合用，有温阳暖肾，补肾填精、化肾气、行水之功效。泽泻、丹皮、云苓以泻为补，全方温而不热不燥，滋而不腻，阴中求阳，使肾阳虚证得以根治。但尿失禁也要用收涩剂，我通常用桑螵蛸。这味药是一种寄生在树上的虫包，具有收涩作用。用桑螵蛸加在肾气丸中，再加益智仁、覆盆子等，就不会出现多尿、尿失禁的现象。

因为排尿是由大脑中枢控制，所以治疗遗尿就要使用一些入脑的药。如远志、菖蒲等通脑窍的药一定要用，另外龙骨、牡蛎、柏子仁这些镇静安神的药也可以使用，同时还要用收涩的药物如莲花蕊、五味子、山茱萸、益智仁、覆盆子等。

·肾与耳聋

《黄帝内经》说："肾主骨"，"在窍为耳"。所以有些耳聋，必须从调整肾阴、肾阳着手。虽然这种观念比较不容易被现代医学接受，却往往是非常有效的。患者可以服用肾气丸、知柏八味丸、左归丸、右归丸等方剂治疗。

在我的患者中，有不少患上突发性耳聋，虽然经过治疗，却无法完全恢复，耳鸣也长时间不消失。这种病症的原因依传统医学观点来看，不外乎下列几种：

一、风寒感冒引起。人体除了解剖学上看到的内脏组织器官外，另外有十二经脉及奇经八脉的经络系统，其中手少阳三焦经循行至耳朵，人体一旦感染风寒之邪，使得该经脉受到波及就有可能耳聋。我们可以用针刺来治疗，也可以服用小柴胡汤加味。

二、过度疲劳或发汗太多，或服药不当。《素问·六节藏象论》云："肝为罢（疲）极之本。"所以人如果太累有可能导致骤然失聪。至于发汗太多，在东汉张仲景的《伤寒论》中就曾讲到：在还没有把脉的时候，病人在那站着就两手冒汗。如果医生让患者试着咳嗽一下，病人就像没有听到一样置之不理，这肯定是两只耳朵已经聋了的缘故。而耳聋的原因就是发汗太多。服药不当引起耳聋的，我这里恰好有个病例。67岁退休公务员的徐先生，在去年3月间因为身体不适到医院看病拿药，结果吃药后全身皮肤红、肿、热痛、痒，同时耳朵突然就听不见了。医生让他尽快住院治疗，但是徐先生不愿意住院就来我这里就诊。我给他开的方子是：皮肤过敏部分服金银花、黑豆、生甘草解毒，结果服后迅速改善；耳聋部分我用的是小柴胡汤和解，加远志、菖蒲等通窍。这位患者是3月12日吃的药，到了15日就完全恢复了听力。

三、紧张压力造成。去年有某医学院的学生，因为平日课业繁重又碰到期中考试，有一夜忽然耳聋（鸣），而且严重晕眩，无法站立，勉强站立马上就开始呕吐，还出现飞蚊症（只见一群蚊子飞舞）、解黑便等种种症状。在他们学校的附属医院治了一段时间没有效果，就转而寻求中医。我以真武汤、杞菊地黄丸、半夏天麻白术汤、旋覆代赭石汤等方药交替使用，并叮嘱他放松心情，必要时可以暂时休学，以身体健康为重。治疗一个多月后，他就好了。

四、其他原因。如受到强烈爆破声的刺激、异物进入耳内，或游泳、理发时耳朵进水，或掏耳朵的时候不慎受伤感染，或小孩不听话被父母师长打耳光都有可能。

突发性耳鸣或耳聋一定有原因可循，必先辨症论治才能够处方遣药，不要病急乱投医，听信夸大不实广告，才不致耽误病情。

·怀孕后异常出血

有一位姓林的女律师，她在妊娠末期发生阴道异常出血，所以她就很紧张，非常担心流产因而住进了医院。经过妇产科医生调理后也没有得到缓和。她心里着急所以打电话给我。在此之前，她经常到我这里来看病，我就像他们的家庭医生，所以相当熟悉，她的家人也非常信赖我。我看过之后发现：她怀孕初期一切良好，可能是因为近日承办的案件较多，而且家里又有一位尚未上小学的小女儿需要照料，日夜忙碌、身体过度劳累所以才导致阴道出血。吃过芎归胶艾汤和桂枝龙骨牡蛎汤加桑寄生、杜仲、续断、砂仁、黄芩、白术等方药止血安胎，第二天情况就好转，过了一段时间就顺利分娩了。

怀孕后异常出血的症状在典籍中早有记载：受孕之后仍月月照常行经而产子的情况被称之为"垢胎"。受孕数月后，突然流血但是胎儿并没有受到损伤的，被称之为"漏胎"。前面所提女律师的状况与后者所述比较接近，临床上也经常可以见到。

记得数年前有位徐小姐，头胎怀孕就出现异常出血。因为她已年近四十，属于高龄产妇，千辛万苦到处寻访名医，不知拜了多少的送子观音和送子娘娘才有了喜讯。公公婆婆、父母亲等两家家人都对她此次怀孕寄以厚望，如果出了状况再想怀孕可能更加困难。

经过辗转介绍她前来求诊。我认为这可能是心理压力太大、紧张造成，就处以止血安胎的药，她的症状很快稳定下来，后来平安生下女娃儿，如今活泼乖巧、善解人意。由于公婆仍然存有传宗接代的观念，一直希望再生个男孩，后来二度怀孕，但受孕未久又出现流产，我仍然用前面那个方子来治疗，很快就好了。可惜最后确诊还是个女孩子，她的家人难免有些失望。

另外有位山东籍的小姐，年龄、症状与前面那个例子相似，且都长得人高马大，略显肥胖。这在中医称为"痰饮脂膜"，即认为肥胖容易造成不孕。因此有时用化痰饮（肥人多痰），有时用二陈汤、芎归六君子汤、防风通圣散等方药治疗。如今，这位患者已经怀上了第二胎，情况相当正常。

·男女都有更年期

由于资讯传播发达，许多面临（或即将面临）更年期的人都渐渐了解所谓的更年期症候群，也明白自己所需面对的转变和困扰。不过也有许多妇女朋友因此而更加沮丧，尤其是个性较内向、敏感的人，有时便会受影响，变得爱钻牛角尖。可见对自己的身体变化有基本常识是好的，但如果一知半解，有时反而造成反效果。

早在2000年前，我们的老祖宗就已经发现了女性以七、男性以八为周期这个问题，《黄帝内经》即阐述了男女在不同阶段的生理变化：

"女子七岁，肾气盛，齿更发长；二七（14岁），而天癸（性腺分泌）至，任脉通，太冲脉盛，月事以时下，故有子；三七（21岁），肾气平均，故真牙（智齿）生而长极；四七（28岁），筋骨坚，发长极，身体盛壮；五七（35岁），阳明脉衰，面始焦（开始有皱纹），发始堕；六七（42岁），三阳脉衰于上，面皆焦，发始白；七七（49岁），任脉虚，太冲脉衰少，天癸（更年期）竭，地道不通，故形坏而无子也。"

"丈夫八岁，肾气实，发长齿更；二八，肾气盛，天癸至，精气溢泻，阴阳和，故能有子；三八，肾气平均，筋骨劲强，故真牙生而长极；四八，筋骨隆盛，肌肉满壮；五八，肾气衰，发堕齿槁；六八，阳气衰竭于上，面焦，发鬓颁白；七八，肝气衰，筋不能动。八八，天癸竭，精少，肾脏衰，形体皆极，则齿发去。"

由此可知，女子以"七"为周期，男子以"八"为周期。女性有更年期，男性也有，只不过由于个性的关系，男性通常会将情绪发于外，所以较不明显。妇女停经的年龄各不相同，早的39岁就可以到，晚的人甚至可以到56岁。妇女停经后常会出现各种情绪及生理上的问题，不但影响生活，也影响工作及周围的家人、朋友和同事，这就是所谓的"更年期症候群"。在睡眠方面，会出现失眠、多梦等现象；在情绪上有烦躁、恐惧、无奈的反应；严重者甚至会感到痛苦，有自杀倾向。在生理上，则出现一阵阵莫名的烘热感（多发生于下午3点后，约申酉时）、盗汗、脸色潮红，然后心悸、心慌，有时也会伴随倦怠、乏力感，全身懒洋洋的。在身体上，有的人则会因为上述因素而导致肠胃紊乱，甚至便秘、腹泻。

如果这些症状已干扰了生活和工作，应该尽快去看医生，千万不要自行服药。就中医而言，逍遥散、加味逍遥散及"柴胡系列"方子都有助益。常"欲哭"者，可服用甘麦大枣汤、百合地黄汤、温胆汤及桂枝龙骨牡蛎汤。感觉常常心悸的人，可以用养心汤、炙甘草汤治疗。另外，柏子仁、远志、龙眼干等皆具安神之效，对情绪反应激烈的妇女朋友很有帮助。

第四章　常见病的治疗

現代社会节奏加快，随着老龄化社会的来临，医院也是每天人满为患，看病难已经成为严重的社会问题。老祖宗在过去几千年的医疗实践中积累了大量经验。这些经验不仅实用有效，也免去了西药的毒副作用，同时也很方便廉价，是日常小病自疗的最佳选择。

感冒可不是小事情

过去大家都说感冒是小病，不吃药也会好。不过，现在情况不一样了。因为环境大变，感冒引起的并发症甚至可能致人于死，也有恶化为植物人的病例，绝对不可掉以轻心。

·一人感冒，众人遭殃

感冒以前多半在天冷多雨的冬末春初的时候流行。因为湿冷气候有利于流行性感冒病毒的繁殖，而且一般人较疏于防备，就容易感染。现在由于国人普遍使用空调，而且居住空间狭窄，夏季又多半门窗关闭，这样不但有利于病毒的滋生，而且病毒还会在密闭的环境中循环、流窜，以致办公室或大楼里只要有一个人感冒，其他人就会全部跟着遭殃。

不但如此，因为感冒病毒的潜伏期很短，一旦有人感染，其他人被传染后，很快又会发病，容易重复感染，很久都好不了。另外，大厦大多使用中央空调系统，这让病毒的传播力更为惊人。感冒实在越来越不能被轻视。

夏季流行性感冒越来越猖獗的另一个原因，是室内外冷热温度差异过大，身体难以适应。以上班族为例，办公大楼内的冷气往往开到要穿外套，但是室外太阳高照，气温高达摄氏 30 多度。进进出出，先极冷、后极热，再进车里又是冷气猛开，冷热不定，搅乱了身体的自然调节系统，患上感冒的几率自然是大增。

以台湾地区的情况而言，一般以 A、B 型感冒居多。这两种类型感冒的症状相当类似，但比一般感冒严重。一般感冒在感染后，到第三天就会发病，刚开始的症状多半是发烧、头痛、倦怠，甚至出现咳嗽、流鼻涕、全身发痛、拉肚子、恶心等。A 型流行性感冒的症状比较严重，尤其是发烧、全身发痛的情形更是令人难过，有些患者甚至连续高烧 9 天、10 天。而且 A 型病毒的变异性很快，多数人都难以产生抗体，所以只要 A 型感冒一流行，人们往往无一幸免。

感冒虽然是小病，但对于老年人、婴幼儿及心肺功能较差的人而言，极有可能并发其他疾病甚至致死。因此家中如果有抵抗力较差的人，流行性感冒肆虐期间，最好不要进出拥挤或密闭的空间，以减少感染的机会。

另外值得注意的是，在幼儿身上还有一种初期症状类似感冒的疾病，称为雷氏症候群。依据医学文献记载，雷氏症候群的高峰期是六到十一岁，但台湾地区的病例多半在周岁左右。雷尔氏综合征初期症状与感冒类似，差别在于患者会呈现躁动不安、嗜睡的现象。大约一星期后，感冒症状慢慢消失，接着出现抽搐、昏迷，这时候就很难救治了。事实上，这种病症不难辨认，只要细心一点，发现幼儿感冒后既嗜睡又躁动，像酒醉一样，检查后发现脑压升高，立刻予以降低脑压，病情会很快得到缓解；要是一再拖延，错过治疗时机，脑部一旦受压迫过久，致死率高达 50%，即使勉强救过来，也可能造成脑性麻痹，成为植物人，酿成永远的遗憾。

·四季都有感冒之苦

其实四季都有感冒之苦。老祖宗说"风为百病之长"，伤风感冒的"风"其实只是一个代表，它是"伤于风邪、伤于暑邪、伤于湿邪、伤于燥邪、伤于寒邪"的简称。由于外界气候、温度会随季节而不同，所以人们一年四季都难逃感冒的侵袭。

感冒的"冒"也是"触犯"的意思。人在大自然中，随时都有触犯风邪、暑邪、湿邪、燥邪、寒邪的可能。例如夏天在外面暴晒，出汗太多，血液黏稠，很多人会中暑，就是暑邪；游泳、淋雨造成的感冒，夏秋交替的梅雨季节，或居住在湿气重的地方，容易产生筋骨、关节不舒服，属于湿邪；秋高气爽，湿度低影响鼻膜分泌，人们会感到鼻子干、眼睛干，就是燥邪。

·预防感冒最核心是要增强抵抗力

俗话说："柿子挑软的吃"，细菌、病毒也是找抵抗力弱的部位着手，因此会产生不同的感冒症状。例如一感冒就容易咳嗽、喉咙痛，表示呼吸器官的抵抗力比较差，平常就应多调养，而不是等到症状出现才吃抗生素或消炎剂解决。对抗感冒最有效的方法就是增强自己的免疫力，抵抗力强的人不容易感冒，即使得了感冒也能较快痊愈。多补充水分、营养和多休息，其实都是增强抵抗力的好办法。

中医治疗感冒，主要从加强抵抗力着手，称为"辅正"或"补正"。"正"就是指正气，也就是抵抗力、抗病力。古书说："正气存于内，邪不可干。"就是说体内存有正气，外来的病邪就没办法侵犯我们。2000多年前，老祖宗就已发现"大风苛毒，弗能加害己也"。"苛"指有毒的小草，也指空气中许多看不见的病毒细菌。这也就是说如果本身的抵抗力强，有毒的小草及大风也不能加害于人。

其实，现代人也早就体验到"预防重于治疗"、"食疗重于药疗"的观念，不过大多数人没有真正了解其中的真实含义。多数人以为食疗就是进补，其实饮食均衡、不偏食才是重点。平常可以用温和的中药调养体质，像黄芪、甘草、人参可以每日含服或冲泡当茶饮，都有助于提升免疫力。

免疫系统是对抗疾病的防线，很多没有表现出来的不适现象，其实就是免疫系统发挥功能，提前把致病因子解决的结果。例如，发烧或伤口红肿热痛，代表免疫系统正与外来细菌病毒作战，伤口周围的脓就是白血球和细菌的众多尸体堆积的结果。

人体的免疫系统主要分布在淋巴细胞，又可大分为三部分：颈部、腋下及鼠蹊部（即腹股沟）。

颈部淋巴组织是对抗感冒病毒的第一道防线，主要为抑制细菌、病毒蔓延到其他器官组织，感冒最常见的扁桃腺发炎或颈部淋巴肿大，其实就是正在发生作用的抵御现象。临床上有许多感冒会引起颈部出现一粒一粒疙瘩的病例，这种淋巴结平常不会出现，也摸不出来，一旦感冒，或者吃太燥热的食物，如炸鸡等就会发作。所以，如果感冒时还不忌口，照吃油炸类等容易上火的食物，颈部淋巴结肿大就会更严重、更厉害。淋巴结也有可能是癌症的警讯。总之对淋巴要多加留意。

我曾经有位患者是小学六年级的女生，高烧一个多月不退，淋巴组织甚至肿大蔓延到肩膀。医院做了各种检验及化疗，都无法改善，最后转到大型教学医院做组织切片，发现不是恶性肿瘤，但是也治不好。她父亲带她来找我，我判断最初可能只是淋巴结免疫的自然机转，后来因为医院施于各种化疗，反而破坏了身体的血液成分，使体内免疫系统误以为外物再度入侵，而加大反应强度，所以每做完一次治疗，情况就更糟。我给她开清热、活血化瘀的药，并嘱咐少吃燥热食物。她按照我的方法治疗，果然很快就好了。

中医的看法是，如果颈部淋巴组织肿大，是由发烧引起，蔓延到肩膀腋下，引发肋间神经及肋膜的问题，纯粹用寒凉药物，未必有效。如果用小柴胡汤或由小柴胡汤发展出来的逍遥散等处方，会有不错的效果。

腋下淋巴组织是人体的第2道防线。感冒病毒如果从颈部继续向下发展，便会侵犯腋窝淋巴结，中医临床上称为"腋疬风"。有位患者钟先生，因伤寒感冒导致腋窝下长了个蛋黄大小的淋巴结，到医院诊疗后，医生建议他把淋巴结给割掉。之后每次感冒这个淋巴结就又出来了，他又割，割一次长一次而且一次比一次大。几次手术以后，最后他的整双手臂被切得体无完肤。我看得都很同情，但也回天乏术。

鼠蹊部位于大腿内侧生殖器两旁，是人体的第3道防线，当伤风感冒、过度疲劳或走太多路时，就会出现硬块，并且红肿热痛。由于和疝气的症状相像，常被混为一谈。实际上两者大不相同。以我的经验，凡是感冒引起的淋巴结肿大，除了用小柴胡汤之外，可以加天花粉、浙贝母、青皮、夏枯草等散结的药。小柴胡汤里有人参、甘草，加枳实、大黄就是大柴胡汤。小柴胡汤再变化，有柴胡加芒硝汤、柴胡桂枝干姜汤、柴胡龙骨牡蛎汤等；也可以变化成四逆散、变成黄芩汤；后代常用的逍遥散、龙胆泻肝汤也都是从小柴胡汤变化而来的。

除了三大防线之外，在人体胸腔也有很多淋巴组织。淋巴的作用是负责将血液输送到身体各组织器官及末梢。一旦感冒发烧，腺体肿大，会造成淋巴组织液回流障碍，出现胸闷，甚至灼热现象。这时候中医常用金银花、连翘等药物来治疗，这些药物都有不错的抗病毒效果。如果胸肋苦闷，有压迫感及缺氧现象，大都与心肺有关。因为心脏负责输送血液，肺脏负责氧气交换，有时候伤风感冒过久不愈，影响到胸腔淋巴系统，病人如果是原先既有心脏较弱的现象，心脏病出现的几率就会增加。我建议心脏病患者在伤风感冒时，考虑用生脉饮（以人参、麦门冬、五味子一起煮饮，或冲泡来喝）、四逆汤（包括炙甘草、干姜及附子）、炙甘草汤（包括桂枝、炙甘草、人参、麦门冬、火麻仁、生地黄、阿胶、大枣、生姜、清酒）等，可以一兼二顾。当然，高血压尿毒症等患者，对付感冒也要对症下药。

现在医药科技进步，经过浓缩萃取药材中的有效成分，制成粉剂或细小的颗粒状的科学中成药，药效不亚于传统药剂，简便廉效并且好用。

·扁桃腺炎

扁桃腺炎和支气管炎都是感冒时常见的上呼吸道症状。扁桃腺位于咽喉两侧，形状像蚕豆，功能像门神，是把守体外病毒入侵的第一关。扁桃腺炎大多由腺病毒引起。一般人的咽部及扁桃腺中，本来就有或多或少的病原体，身体功能正常时不会发作，然而一旦免疫力下降，尤其是当气温变化较大时，体内的病原体就大量繁殖。这时候体外的病毒又乘虚而入，负责把关的扁桃腺就会起来对抗，导致发炎、扁桃腺肿大，或鼻黏膜、呼吸黏膜受伤。通常还会引发高烧，严重肿胀时，会导致吞咽困难，影响进食，如果影响到肠黏膜，还可能拉肚子。

扁桃腺是身体免疫系统的第一关，除非非常严重，时常化脓发烧，否则不要随意切除。其实这种症状在治疗方面并不困难。如果因为感冒或发音方式不正确，导致喉痛声哑，可以用冰糖调蛋白，以热开水冲泡饮用；或用枇杷、川贝、沙参或百合固金汤来治疗。百合固金汤在《医方集解》里被列为补养之剂，组成药材有生地黄、熟地黄、麦冬、百合、芍药、当归、贝母、生甘草、元参、桔梗。这些都是润燥滋阴的药，除了对扁桃腺有效，对因接受化学治疗、放射线治疗之后导致的毛发脱落、身体干黑、咽喉如火烧等情况也适用，不但有补水作用，还可以修补黏膜组织。

·咽炎和喉炎

人们常以"咽喉"形容喉咙，咽喉不适也以"喉咙痛"概括。其实"咽"和"喉"是不同的，咽指食道，喉为呼吸道。而伤风感冒引起的喉头发炎，包括食道、呼吸道，甚至舌根后方都会肿大。一肿大咽喉就会堵住，连流质食物都不容易进入，相当难受，严重时还会有生命危险。

事实上，咽炎和喉炎有些不同。慢性咽炎多为急性咽炎反复发作而得。其症状包括各种咽部不适，如发痒、灼热、微痛、有异物感等，痰液黏稠，而且常引起咳嗽。各种鼻病、慢性病或环境刺激，也可能导致慢性咽炎。慢性喉炎的症状主要为声音沙哑、难听，甚至失音，诱因与咽炎相似。嗓子使用不当或发声方式不对也容易出问题，所以依靠声音吃饭的老师、演讲者、播音员等，更是要多加注意。

事实上，在咽喉炎初期的时候，用些甘草片或黄连片或甘菊汤含在口中，就可以改善。要避免使用含精油成分的薄荷和冰片等口含片制剂，否则会使口腔或喉头黏膜层的水分蒸发，更加干燥。

针对呼吸道的发炎症状，最常用的处方就是甘桔汤，很符合简便廉效的原则，因为只有甘草、桔梗两味药。汤中的甘草有消炎、修补作用；桔梗性味苦、辛、性平，有化痰止咳、利咽开音、宣畅肺气、排脓消痈的功能。甘桔汤用于外感痰多咳嗽、咳痰不爽、风热咳嗽、痰多胸闷、咽喉肿痛、声音嘶哑、气滞胸闷、小便不利、大便秘结、肺痈、胸痛、咯吐黄痰、脓血等病症，还可用于治疗泄泻、痢疾、大便失调。在平常保养或症状轻微时甘桔汤很实用。临床上，许多呼吸系统的治疗方剂，都是以甘桔汤加减而成。

·预防为上上策

感冒时多喝水、多休息，是恢复健康的不二法门。平时最好摄取大量水分，不可常熬夜。此外，注意个人卫生，感冒流行旺季避免出入公共场合等，都是预防感冒的积极做法。

·勤洗手，多漱口

人类靠双手接触各类物品，自然双手沾染病菌的机会就会相对提高，如果以带着病菌的手揉眼睛、接触口鼻，无异于为感冒病毒大开方便之门，制造入侵机会。所以随时随地常洗手，就是最佳的基本预防之道。

呼吸道也是病毒入侵的途径之一，要有效预防，外出回来就漱口这个习惯是很重要的。但是漱口可是有技巧的，不仅要让水在口腔中冲刷，更要漱到喉咙中去。方法是含一口水，漱一漱口，再仰头，尽量漱到喉咙中，才可以将部分细菌冲出。平时以温开水漱口就可以，如果是在流感期间，或进出医院等较易被感染的场合，可以在开水里加半茶匙盐，以盐开水漱口更理想。如果在外停留时间较久，不方便漱口，则可以随身携带盐橄榄、盐话梅、无花果等盐干果，口干舌燥时含一颗，也有杀菌效果，回家后再赶快用盐水漱口，并喝点热茶就行了。

·经常运动

早就有许多医学报道指出，适量的运动有助于改善感冒症状。最好平时就养成运动的习惯，这样可以增强免疫力。就算感冒了，也不要中断平时规律的运动，但是减缓运动速度，这样更有助于痊愈。

不过，很多人不注意保养，运动后反而更容易感冒。以中医的立场看来，激烈运动之后，身体为了排汗，毛细孔舒张，全身放松，风邪很容易乘虚而入，如果没有及时擦干汗水，就容易受凉。

同时，激烈运动后，不宜用冷水冲洗身体，也要避免立刻灌饮大量的冰水和其他冷饮料，否则很容易伤害呼吸系统，甚至引起运动伤害。

我的患者中有一位高中生，放学后和同学在操场比赛踢球，踢得满头大汗后，就一起到冷饮店喝冰水、吃冷饮，还用冷水冲凉。由于剧烈运动后，血管、神经都呈扩张状态，还没有乎复下来，就突然遭受大量冷水刺激，影响到了神经系统。忽然他一只脚就不能动了，另一只脚也没力气，送到医院里观察了三天，情况也没有改善。他的家长着急了，立即把他转到另一家大医院，又住了三星期，经过各项检验、治疗，还是没起色。这位学生的父亲跟我很早以前就认识，所以就抱着试一试的心态找到我。我判断这是因为运动后冷水突然刺激，造成神经伤害所致，于是开了桂枝附子汤（组成为桂枝、白芍、炙甘草、生姜、大枣，加熟附子一枚）。因为附子可以去除寒邪并且可以刺激运动神经，与桂枝汤内的白芍搭配其"大热有毒"的药性不但被中和、化解掉，还可以止痛。患者才服用 3 包就恢复走路了。

发烧并不那么简单

人为什么会发烧？人体要维持体温的恒定。我们从妈妈的肚子里出来，到生命结束，身体的温度都维持在 36.5℃ ~36.8℃，顶多到 37℃。大脑里面有一个制造温度产生热能的中枢，每一分每一秒都在燃烧，制造温度以维持体温恒定。所以一旦有外感诱因，导致散热与制造温度不协调，体温就会升高。

·发烧的原因

感冒会造成散热中枢与产热造温中枢产生不协调的现象，因此体温就升高。所以感冒一定会发烧，便秘也会引起发烧。

除了感冒病毒以外，疾病感染也会导致发烧，人体里各部位出现发烧现象，如扁桃腺发炎、中耳炎、鼻窦炎等，也会引起发烧。有的人受到惊吓也会发烧，尤其是在幼儿科。我们见过好几个小孩莫名发烧的病例，查不出任何原因，只好归纳在不明原因里面。肺结核、风湿关节也都会发烧，但是肺结核的发烧，一定是在每天下午三四点钟开始；风湿关节的发烧，有时候会持续整天，有些患者会有时间性、阶段性的发烧。

不明原因的发烧，我看过几例：有一个在长达三年时间里每天都在发烧的患者，他在医院看过病毒科、传染病科都查不出原因；还有一个姓连的女士，在医院整整烧了一年零九个月，也是查不出任何原因。

还有两个医科毕业的医生，一个是小儿科姓吴的医生，他在台湾新竹胜利路开一家小儿科诊所，大概烧了四个月的时间，接连转院，连自己的母校也找不出原因。他的侄儿是我的同事，所以要求我到医院去看看他。我一去就问他两个问题：第一，有没有疟疾？疟疾也会发烧，发烧会往来寒热，早上发烧就不畏寒、下午畏寒就不会发烧，发烧与畏寒是截然分明的。第二，我问他有没有患过肺结核？他很清楚回答说都没有。然后我就开药，大概吃了两天就退烧了，到现在已经十多年没有再发作。

吴医生的同班同学詹医生同样是发烧近一年，在医院查不出任何原因。吴医生介绍让我帮他看一下。詹医生每次发烧的时候，眼皮和嘴唇就会肿起来。这是一个很特殊的病例，我断定问题症结是出在肠胃消化系统，因为人的上下眼皮和上下嘴唇都是由脾胃掌管的。或许做医学检验查不出肠胃有什么异样，但并不表示组织没有问题，而是功能出了状况。所以我就开了一些促进肠胃系统消化的药，他吃了以后烧就退了。

· 如何缓解发烧

发烧有很多原因，所以具体治疗方法也各不相同。一般我们可以用两个方法，一个是化学方法，一个是物理方法。跑步让身体出汗就是物理方法，浴缸泡澡让水温超过体温也是物理方法，扎针、针灸都是物理方法；化学方法当然就是吃药，因为会引起体内的水分、血液产生化学变化，包括喝开水、吃热汤面、洒胡椒粉等，都属于化学的方法。所以有的人从外面淋了雨回来，会赶紧喝一碗姜汤，因为姜有增加热能及发散的作用，可以帮助你祛除风邪。

喝热开水或者吃豆豉和葱非常有助于缓解发烧。我常介绍这个方法。葱和豆豉都是高营养的东西。葱为百合科植物，切开它的时候你会流眼泪，因为它里面有精油成分，会刺激鼻腔黏膜和泪囊，鼻子眼睛一受到刺激，眼泪鼻涕就会不停地流了。豆豉是黑豆发酵的，含植物性蛋白质和脂肪、碳水化合物和纤维质，营养成分非常高。两样一起煮，一方面精油可以让你流眼泪鼻涕，有助于发散；一方面豆豉可以补充营养以增加抵抗力。

不过如前所述，发烧的原因非常多且复杂，所以一旦有发烧症状一定要及时看医生。

心不清才会失眠

失眠是现代人很普遍的一个病症，不仅影响工作，对自身的健康影响更大。失眠更能够引起头疼、神经衰弱等症状。失眠的原因主要是心情烦躁，吃安眠药对身体是非常不好的，其实我们老祖宗早就留下了很多治疗失眠的好方法……

很多人有非常严重的失眠症状。有一个谢太太来我这里就医，她已经失眠了大概三十多年。她33岁老公就过世，留下三个女儿和一个男孩。40年前，一个三十几岁的年轻寡妇带着四个孩子，把他们教养成人是件很辛酸、很有压力的事情，她会失眠确实有原因。她吃到第二包药时，就对我说从来没那么舒服过。其实，除了服药之外，心理治疗也很重要。当时我就分析给她听：您的儿女都长大成人，每个都三十几岁了，而且都有很好的工作与归属，您还有什么好操心的？她持续了30多年的失眠，吃了我两包柴胡桂枝汤、甘麦大枣汤就好了。

像谢老太太这样严重的失眠者很多，有的甚至失眠几十年。我很不赞同吃安眠药，因为越吃越会产生抗药性。食疗方式可能会比较好，像一些安神的柏子仁、酸枣仁、百合等。百合熬稀饭很好吃，百合本身就有安神作用。龙眼肉也可以，但一定要寒性体质的人才适用，因为龙眼本身属于燥热性水果。龙眼和荔枝都属于无患子科，很多人吃龙眼、荔枝会流鼻血，就因为它们比较燥热。

酸枣仁、柏子仁、百合，包括远志在内，都有比较好的安神效果。安定神经以后就不会胡思乱想，不会胡思乱想，就会睡得好。

竹茹是治疗失眠症的良方。竹子的中心叫竹茹，单一味竹茹可以治失眠。之所以会失眠、会引起睡眠障碍，就是心不清。竹子最清，心清就心无牵挂，就可以睡得很好。

多睡消除青春痘

青春痘产生的原因比较复杂，有可能是因为排便、排毒不畅，也有可能是体内经血不调，但是从总体上来看根本原因就是体内平衡被打破。睡眠是治疗青春痘非常好的一个方法，当然我们也要改善体内平衡才行。

青春痘是皮肤病的一种，大部分叫做痤疮，现在被年轻人叫做痘痘或者面疱。它与异位性支肤炎、脂漏性皮肤炎、干癣、痘疹、麻疹等都属于皮肤病。

皮肤病的原因通常分外在因素与内在因素。外在因素可能是感冒，有人一感冒就会长一些东西；另外与饮食有绝对关系，有很多东西是非常容易过敏的，如竹笋和芒果。至于龙眼、荔枝、烧饼、烤面包、饼干、炸鸡块、炸薯条等食物，因为性属燥热，容易改变人的血液状态，使身体出现斑、疹等。斑和疹的区别就在于块状的就是斑，点状的为疹。面疱、痤疮、痘痘又都是另外一个形态。

·睡得好痘就少

睡眠作息很重要，越晚睡的人也越容易起痘痘。一般来说，超过11点就是晚睡。11点以后是肝胆经的时间，11点到1点是胆经，1点到3点是肝经。睡觉的时候血液通过门脉、静脉回到肝脏。不睡觉、错过睡眠时机，当然就会影响到血液，同时又影响到造血机能，身体就会受到影响。

我有很多患者是因为越来越晚睡而引起的痤疮。像夜猫族患面疱、痤疮的几率就会比较大，主要原因是他们可能一边吃一边熬夜，吃的都是烘焙烤炸、高热量的东西，长此以往不长痘痘才奇怪了。

所以诊疗青春痘，要针对不同的饮食、睡眠、作息、排泄等习惯用药。基础方就用仙方活命饮，仙方活命饮又叫真人活命饮。因为这个方有很多解毒的药，像金银花是解毒的，穿山甲是治溃坚的药；另外有一些药像天花粉、皂角刺、浙贝母，都是散结的药。"结"就是硬块。另外有促进血液循环的当归、促进气化功能的陈皮、达到止痛效果的乳香、没药，面面俱到。用基础方再加加味逍遥散，加味逍遥散本身就有增强肝脏功能的作用，强化肝脏的解毒功能，这样一来很多饮食不当的问题就可以迎刃而解。

宋朝有一个很有名的小儿科医生叫钱乙，字仲阳，他写了《小儿药证直诀》一书。这是本很实用的小儿专书，里面创制了一个方叫做"泻白散"。"白"就是入肺的意思，因为五色青赤黄白黑，白入肺，黄入脾。中药处方讲究的是君臣佐使，泻白散里面的君药就是桑白皮。桑树根挖出来处理过以后就叫做桑根白皮，简称桑白皮或叫桑皮。因为肺主皮毛，有关皮毛的毛病，加了桑白皮以后，效果就很好。

睡眠不好，需要加一点帮助睡眠的药，比如百合地黄汤、柏子仁、远志这些药都行。多梦纷纭，用温胆汤加一点安神药物，就可以改善睡眠，睡眠好当然青春痘就会减少。

·排便通畅不长痘

个人的排泄习惯也很重要，越是便秘的人越会发青春痘。如果是因为排便不顺畅导致青春痘，可以用一些通便剂帮助排便，润肠剂就可以帮助肠子蠕动。大便是废物，不能从肛门排出，就可能要找其他管道。人体有管道的地方一共9个：一是尿尿的管道叫前阴，大便的管道叫后阴，然后鼻子两个孔，眼睛两个孔、口腔一个孔加上两只耳朵。上面有七窍，下面有两窍，一有管道堵塞，就要找其他孔道代谢。既然后阴不通，当然就往上发展，直到大脑，如果影响记忆中枢、意识中枢，你就会发现记忆力减退了；如果影响直接出现在皮下，就会发痘痘。

治疗因为排便不畅引起的青春痘，最简单的方法就是用柏子仁，它还具有安神的作用，能促进睡眠。而且老祖宗观察发现，凡是果仁就都会有润滑的作用。所以花生、油菜花子、葵花子都有润滑作用，芝麻也是一样。肠管润滑，排泄状况就会改善。

治疗皮肤病首先要考虑连翘。连翘是一种非常好的消炎药，在植物分类上属于木樨科，它本身还是非常好的解毒剂，相当于西药的抗生素。感冒时常会考虑用银花、连翘等药。有一个典型代表方叫银翘散。银翘散是治疗急性热性传染病的一个处方，银花解毒，连翘也解热消炎。由于现代人饮食习惯喜欢吃冰冷的食物，体内就容易湿热，往往头部就会有很重的感觉。这时我会考虑加一点薏仁，因为薏仁利湿。薏仁属禾本科植物，比较寒，有缓解热象的作用。脸部长痘痘，就表示一定有热象，红肿热痛的话，就更明确了。银花、连翘、薏仁都有缓解热象的作用。

另外，我喜欢用紫菀。紫菀是人肺的药，肺和大肠互为表里。中药理论里，大肠和肺是一个组合，心和小肠是一个组合，肝和胆是一个组合，脾和胃是一个组合，肾和膀胱是一个组合。因为肺和大肠是一个组合，所以针对很多排便不顺畅的人，我常常用人肺的药来治疗，效果也很不错。紫菀、款冬花等都是人肺的药，可以作用在大肠，能帮助排便。

更严重一点的，我就用增液汤，有3味药：元参、地黄和麦门冬（简称麦冬）。前两味药含有很丰富的铁，铁是血液中最重要的原料。3味药都含有丰富的糖类，也含有非常丰富的水份，可以润滑肠管。用增液汤与打生理食盐水、葡萄糖的作用基本一样，中医通过口服，西医通过静脉注射，只是输入管道不同而已。如果还是不行，可能就要用大黄剂。大黄剂可以促进肠道蠕动，胃肠蠕动会把体腔里面的水分集中在肠管，肠管积满水分，不拉也不行。

·逆经冒青春痘就要调经

面疱、痤疮都表现在脸部，有的人胸部也会长，背部也会长，甚至连后脑颈椎也会长。但是不管怎么样，病在上其实都取之下，上病要下治，大肠通了，青春痘、面疱、痘痘就会消失。

我最常考虑使用的是承气汤，承气汤分为大小承气、调胃承气。女性如果经期不顺也很容易发痘痘，那就要喝桃核承气汤。桃核承气汤建立在调胃承气汤基础上，因此有调经作用。有些闭经的女孩子痘痘长得很多，甚至有些女孩子存逆经症，也就是说本来月经周期应该是往下发展，却变成往上发展。逆经出现的第一个症状就是头痛，第二个是流鼻血。有人周期来了痘痘就冒得更厉害，所以这一类我就用调经的药来治。桃核承气汤、温经汤、加味逍遥散、当归芍药散、桂枝茯苓丸都有调经作用。当然，丹参、香附、泽兰也都可以调整月经周期。

·吃错药也会长痘痘

因为西药大都是化学的东西，对人体会产生什么副作用很难说。有一位开西药房的林先生，也是一家西药工厂的老板，他看病都找我。他

不吃西药，因为他认为有很多化学药品吃了有副作用。有些人的体质吃西药就会过敏，过敏会引起皮肤上的病变。但是要注意，有些人吃健康食品也会过敏，我就碰到过吃花粉吃到全身皮肤都肿起来的病例。

青春痘产生的原因及治疗方法	
原因	
饮食	避免燥热及易过敏食物。
睡眠	尽量晚 11 点以前入睡；睡眠不好可用百合地黄汤等；多梦可用温胆汤。
排便不畅	用柏子仁等油性药物润滑肠管；用大黄剂促进肠管蠕动。
女性经期紊乱	桃核承气汤、温经汤、加味消遥散、当归芍药散、桂枝茯苓丸。
吃错药	西药化学制剂有些会有副作用，容易造成过敏，注意及时调整即可。

小脑不平衡导致的眩晕

有一位退休教师，他太太有眩晕的毛病，用西医方法治了很长时间也没有治好。他从报纸上看到真武汤能够治疗这种病症，自己不知道用量，就每一样药材买了两钱一起煮了给他太太喝，结果喝了三帖居然症状就改善了。他这是运气好，真武汤配料没有什么有毒的药材，要是碰上附子什么的，这样乱来就相当危险了。

现代人常见的晕眩，可能与主导平衡作用的小脑有关，也可能是眼压过高所导致。小脑不平衡会晕，内耳前庭不平衡会晕，贫血会晕，血压高也会晕。有的老人家走路不敢抬头，原因就是走路的时候两旁的景物向后移动他就会晕，所以只好低头。另一方面也有可能是骨质疏松，年纪一大骨头就老化了。2000年前，张仲景在《金匮要略》里就提到一个病叫"趺蹶病"，症状是"但能前，不能却"，就是只能往前走，刹车系统有问题，叫他停却停不下来，始终会感觉重心不稳，整个人向前倾，像要倒下去似的。

·先对症再下药

防风通圣散、大柴胡汤、钩藤散对治疗血压高都有效，也可以有效治疗血压高引起的眩晕。真武汤具有养护心脏的功能，因为心脏要负责把血液输送到大脑，如果心脏比较弱，送到大脑的血液变得比较少，就会形成缺氧现象。对这样的晕眩，真武汤就很有效。真武汤是张仲景所创的方，可以用来散寒利水，用途极广。组成为附子、白术、茯苓、白芍、生姜。其中茯苓、白术有利水作用；白芍、附子为极佳的止痛剂；白芍还有松弛平滑肌的作用。在临床上，真武汤还可以治疗小脑不平衡，像中风或车祸的后遗症如脑震荡、脑淤血、脑血管病变等，都会出现不平衡现象，真武汤都可发挥作用；包括水脑症，服用这个汤都会有所改善；因高血压、低血压所产生的晕眩，真武汤也能发挥作用。因为方中的附子有兴奋强心作用，可使血压升高，但是对于肾性高血压又有降压作用。

一位退休教师，看到报纸介绍真武汤可以治疗平衡性差的问题，他太太有这方面的症状，看了很多西医都看不好，他就照报道说的买来附子、茯苓、白术、白芍药，还有生姜。因为不知道分量，干脆全部都用二钱，生姜切两片，没想到只吃三帖，那种晕眩的感觉就改善了很多。改善了症状自然很好，不过我最怕的是，患者自己看了媒体报道就到药店照方配药，剂量又拿捏不准，很容易出事。例如附子，如果一下子吃到"两"的份量可就不得了，因为它有毒，很恐怖。

另外，有人情绪歇斯底里的时候，也会出现晕眩的现象，甚至还会昏迷。这时就要用甘麦大枣汤、柴胡龙骨牡蛎汤这一类的药来安定情绪。

"肝肾阴虚"引起的眩晕，可以用杞菊地黄；神经性的眩晕，可以用钩藤散；小脑不平衡引起的眩晕，用桂枝龙骨牡蛎汤；内耳前庭神经不平衡引起的眩晕，可以用苓桂术甘汤、小柴胡汤。

小柴胡汤主治口苦、咽干、目眩、两耳失聪，胸肋苦满、心烦、往来寒热等症状。使用小柴胡汤时，基本没有禁忌。清朝有一位陈平伯医生，据说一辈子就用小柴胡汤，变化出2000多个处方，而所谓的2000多个处方就是当他在开方的时候，第一味药就开柴胡，所以后世称之为陈柴胡。像他这样，讲好听点可以说他用柴胡汤已达炉火纯青的地步；讲不好听点，是用柴胡用到走火入魔。不过这又与现在有些医生不一样，有人一方用到底，是因为根本搞不懂所谓的辨症论治。阴阳表里寒热虚实，叫做八纲辨症。辨症清楚了，处方才下得对。

内耳前庭神经不平衡会引起晕眩，现代医学称为美尼尔氏症（Meniere's disease）。患者轻者耳鸣，或者就像坐飞机升到20000尺高空那样，耳朵会产生堵住了的感觉；严重时甚至会天旋地转，无法站立，起则呕吐。这类症状用苓桂术甘汤和小柴胡汤，加远志、菖蒲、天麻、青蒿、神曲，或石决明、珍珠母、灵磁石就很有效。

腹胀便秘、小便不利也会引起眩晕，用苓桂术甘汤加大黄或车前子、怀牛膝可以通便利尿。紧张、压力大时也会出现眩晕，临床上会出现口苦咽干、目赤、多怒、烦躁、小便短赤、便秘或腰酸背痛等症状，用逍遥散加钩藤、天麻等药可以起到很好的治疗效果。

中暑请服生脉饮

暑气伤人，中暑的人损耗最大的还是人体的阳气。生脉饮里面的人参能够强心，麦冬能够清心，而五味子则能够收敛人体耗散的阳气。所以夏天一旦中暑，生脉饮是一个非常好的治疗方剂。

风、暑、湿、燥、寒、火，正常地按照气候变化季节交替，我们称做"六气"，也就是风气、暑气、湿气、燥气、寒气、火气。有一部电视剧叫《六月雪》，六月下雪就叫异常的气候变化，称之为邪。风邪、暑邪、湿邪、燥邪、寒邪、火邪称为"六邪"或"六淫"。六邪六淫就是不正常的气候变化。风邪和寒邪常常像双胞胎一样同时出现，暑邪就不一样，暑邪在夏天比较多。夏天天气热，出汗很厉害，水分摄取不够就会脱水，结果会缺氧，缺氧导致休克，所以中暑。

·夏天的三鼎足方

平常预防中暑，可以服用生脉饮。因为暑气伤人，汗出多了会损伤人体的阳气，尤其是心脏的阳气，所以一定要用强心的药。生脉饮中，人参强心，麦冬清心，五味子收敛耗散之气。这三味药经现代药理研究分析发现，都具有强心作用，所以主治"热伤元气，气短倦怠，口渴多汗，肺虚而咳"，对治疗排尿少、烦热口渴都适用。

生脉饮日常饮用非常好，多加一味甘草片，也就是三钱人参、三钱麦冬、三片甘草、五粒五味子，就能制成生脉保元汤，人参、黄芪、甘草就叫做保元汤。一年四季天天喝都可以，强心又保持体力。

夏天人们常在外面活动，天气太热，出汗太多，中暑了怎么办？先把中暑的人安置在阴凉处，领带、腰带都要先松掉，扣子也要解开，减少身体压迫感，然后用白虎人参汤。白虎人参汤是解暑的，人参是强心的，因为出过汗，人一定会口干舌燥，有白虎汤解热，又有人参生津解渴，再配合扎人中、刺激中冲穴或足三里穴，中暑的人就会苏醒过来。

另外，夏天出汗多，水分摄取少，因此人的排尿量与次数都会减少，颜色也很深。这时候我们就用六一散来处理。六一散是滑石六、甘草一，有人会再多加一味朱砂，就叫做益元散。生脉饮、白虎人参汤、六一散被我称为夏天的三鼎足方。还没发生先预防用生脉饮，已经中暑

就用白虎人参汤；由于水分供应与流失不成比例，造成泌尿系统障碍的，就用六一散或益元散。能够好好运用夏日三方鼎足，面对暑气就不至于太难过了。

关节炎与风湿痛

很多关节炎患者对这种病的最大印象就是一个字：痛。一旦发作，连摸一下都会痛入骨髓。其实关节炎除了遗传因素之外，更多的还是因为饮食原因。只要调理得当，风湿也并不是什么难以根治的病痛。只要用对药物加以祛风燥湿，就可以得到很好的缓解。

关节炎很痛，甚至有些还是根本摸不得的红肿热痛。这虽然和遗传基因有关，但大部分也与饮食有关，也就是说，有遗传基因未必引发，饮食一不当，就并发了。

发病需要一些诱因，一些成年人，包括小朋友也一样，都喜欢吃冰冷的东西。长期如此就会造成肌肉血管神经的收缩，不但影响血液循环，神经传导也跟着出问题。血液神经传导发生问题，影响到的就是关节。关节相当于一个转运站，血液、神经传导在关节堵塞就会沉淀，然后发生传导与循环障碍，就会出现皮肤红肿热痛的症状。

·关节炎的辨症治疗

关节炎大概可以分三大类型：一是痹症，二是历节病，三是风湿关节炎。

·痹症

《黄帝内经》里有一句话："风寒湿杂糅合而为痹。"这看风邪、寒邪、湿邪哪一个的成分比较多。风胜行痹，意思就是疼痛会跑来跑去，所以有的人神经痛，一下子手臂关节痛，一下子膝盖关节痛；寒胜痛痹，意思就是痛得很严重；湿胜着痹的话，从头到脚会感觉重重的。痹者闭，不通也，不通则痛，通则不痛。

风胜行痹，可以用一些驱风的药，我们可以选一个方子，比如说三痹汤，也可以选蠲痹汤。痛痹的话，附子汤可以用，当归四逆汤也可以用，但都一定要有一些热的药，如附子、麻黄、细辛等。湿痹的话，白术是最理想的一味去湿药，可以用二术汤，也就是苍术、白术两味来治疗湿痹风湿。

不论哪种"痹"，基本上中医都可以看好，但要遵守一个原则——控制饮食，不能够乱吃东西，否则很难成功。最好少吃冰冷的东西，一一也不要吃太酸的东西。

在饮食上我们就多吃一点薏仁、山药、芡实、莲子，这个就叫做四神汤。四神汤就是专门健脾利湿的，有健脾作用，脾运作正常，自然能够把这些湿邪代谢出去。四神汤的确是一个很好的改善体质的方子，到底是由谁发明的已经不可考了。

·历节病

有时候又把关节炎归在历节病里面。历节病有点像所谓的类风湿性关节炎、尿酸、痛风等病。《金匮要略》就讲："过食酸则伤筋……咸则伤肾。"吃太咸、太酸就会伤到肝肾。

肝脏是一个解毒单位，肾脏是一个过滤单位，一旦解毒和过滤发生问题，所吃的食物超过正常，酸就会沉淀在关节，导致关节腔发生红肿热痛。久而久之，就导致肢关节变形，不痛才怪！

·风湿关节炎

有些人得了关节炎会风湿痛。既有风湿二字，顾名思义就是有风邪和湿邪，而且往往与外感有关。有时候感冒会导致体内代谢功能发生问题。因为不能把沉淀在关节的废物代谢出来，从而导致关节产生疼痛。风湿关节炎会定时发烧，每天下午三四点钟开始，一直可以烧到 7 点。

既然有风、有湿，就要用祛风燥湿的药。像桂枝附子汤、白术附子汤、甘草附子汤都行，它们里面几乎都有白术这味药。白术是菊科植物，和苍术一样，能够将体腔某些水分吸收吞噬掉。就好比室内潮湿，有些小百科就教人用一片报纸，弄一点木炭，弄一点泥沙，就可以把室内的湿气吸掉那么简单。

·痛风

关节病就接近痛风，痛风急性发作就用乌头汤，慢性发作就用桂芍知母汤，除了这两个处方以外，还可以用茵陈五苓散。茵陈是菊科植物，茵陈五苓散就是把留在关节腔的一些代谢废物，通过利尿代谢出体外。

有时候我也用四妙散（苍术、黄柏这两味药叫做二妙，黄柏具有消炎止痛的作用，当人体出现红肿热痛时，性属大寒的黄柏就可以把红肿热痛消除；苍术、黄柏及牛膝就是三妙，再加薏仁就是四妙）。这药的组成非常简单，就是苍术、黄柏、牛膝加上薏仁，却能产生很奇妙的效果。

尿酸痛风也会导致红肿热痛，黄柏就能够消肿止痛，薏仁也有利湿止痛的作用。至于牛膝，因为痛风发生在膝关节、膝盖内外踝关节等处。牛膝药性往下走，就好比一个向导，中医称为引经药。也就是说，你要这个药到一个地方，往往它本身无法发生作用，需要一个向导，借助导游的引导，才能生效。像丹参、川七，药性不一定能上升到头部、脸部，所以中医就借助桔梗、升麻、荷叶这些药，带着往上走，牛膝则能把药往下带。

西医治尿酸痛风，一是用类固醇，二是用秋水仙素。但是用秋水仙素，人体肝肾功能都会遭破坏。事实上，秋水仙素不只是用在人体，也可以用在植物身上，还可以用在遗传基因的改良上面。秋水仙素会破坏遗传基因，达到像生产无子西瓜般的效果。

·强直性脊柱炎

对关节方面的问题，中医其实没什么特殊的疾病名称，西医分得很细，什么关节炎、风湿病、类风湿、强直性脊柱炎等。以僵直性脊柱炎为例，事实上归纳在痹病的范围。奇经八脉里讲"督脉为病，脊强而厥"，因为痹会影响神经传导，手脚会冰冷；"厥"的意思是手脚冰冷，严重的称做尸厥、卒厥、薄厥，这些都是休克的意思。休克的时候手脚都是冰冷的，所以说督脉为病，脊强而厥，因为神经传导已经出现问题了，所以导致你全身都是冰冷的。

督脉为病，现代医学没有办法医，就给类固醇，愈吃骨质就愈破坏，症状就愈严重，到后来连动都不能动，而且最主要是痛得很严重，到最后连类固醇也没用了，就得用吗啡；中医则用一些先天的药来作修护，选择走督脉的药。因为肝主筋，肾主骨，治疗关节的病，中医会用一些入肝肾的药，所以用肾气丸、左归丸、右归丸、龟鹿二仙胶、还少丹等，这些全部都是入肝肾的药。杜仲、续断、桑寄生、骨碎补、补骨脂、金毛狗脊等，也都是入肝肾的药。

要人命的头痛

有一句老话：头痛不是大毛病，痛起来会要人命。有些人甚至会因为严重的头痛而最终精神崩溃。其实头痛不仅仅指脑部，整个脖子以上的疼痛都可以归入头痛。而头痛的原因也极其复杂，不可等闲视之。

头痛是困扰很多人的一个顽疾。何谓头痛？脖子以上的痛，包括脸，都叫头痛。有人靠药物止痛，有人到处求诊，但疼痛依然不见改善。头痛看上去不像是什么大毛病，痛起来却要人命，给人们带来相当大的困扰。人们多多少少尝过头痛的滋味，严重的甚至濒临精神崩溃、分裂，许多伟大事业因此停罢，雄心壮志为之颓丧，实在不容等闲视之。

广东梅县有位黄老夫人，已经七十几岁了，头痛超过40年，找遍中西医都没效，结果瘦得跟猴子一样。我让她吃一个星期的药，40多年的毛病一周就好了。第二周她来，神秘兮兮地告诉我，今天来不是来找我看诊的，是要来商量一件事情。她说你给我的药吃了以后，我的头痛就全部好了，40多年来没有感觉那么舒服过，所以我和你商量，我要登报感谢你。

· 各种头痛症状

脑部长东西

一般脑部长东西的话，辨症认治是最明显的：第一，会像针扎或像锥击一样疼；第二，疼痛发作的时候，常常眼睛会模糊，甚至看不清东西；第三，常常会有呕吐的反应。脑部长瘤一定会头痛，这是头痛里面最棘手的。

高血压、低血压头痛

高血压引起的头痛常常伴随晕眩，一到下午，两个颧骨会潮红，颈椎会僵硬，手会有点麻，有点头重脚轻的感觉，甚至有便秘的现象。

低血压正好相反，脸色比较容易苍白，唇色也没有血色，手脚冰冷，大便不成形，尿尿次数很多；也会晕眩，蹲下去站起来后晕眩。与贫血的头痛有点类似，因为血压低就表示心脏的力量比较弱；贫血的话血液量减少，当然不够输送出去，所以贫血的头痛与低血压的头痛有点接近。

感冒、便秘头痛

感冒当然会头痛。感冒一定有感冒症状，有人会咳嗽、鼻塞、打喷嚏、流鼻涕、喉咙痛、发烧。便秘也会头痛。人体上面有七个窍，下面有两个窍，下面的大便不通，积存的废物没有地方出入，就一定会找另外的通道。毒素上行就会干扰、刺激我们的大脑，造成头痛。

失眠引起头痛

睡眠不足会头痛。有人对睡眠需求很大，一睡眠不足就头痛得厉害。有人一紧张就头痛，一紧张肌肉血管、神经就痉挛，一痉挛就不通，不通就会头痛。

产后头痛

有一个病名叫"产后风"，就是产后感冒的意思。产后风没有处理好的话，有的可以拖延几十年。以前女人生完孩子以后，不可以碰生水，不能碰冰冷的东西，出门就要戴帽子或包头巾以避免风寒的侵袭。现在新新人类已经没有这些概念了。

产妇受到风邪、寒邪，当然就会头痛，会从二十几岁一直痛三四十年，怎么治都治不好，所以产后风也是导致头痛的一种。

偏头痛

偏头痛就是头的左右两边痛感会有不同。中医所谓的"左血右气"就是指左侧和血液有关，左偏头痛可能为血液不足或阻塞引起，阻塞就用活血化淤的药，血不够则补血；相应的，右偏头痛与气有关，可用行气、补气的药。

此外，风、暑、湿、燥、寒、火都会造成头痛，都会造成身体的不适，应针对这种种现象用药。风邪、寒邪造成的头痛，我们就用辛散的药，荆芥、紫苏、桂枝这些属于辛温的，桑叶、菊花这些都属于辛凉的药。所以治疗的方向不同，很多人不了解，感冒就用"百服宁"，头痛就用"五分珠"、"普拿疼"，吃下去当时确实不痛了，但是药效过后会比原先更痛。

总之我们首先一定要弄清楚自己头痛的原因，这样才能够对症下药，否则盲目吃药可能会使得自己的病情更加复杂。

眼睛常见病的治疗

现代人眼睛出了问题，不论是眼屎多、有异物感还是红眼睛，在治疗上一般眼科大夫大都会使用消炎药来治疗，或者用洗眼睛、点眼药水等方式处理。但是现在很多眼药水可能含有类固醇，经常使用容易造成眼压过高，甚至形成青光眼，相当麻烦。中医说"肝开窍于目"，其实眼病要在肝上治疗才能根除病因。

·治眼先治肝

中医的基础理论并不是很深奥，人体的肝、心、脾、肺、肾，与身体的外在器官都有联系。中医说"肝为疲极之本"，又说"肝开窍于目"，所以治疗眼疾要从肝入手。

现代人眼睛有问题，不论是眼屎多、有异物感还是红眼睛，在治疗上一般眼科大夫大都使用消炎药，或者用洗眼睛、点眼药水等方式处理。但是现在很多眼药水可能含有类固醇，经常使用容易造成眼压过高，甚至形成青光眼，相当麻烦。而且到目前为止，现代医学界对青光眼和眼压过高仍然没有一套很有效的医疗方法。点眼药水没有效果，就

会开刀或激光，效果也不显著，后遗症更是不少。

中医的眼科根基扎实，可惜很多人不懂。中医有眼科的时候，西方医学都还不知道在什么地方呢。《黄帝内经·大惑论》中将眼睛的生理作用描述得非常清楚，也详细介绍了眼科的病理及治疗理论。唐朝孙思邈著的《银海精微》为传统医学史上第一本眼科专著。"银海"就是指我们的眼睛，眼睛的构造是非常精微的，所以叫《银海精微》。想想看唐朝距离现在1000多年，西医学的发展到现在也不过几百年！

中医学的眼科还有外科，因为宋朝礼教兴起后受限，让人越来越不了解中医的奥妙，但是并未从此停止发展。宋朝时也有一本《秘传眼科龙木论》，是一个叫"龙木山人"的和尚写的；明朝付仁宇写的《审视瑶函》更是扩充了前人的论述。

我的父亲从事医疗工作40多年，他的师父为台湾省竹东的一位蓝大夫。有一次父亲看到他的师父医治一位眼睛不小心被竹木刺进玻璃体的患者，以现代医学角度评估，失明的几率肯定很高，但是蓝大夫不但治好了，还让他恢复了视力，相当不简单。可惜父亲没学到师父的眼科医术，只学到可以治疗角膜炎、结膜炎的简单方药。

中医说"肝开窍于目"，如果肝火太盛，特别容易导致眼睛红、布满血丝，嘴巴也会觉得苦涩。肝脏在人体里担任国防部的角色，所有外来的敌人都要由肝脏来对付。因为肝主惊吓的"惊"、愤怒的"怒"，与少阳经互为表里，少阳经烧到耳朵，所以会耳鸣、晕眩，眼睛会干、刺痛、长出眼屎。

也因为如此，很多眼睛的病变，包括眼睛痒、眼睛红、眼睛肿、眼睛痛、见风流泪，眼睛干涩都和肝有关。中医常以养肝血、明目清热的药像枸杞、菊花、鲍鱼等入肝，吃后眼睛就能恢复。

·红眼睛、眼球充血

眼睛不舒服、发炎的时候，就会出现红眼睛现象。

治疗红眼睛可以用竹叶石膏汤来治疗，或者用小柴胡汤加木贼草和茺蔚子效果也不错。茺蔚子其实是益母草的果实，顾名思义，不管是生理功能、周期的调和与否，对女性都能够起到关键性的作用，所以才叫做益母草，熬成膏就叫做益母草膏。它本身是属于唇形科植物，对调经理带有很好的效果。益母草子就是茺蔚子，对眼睛非常好，有明目作用。

熬夜比较透支体力，喜欢吃烤炸食物，还有便秘，这些都可能导致眼球出血。前面两个好理解，但是为什么便秘会引起眼球出血呢？主要原因是便秘的时候常常会用力，一用力挤压，气就往上冲，这个气一往上冲，眼底就出血了。正常的人，大概 3～5 天人体本身会把出血吞噬、吸收掉；但是如果你是长期习惯性便秘的人，这次解大便导致眼底出血，还没有吸收吞噬，隔两天便秘又用力挤压，眼睛就会始终像兔宝宝一样。

我看过患红眼球病时间最长的人有长达 20 多年的，这位患者 20 多年眼睛就一直像兔宝宝一样红，西医对此一筹莫展。我看过的病例中也包括本身是医生的。比如有个风湿过敏科的医生，他的红眼球在西医眼科的诊断名称就叫做急性前葡萄膜炎。他本身是风湿过敏的医生，眼科不是专长，所以当然不可能自己开处方。他就找同事眼科大夫看，看了 4 年半都看不好，到我这边大概只吃了 10 天的药就有改善。前段时间他正好要去奥地利，就找我拿了两星期的药。据他自己的观察，发现大概吃到第 10 天，症状几乎好了八成。

·眼压过高

要知道自己眼压是否过高，生活中有些简单的诊断方法：眼眶有没有胀痛的感觉？如果只是眼睛转动时有疼痛感，不一定是眼压过高，有时可能是眼睛过度疲劳所致。

一般人的正常眼压是在 20 以下，但眼压高的人一感冒，压力就会升得厉害。由于玻璃体承受不了压力，严重的患者甚至还有可能失明。老年人以及爱吃炸鸡、薯条等燥热东西的人，比较容易有眼压高的现象；另外，因为便秘太用力排便也会使眼压升高，甚至产生眼睛出血的现象。

对于眼压过高，到现在为止，西医的眼科只有3种方法：第1种是点眼药水，一点下去常常有刺痛的感觉，很不舒服；第2种是开刀，做外科的开刀好像也不是很理想；第3种方法就是做激光治疗。到现在为止，我接触过的眼压过高的患者，这3种方法的处理都不是很理想。

很多小朋友，没事就揉眼睛，眼睛痒得不得了。因为鼻子痒而眼睛也就跟着痒，五官是互通的，所以患者说眼睛痒了，西医都看不好，不外乎弄一点眼药膏、弄一点眼药水给你点一点。眼药水里，大家都知道现在很多都加类固醇，能被吸收的物质自然就会被吸收，剩下的就会沉淀。久而久之形成恶性循环，就会造成眼压过高。

对于眼压过高的患者，我们用苓桂术甘汤加怀牛膝和车前子治疗，快的3天就可以见效。有一位许先生眼压很高，他去看眼科大夫，眼科大夫给他评估的结果，不外乎我们上述讲的3种处理方式。结果我给他吃苓桂术甘汤加味，只吃了3天，眼压就下来了。然后他再去看眼科大夫，那个眼科大夫有点发愣：他的意思是说怎么可能，怎么可能吃中药眼压会下来呢？我处理过的可以说是屡试不爽，这种方法不仅可以处理眼压过高，对治疗眼底出血也有效。

·白内障

木贼草属于木贼草科植物，触摸木贼草的感觉就像是摸到现在工业用的砂纸。铁等金属生锈，用砂纸抹抹，锈就去掉了，木贼草就有这个作用。古代没有玻璃的镜子，镜子都是用铜做的，铜镜每天都要擦，一定要勤拂拭，才能鉴人，铜镜久不擦的话就蒙尘了。古人用来擦铜镜的就是木贼草，同时木贼草还有治疗白内障的功效。

我在当兵时，每天固定会做两个工作：第一个就是擦皮带环扣，第二个就是擦枪膛。你看排队一排全部都亮亮的，太阳一照就会反射，照到你的眼睛还会刺眼。皮带环扣一定要每天擦，久了不擦就生铜绿。铜上长绿绿的东西继续不擦的话，那个细菌很厉害，连铜铁它都能吃掉，时间长了就会形成一条沟，像蚯蚓爬过的痕迹一样。长铜绿时，就可以用木贼草把它擦擦，铜绿就没有了；然后再擦铜油，又光可鉴人了。木贼草连铜绿都可以去掉，眼睛的白内障，它照样可以去掉。所以我们治疗白内障，首选的用药就是木贼草。

除了木贼草我们还可以用蝉蜕。树上的知了脱皮叫做金蝉脱壳，所以有的时候叫它金蝉，有的时候叫它蝉蜕，有的时候又叫它蝉衣，因为蝉宝宝穿的衣服有不同的说法。当皮肤有毛病的时候，你用蝉蜕就可以把旧皮肤脱掉，换来新的皮肤，皮肤病不就好了吗？这个叫做"取类比象"。治疗皮肤病、白内障这类疾病，所以就可以使用蝉蜕治疗，它脱了一层皮，是不是把你眼睛的白内障脱掉了？脱掉了你的白内障不是就好了吗？透过木贼草像砂轮的砂纸那样摩擦，又透过蝉蜕的蜕皮把它脱掉，蝉蜕可以治白内障、治皮肤病，道理就是这样来的。

·眨眼眨不停

现代社会还有一种奇怪的现象：明明知道是有毒的东西，西医竟然还在运用。例如有人的眼睛一直眨一直眨，西医就在他的眼皮上面注射肉毒杆菌。要知道，肠胃消化系统感染肉毒杆菌，就有可能出现上吐下泻、腹痛等症状。明明有毒的肉毒杆菌，注射在眼皮上，刚打进去会产生一种抗痉挛效果，但是不久后它还是会眨，其实说到底起不到什么作用。到现在为止，我用中药治疗眨眼没有一例不成功的，快的一包药就管用，有的时候3~5天就不眨眼了。

眨眼与眼睛闭不起来，机理是一样的。还有眼睛睁不开、眼皮掉下来的患者，虽然人数相对比较少，不过我也处理过一些。历史上有一个人睡觉时，眼睛是睁开的，这个人就是桃园三结义的老三张飞。张飞睡觉时，眼睛张得像牛眼一样，蛮吓人的。眨眼或眼睛闭不起来，就是因为眼皮太过紧张，所以要想办法放松。有关这种状况的处理办法，任何文献里都没有记载，我一直在思考：既然闭不起来、既然眨眼眼皮痉挛，那就应该要抗痉挛，用可以松弛的药，竟然就对了。

我用的药方，就是葛根汤。葛根本身是植物，蔓藤类豆科植物，含有一种具松弛作用的成分，葛根汤一共七味药，然后加钩藤和秦艽。秦艽是龙胆草科植物，钩藤是茜草科植物，秦艽和钩藤是松弛剂。为什么会眨眼？眼睛为什么闭不起来？就是眼皮产生一种痉挛反应，用葛根汤来治疗，快者一包，慢者三五天，所有眨眼症状都没了。

· 飞蚊症

谈到眼睛，还会有一个现代文明病，就是飞蚊症。尤其有了电脑媒体以后，眼睛随时要适应屏幕，久而久之就会产生像蚊虫飞来飞去时的景象。现在飞蚊症的人有多少，我没有统计，在我手头上的记录，少说也有几百例。

治疗飞蚊症，我就用强化肝脏功能的药物，以枸菊地黄，用加味逍遥散。说到枸杞、菊花，清代的陆定圃在其所著的《冷庐医话》一书中最推崇的就是用枸杞、菊花作为养护眼睛的用药。可以做成药丸，叫做枸菊丸；可以泡茶，加一两片甘草进去，味道就很甜很好吃，这两味药对养护眼睛最好了。

在饮用的时候菊花的量不要买多，因为菊花如果放久，即使是放在罐子里，盖子盖紧了，还是会长小蛾。因为可能有蝴蝶在上面产卵，又没有经过特殊处理，采收之后就把它压扁，放进冷冻库冷冻。在恒温下蛾卵不会孵化，但是拆封之后在适温下卵很快就孵化了，所以会产生小蛾。一般菊花采收后要经过杀菌处理，放在蒸笼里蒸，蒸过之后虫卵就死掉，这样放再久都不会长蛾了。

现代社会的灯光，印刷品，还有资讯时代专利品——电脑屏幕，对人的眼睛伤害很大，甚至造成很多飞蚊症的患者，如果能及早养护眼睛，常喝菊花枸杞茶，一定会有很大帮助。

枸杞菊花之外，生吞黑豆也有功效。《冷庐医话》一书中，对眼睛养护最推崇的养生方是枸杞菊花，其次就是生吞黑豆。陆定圃提到有个考官，在四十多岁的时候，视力就很差，后来生吞黑豆，到了八十几岁，连蝇头小楷都能看得很清楚。由此可见，生吞黑豆对整个视力的改善确实很有作用。

我在1972年，曾经生吞过半年黑豆，但是欠缺恒心，就中断了。这就像写日记一样，有人刚开始兴致勃勃，写了一个星期之后，就改成周记，过一个月之后就变成月记，最后可能变成年记，更可能3年才记上一笔，能够一辈子写的人太难得了。后来，我从1991年7月2日开始到现在，每天生吞黑豆49颗，已经满12年了。

吞黑豆第一是能强肝，第二能解毒，第三明目，第四补肾。所选择的黑豆，皮要黑，肉是青绿，这种黑豆又叫"青仁黑豆"。色青入肝，色黑入肾，所以能补肝肾，其实最主要的功能还是解毒明目。在《医方集解》里有一个方子只有两味药，一味甘草，一味黑豆，称为解毒汤。现在我所用的解毒茶，除了甘草、黑豆，还有金银花。金银花为忍冬科植物，有消除肿瘤的作用，所以平常喝解毒茶也有预防肿瘤的效果。

养护眼睛，多吃枸杞菊花，生吞黑豆，都是很不错的。治疗飞蚊症除了这两个方子以外，我还运用一个特殊处方，里边有二味矿石的东西：一味是磁铁石，另外一味是朱砂，再加一味就是神曲。神曲也是相当实用的药材，它由六种药材综合，经过发酵而成。所以它里面就含有酵素，现在人喝养乐多、优酪乳，就是在摄取酵母，其实我们老祖宗2000年前就用这个帮助消化了。日常保养的话，用神曲加乌梅煮成"乌神汤"温服取代优酪乳，也是很好的。

枸杞和菊花如果做成药丸当然也可以，但是最方便莫过于这两样东西直接拿来泡茶。四斤枸杞搭配一斤菊花就可以。

第五章　妙用生活保健康

> 其实，说到养生保健，有句老话叫"是药三分毒"，真正最适合人体的其实还是食物。它们没有毒副作用，也是平常常见的。我们只需要在日常生活中稍微注意搭配，就可以为自己量身定制一套健康大餐。

糖尿病人怎么吃

一般西医的糖尿病疗法是注射或者口服胰岛素，但是胰岛素长期服用可能导致性无能等后遗症。其实中医早在近2000年前就讨论过这个病症，只要按照中医疗法合理安排饮食，糖尿病患者多数还是可以安享天年的。对糖尿病人最好的食物是莲藕，炖汤榨汁都可以。

谈到糖尿病，我曾经接触过数位注射或口服胰岛素长达20年的患者，也看过年仅30就因为长期服用降血糖的药物而导致性无能的病例。糖尿病的发病原理现代医学已经基本上探究清楚，但是在治疗方面，正如一位医学中心的主任所说，到今天为止，仍没有根治的方法。在没有更好的药物出现之前，多数患者只有依靠打胰岛素的方法来控制病情。

糖尿病在中医中被称为"消渴"。针对"消渴"，东汉的医圣张仲景在《金匮要略》中就有专门的章节讨论这一病症，并且还提及用肾气丸、五苓散、猪苓汤、白虎加人参汤、文蛤散、栝篓瞿麦丸等方剂治疗。《伤寒论》中也提到五苓散、白虎汤、白虎加人参汤、竹叶石膏汤、小柴胡汤、柴胡白虎汤、猪苓汤等药方。后世的医学家根据张仲景的思想发展出来的竹叶黄芪汤、消渴方、生脉饮等，经过临床验证治疗糖尿病都非常有效果。糖尿患者经过一段时间的中医治疗，如果再能合理安排日常的饮食，多加自我节制，还是能够安享天年的。所以，我建议不妨用中药并配合饮食来控制病情、稳定症状。糖尿病患者最好的食品是莲藕，炖汤或榨汁喝都可以。

在一项医学研究成果里面提到过：天花粉含有葫芦瓜素，对于抑制糖尿病有作用。这个天花粉跟市面上的花粉是完全不一样的。天花粉的学名叫栝篓根，与丝瓜、冬瓜同为葫芦科，能"散结"、降血糖，因此治疗肿瘤病时也常会用到。还有一味药是霍山石斛，为兰科中的一种，对男性因长期糖尿病所形成的性萎缩现象有改善、增强效果。

中国人的糖尿病以里热症比较多，表现为患者经常会口渴得很厉害，所以平常可以多吃具有"清"的作用的绿豆汤或白茅根汤、冬瓜汤、西瓜汤。必须注意的是，冬瓜或西瓜的药用部分在硬皮，因此只要连皮洗净，就可以煮水当茶喝，千万别把绿皮削掉，否则效果就差了。冬瓜对治疗慢性水肿、肾脏炎或轻微尿毒症也有不错的功效。

近日有读者问我，说是除了现代医学用注射胰岛素等控制血糖的常规治疗外，是否可以用"健康饮料"等辅助疗法，如土番石榴干泡茶以降血糖？我个人认为，以此作为辅助治疗也可以，但是如果过分迷信其疗效那肯定是不行的。依据植物分类，番石榴属于桃金娘科，它的果实含有非常丰富的铁质、维他命C，没有成熟之前味道非常苦涩。番石榴除了有降血糖的作用外，由于具有收敛作用，所以也是一味很好的止泻药。除了番石榴茶之外，像红豆杉根泡茶，咸丰草茶、玉米须茶、枸杞茶也都具有降血糖效果，可以交替使用。

糖尿病是很难缠的慢性疾病，要有相当的耐性、恒心、毅力去坚持治疗才行。另外需要注意的是不要贪口腹之欲，也千万不要听信夸大不实的广告，只有这样才不至于贻误病情。

薏仁价廉功效高

自古以来，薏仁就是一味非常受推崇的药食。《神农本草经》就将薏仁列为上品，完全没有毒性。薏仁具有防癌、清暑利湿等功效，薏仁粉加热牛奶服用还能够护肤祛斑，对女性朋友尤为有好处……

前段时间，有一位姓黄的读者来信跟我提到一件事；他曾经请教一位中医关于薏苡仁治疗青春痘、面部疱疹的事，那位中医竟然告诉她说"薏苡仁有毒，不能长期服用"，这让她觉得十分困扰。

首先我怀疑信中所说的中医是否具有合格执照，一个合格的中医医生应该不至于讲出这种不负责任，甚至误导、造成人心恐慌的话。

自古以来，薏苡仁就是一味非常受推崇的药食。《神农本草经》就将薏仁列为上品，它不仅完全无毒，还可以治疗风湿等病症。明朝李时珍的《本草纲目》则认为，除了《神农本草经》的主治功效外，薏苡仁能"健脾益胃、补肺清热、去风胜湿。炊饭食、治冷气，煎饮可利小便、热淋"。

再根据现代医学研究资料来看，薏苡仁是与稻米同属禾本科的一年生草本植物，内含淀粉、糖分、蛋白质、脂肪、灰分及薏苡仁素，是良好的营养剂，有利尿化湿、清肺热、排脓及缓和拘挛等作用，又有补脾胃的功效。适用于水肿、腹泻、脚肿、小便不利、肺热咳嗽、肠痈（阑尾炎、盲肠炎，甚至包括腹膜炎）、风湿痛等症。另外根据台湾顺天堂制药公司创始人许鸿源博士的研究，薏苡仁还具有抗癌的作用。

其实除了上面所说的，在我国医学典籍如张仲景的《金匮要略》、孙思邈的《千金方》等书中都提到了薏苡仁的上述功效。薏苡仁是同稻米一样，可以当饭吃的药物或食品，而且是价廉功高的美食，一般人也可以常吃，对身体有益无害。

糯米虽好别过量

中国人的糯米食品繁多，比如农历春节有年糕，清明节则有艾草糕、菜包，端午节还有粽子。糯米能够补中益气、和胃止泻，是非常好的东西。但是任何东西物极必反，吃多了糯米也会导致消化不良，每年端午节过后医院消化不良患者剧增，就是贪吃粽子的结果。

根据我多年行医的经验，每年在端节过后，总会接二连三地接诊到一些肠胃消化不良的患者，这些都是贪口腹之欲造成的。大家知道粽子的主要原料为糯米，其种类有长形、圆形不等，近年还流行吃一种黑糯米，依传统医学的观点"黑能补肾"，因此黑糯米一上市就供不应求，每斤居然能达到百元以上。

在植物分类上，糯米属于禾本科，又称江米，是一种有黏性的稻米，煮熟时黏性非常强，所以被称为糯米。在古代还没有发明水泥的时候，所有建筑物几乎都是用煮熟的糯米混合纤维作为粘着剂的。很多建筑都屹立千年而不倒，由此可见糯米黏着性之强。

糯米能补中益气、和胃止泻，因此常用于脾胃虚弱、食后不能健运、消化不良、乏力自汗、多小便等症。汗多的人只要用布袋子装糯米在身上扑打，慢慢就会好；尿频患者多吃糯米也很有好处。

以糯米制作的食品种类繁多，还会随着节庆的不同而有所变化。比如农历春节的年糕，有甜有咸，有豆沙、芝麻、枣泥等；清明节则有艾草糕、菜包；端午节有咸肉粽、盐水粽；咸肉粽，又因各地口味不同而有广式、福州粽等，台湾省的客家人还有一种用香葱爆萝卜干、肉丁、豆腐干、香菇、胡椒粉制成的粽子，香味扑鼻，令人垂涎三尺。此外，还有糯米粥，可以用龙眼干熬（也可以加莲子、百合等，随人口味而定），是穷人家补血的圣品，可用于一切慢性虚弱病人，古人称之为"温养胃气妙品"。可惜的是现在的八宝粥已经被食品业者加工变成了速食罐头。

汤圆更是好些人的最爱，有包肉的，有包黑芝麻的，种类繁多。但是，最令人齿颊留香的可能是客家的咸汤圆，同佐料混合均匀，再加芹菜末、香菜、茼蒿，真是一道色香味俱佳、老少咸宜的美食。

不过任何美食都要适可而止，否则反而有害。因为糯米煮熟之后是黏性的，吃多了很容易便秘或者消化不良，所以还是应该有所节制。

蔬果保健功效强

柚子能够化痰止咳，莲藕能够活血化瘀，莲藕粉甚至能够治疗冻疮、骨折，苦瓜则能够清肝明目，而菜豆则有助于消化。看似平常的蔬果，其实只要我们使用得当，这些都是治病养生的"良药"。

·柚子为维生素 C 的宝库

每年中秋节前后，文旦柚就陆续登场。只要雨水较少、有充分的阳光照射，就可使其味道甜美。相信每个人都尝过文旦柚，但也有些人认为不宜多食，究竟实情如何，以下略作说明。

谈到文旦柚，它是芸香科柑桔属中果实较大的一种，果肉成分与柑桔类似，但维生素 C 的含量特别高，故又称为"维生素 C 宝库"。柚子一般只充当水果，其实柚皮的营养价值也不错，至于其药效更是不可能一两句话讲得清楚。明朝药学大师李时珍说它有宽中理气、化痰止咳、健胃消食、消肿止痛的功效。其食用方法及医疗用途包括：

柚皮能发汗：因为柚皮含挥发精油，与红茶同煮能祛寒发汗；把柚肉挖空，填入茶叶，悬挂通风处，渐渐风干，柚的体积缩小，名为"茶柚"，专治伤风感冒发热；茶柚内的茶叶，经风干吸取精油后，辛散效力更强。我记得小时候农村没有钱看病，就经常制作这种"茶柚"，弄一两个挂在梁上风干，等到家里有人伤风感冒的时候就取下来，泡着喝一喝就好了。

柚皮消食积：柚皮内含有细胞囊，细胞囊的液体有开胃通气的功效。如果有胸膈气闷，或嗳气不除的问题，可以将柚皮切丝煮成浓茶进服，能发散寒气、开胸利膈，嗳气也就很快消除了。市面上出售的柚皮蜜饯都具有这种功效。

食柚能通便：患便秘的人可以选取皮薄多汁的大柚，连瓢进食（瓢即柚肉外的白色部分），大便就可以通畅。凡是肠胃热重、口淡无味、不思饮食、大便秘结者，食用柚瓢五六片就可以顺畅。因为柚瓢中含有丰富的纤维质，可以刺激肠管蠕动。我曾经有个病人，便秘多年，也吃过很多药、看过很多医生都没有好，后来也是经过辗转介绍找到我，我就给他推荐了这个方法。一开始他还将信将疑，结果吃了一个星期之后情况就大有好转，欢喜得不得了。

除了上面说的，柚子还有很多其他功效。比如柚果汁中含有胰岛素样的成分，可降低血糖；蜜渍柚皮既可作为消闲食品，又可开胃通气；蚝油煮柚皮更是一味绝佳的佐餐妙品，而且还能有助消化。有兴趣的读者可以试试这种特殊口味。

不过由于柚子味酸，容易聚痰，因此风寒感冒和哮喘多痰的人最好不要多吃。而且柚子能滑肠致泻，因此腹泻患者切忌吃柚子；另外腹部寒冷或常有腹痛的患者也不宜进食。

柚子的功效	
功效	使用方法
发汗	柚皮与红茶同煮饮用；将柚肉挖空填入茶叶风干饮用。
消食积	柚皮切丝煮成浓茶进服。
通便	连瓢食用皮薄多汁大柚，五六片/次。
降血糖	柚子榨汁饮用。
开胃通气	蜜渍柚皮。
助消化	虾子煲柚皮、蚝油煮柚皮、柚皮炖鸭。

·莲藕补气除百疾

莲藕是睡莲科多年生宿根性水生植物，根与茎生于水底泥土中，有明显的节数段，中空有孔，可食用部分称为"藕"；地下茎节节相连，故称"莲藕"。

从药用立场分析，除了莲藕外，自下而上，荷梗、荷叶、荷花、莲蕊、莲子、莲心、莲蓬无一不可入药：荷叶能治脑积水；莲子含有高营养成分，能补中益气，除百疾、治腰痛、泄精，是民间常用食补材料，四神汤中也一定会用；莲蕊须，清心通肾、固精气、乌须发、悦颜色；莲蓬治血胀腹痛及产后胎衣不下、妇科经血不止、小便血淋等，效果奇佳，其妙用难以尽述。

至于莲藕，捣汁服用有活血化瘀、解热、凉血、滋润肠胃的功能。我在这里教大家一个秘方：先将莲藕洗刷干净，放在开水中烫几分钟杀除病菌，然后取出莲藕把它切成薄片，最后把藕片放入果汁机中加冷开水打汁，过滤去渣，最后加上少量冰糖，或者用杏仁霜调服都可以。藕中含有淀粉，榨汁后略呈浓稠状，风味、口感都相当不错。有一老妇人中风后两个耳朵都听不见了，我就建议她每天喝莲藕汁一杯，约500CC，结果两个多月后听力竟完全恢复。因为藕汁能柔软动脉血管壁，且能将沉淀于血管的物质或堵塞部分清除，这样受压迫的听觉神经功能自然就恢复了。莲藕凉拌的处理程序和前面也是一样的，但切片后需加白醋少许，再加姜丝、冰糖；藕粉遇醋凝聚，这样咬起来就非常清脆，味道酸中带甜，是下酒非常好的菜肴。莲藕排骨汤老少皆宜，糯米蒸藕也是极受欢迎的甜点。

除此之外，熟的莲藕粉还可以治疗手脚冻伤、金疮和骨折，同时有文献报告莲藕还具有降低血糖含量的功效，可见平时多加食用有益无害。

·苦瓜清肝明目

几乎每个人都怕吃苦，难怪《孟子·告子篇》特别强调："天将降大任于斯人也，必先苦其心志。"这就是看准了人类与生俱来怕吃苦的劣根性。但偶尔吃"苦"实在有益无害，"苦瓜"就是其中的代表。

苦瓜在植物分类属葫芦科，产自中国大陆，广东人称为"凉瓜"，又名"癞瓜"、"锦荔枝"。它的茎、叶、果实都可做药，因此被称为"菜中君子"。记得小时候的苦瓜都是小小的、青绿色，最近几年经过农业学家的改进，苦瓜个头已经变得很大了，市面上也非常受欢迎。

《随息居饮食谱》这本书上说：苦瓜还没有成熟的时候是青色的，性寒凉，所以能够清心明目；成熟以后就变成了红色，性甘平，能够养血滋肝，补脾肾。不过民间很少等到苦瓜成熟，多半看长得够大就摘下来了。苦瓜除了果实可供食用外，它的茎叶捣烂外敷可以治烫伤、湿疹、毒虫咬伤及皮肤炎等，因为苦寒有消炎作用。另外，苦瓜种子还有益气壮阳的功效。

苦瓜干和着凉茶一起吃，能够清热降火，如果和甘草一起煮也能达到同样的效果。我想每个人都会有过长痱子的经历，那种烦躁难当的感觉恐怕很少有人能够忘记。市面上那些爽身粉、痱子粉只能暂时止痒，却达不到根治的效果。我这里有一个方子：将生的苦瓜切成片在长痱子的地方涂抹，或者是将苦瓜捣成汁涂抹到患处，效果也是一样的，非常见效。

很多人喜欢吃油炸烧烤类的食物，但是这类食物吃多了有一个后果，那就是容易上火，引起便秘、口腔溃疡等问题。其实解决这种问题也满简单，只要拿一根苦瓜和50克的木贼一起煮了服用，立即就见效。

苦瓜还是餐桌上常见的菜肴，同辣椒、豆豉、葱段炒食或红烧，为下酒好菜；凉拌苦瓜时则先把苦瓜洗净、切成薄片，放在冰箱中冷冻，吃的适合蘸点甜酱，清脆爽口，在夏天有清凉消暑的功效。炒苦瓜更是清脆爽口的美食。

·蕨类清肠胃

前段时间去一个地方做讲座，除健康讲座之外，还做了一场义诊。

义诊结束后，主办单位安排晚餐，菜肴内容都是我非常喜爱的野味。其中炒蕨加蛋，滑嫩爽口，最令人回味无穷、倍感亲切。

人们平常吃腻了大鱼大肉，肠胃堆积了太多的脂肪，不妨吃些菜蔬野味，借机清除肠胃里的脂肪与油垢。蕨类植物就是一道颇受欢迎的山珍野味。

全世界的蕨类植物约有 10000 种以上，主要产于热带多雨地区。台湾地区约有 2000 种，可供药用的大约 100 余种，如凤尾草、人地蜈蚣、骨碎补、卷柏、金毛狗脊等。我们知道，常吃肉类会转化为酸性反应，而如今国民生活水准提高，大家普遍摄取高营养物质，平日又四体不勤、缺乏运动，造成酸性物质沉淀而引发尿酸、痛风及便秘等一些所谓的"富贵病"。到目前为止，现代医学对这种富贵病，除了用类固醇及秋水仙素之外，仍然没有很好的治疗手段，而这些药物只能治标，它们的副作用人所皆知。可以说一旦患上这种病，一生都甩不脱了，病情严重的甚至能导致肢关节严重变形。

蕨类植物含有丰富的生物碱、灰分、碳水化合物及纤维质，可以中和人体酸碱，是特别适合推介给现代人的美食。蕨类的煮食方法是先捡去粗、老的部分，取其嫩芽（叶）。如果要去除里面的生物碱及灰分，可以先放到开水中烫一烫，但是时间不要太久。烫完以后就可以把事先准备好的食用油（最好是荤油，这样炒起来最香）倒入锅内加热，拍几颗大蒜爆香，再将材料倒入锅内用猛火炒熟就可以了。蕨类也可以和肉丝一起炒，或者是加上客家人腌制的福菜一起炒，更具风味。

蕨类植物繁殖能力强，不必施用农药，因此不用担心农药残留。一般传统市场或是超市皆可购得，价位公道，有兴趣的读者不妨试一试。

·菜豆干味美消食

菜豆又名豇豆，是最常见的豆类家常菜，含有丰富植物性脂肪、蛋白质等营养。由于容易栽种，所以通常菜豆产量会比较大。那些一时吃不了的菜豆可以先洗净，在开水中烫熟后就可以捞起来放在阳光下曝晒，等到完全干燥了就可以存放于容器中。只要不受潮，可保存很长时间。想吃时就拿出来，稍微洗一下，然后烫熟，加点佐料凉拌，或者是炒熟，就可以上桌。也可以先将菜豆干用水泡软，同别的荤菜一起炖；无论何种方式，炖出来的汤都十分鲜美，还有消食、促进食欲的功效。有些地方储存方法略有不同。他们会把菜豆像腌酸菜一样腌制，等到变酸后才切成丁炒，是一道非常好的下酒菜。我想如果有美食大师慧心巧手，能够变化出更多的花样，必能将这道小吃扬名于天下。

第六章 要想不生病，一定要增阳减阴

人增一分阳气就多一分寿命

张景岳说：阳来则物生，阳去则物死。我们从出生到成长再到衰老的过程，就是阳气减少，阴气增加的过程，所以，增强阳气就能延缓我们的衰老。

要记住，阳气是父母给我们的本钱，我们一定要珍惜啊。

俗话说，"人活一口气"，实际上这口气就是阳气，是父母给我们的本钱。人有阳气，才能够维持身体各个器官的运转，以支撑人的生命。阳气没了，人就没救了。

阳气是我们的元气、正气，是我们安身立命之本。《扁鹊心书》说："阳精若壮千年寿，阴气如强必毙伤。"《黄帝内经》也说："阳气者，若天与日，失其所则折寿而不彰。"这就很明白地告诉我们：如果一个人阳气不足，肯定寿命不会太长。既然阳气的盛衰事关我们的生死，那如何保阳、增阳自然也就成了我们养生保健所要解决的根本问题。

孩子身上的阳气最足

古人把婴儿称为"纯阳之体"，这是因为我们每个人刚生下来时，阳气是非常充足的，是没有疾病的（特殊先天疾病除外）。老子说：婴儿虽然筋骨柔弱，却能紧紧地抓住小物什，这是他阳气旺盛的表现；婴

儿出生后经常整天号哭不止，嗓子却不会沙哑，这是真气（阳气）畅通的表现。相信家里有孩子的人都有体会，儿童有时候并不像他的外表那样柔弱，甚至有时他们的某些表现会让大人感到有点不可思议：

1、不怕冷。小孩子全身就像一个小火炉一样，蕴藏了无尽的热量，无论冬天下多大的雪，他在雪地上玩起来都不觉得冷。

2、特别爱笑。高兴是人体阳气充足的表现，据统计，孩子平均一天要笑170次，他们的笑是发自内心的，是纯纯净净没有一点虚伪的笑容。这种笑具有巨大的感染力，以致于成年人看到孩子笑的时候，往往会不由自主地跟着笑起来。

3、精力旺盛，能折腾。孩子连续玩上一整天都不觉得疲劳，一陪着玩的大人却往往先顶不住了。

苏东坡写过一篇文章，记录了他听过的一则奇闻：忠州、万县、云安县一带老虎很多。有一个女人白天带着两个小孩到水边去洗衣服。一只老虎突然从山上冲下来，那女人慌忙跳到水里躲避，两个孩子却在沙滩上照样若无其事地戏耍。老虎咆哮着，绕着两个孩子转圈，但孩子们憨痴不觉，竟不知道害怕，老虎最后也只好离开了。

我们今天无法考证这个故事的真假，但我想这不会是古人的臆造，因为既然"初生牛犊"可以不怕虎，那么懵懂无知的娃娃自然也能做到。但老虎为什么会害怕呢？想来想去，似乎也只有"纯阳之体"可以解释了。

人的一生，就是在不停地损耗阳气

老子说：人年轻的时候，身体是柔软的；到老的时候，身体就僵硬了。植物也是这样，春天生长的时候都是柔软的，到了秋天、冬天枯死的时候就没有弹性了。从柔软到僵硬的变化，就是阳气减少、阴气增加的过程。孩子的身体是柔软温暖的，到了老的时候，肌肉、关节、血管、神经就都发硬、发僵了，体温也变低了。等到身体完全没有弹性、

变冷的时候，生命也就走到尽头了。

《黄帝内经》也有类似的说法：阳气充足的人，精神旺盛。人小时候，对外界的一切事物都有强烈的兴趣，浑身充满了活力；到了老年，对新鲜的事物不再好奇，精神也变得萎靡不振。另外，阳气充足的人，不容易生病，即使生病也恢复得比较快。比如同样是感冒，小孩子一般两三天就能好，老人却往往要花上十来天，而有些阳气很弱的老人，甚至会进一步发展为肺炎、肾炎，危及生命。

张景岳说过：阳来则物生，阳去则物死。所以我们养生就是要保阳气，这个原则我们时时刻刻都不能忘记。既然阳气如此重要，究竟如何去保呢？《道德经》有一句名言："治人事天莫若啬。"什么意思呢？所谓的"啬"，指的就是要积蓄阳气，不让阳气浪费。说白了，保阳的道法就是一个"啬"字。

虚症要增阳，实症要减阴

一切虚损不足的疾病都要用增阳法来调，一切邪盛有余的疾病都要用减阴法来治。

知道了"实症减阴，虚症增阳"这个大原则，我们就能有针对性地调治自己的身心，就可以少打针，少吃药，免受求医之苦了。

既然只有增阳减阴才能健康长寿。那什么时候增阳、什么时候减阴呢？请您记住，一个最简单的原则：虚症要增阳，实症要减阴。虚症要增阳。虚症，就是五脏六腑气血不足造成的疾病，具体地说，脸色发白、容易感觉累、心慌、觉得气喘不过来、一动就出汗、经常腹泻等等，都是患有虚症的表现。拿西医的话来说就是心率不齐、心脏缺血、肺气肿、慢性肝炎、慢性结肠炎、慢性肾炎、骨质疏松之类的疾病。聂文涛先生把虚症总结成了四句话，简明扼要地概括了虚症的症状：阴虚发热，阳虚怕冷，血虚发燥，气虚无力。每当身体出现这些症状的时

候，就说明体内的阳气已经损耗得比较厉害，我们应该增阳了。

我朋友有个女儿，今年高三。前两天，他们父女过来找我，说女儿最近学习紧张，睡不好觉；有时候睡着了也会被憋醒，醒过来以后心跳半天都平静不下来；胃口也不好，经常头晕，晚上睡觉还出汗，月经量也少。让我看看是怎么回事。

这个女孩长得比较瘦小，我看了下她的舌头，舌苔很少，舌尖发红；把了一下脉，脉跳得比较快，而且细而无力。

这是一个心血不足的典型病例，是虚症，需要增阳，也就是要养血。我让她回家后自己揉心经的原穴神门和肾经的原穴太溪。神门可以直接养心血，太溪则是供应全身血液的大本营，这两个穴位配合着按摩就能补足她的心血。朋友比较着急，怕按摩起效慢耽误了孩子学习，让再开点药，我了解到女孩住校，吃汤药不方便，就给开了几盒天王补心丹，也是养心血的药，让她先吃一个月，同时坚持按摩，看看效果如何。

一个月后来复查时，女孩大部分的症状已经消失了。

实症要减阴

实症，是指体内邪气亢盛而产生的疾病。大体可以分为两类：一种是外在的邪气过于亢盛而出现的各种外感疾病；第二种是体内的阴阳出现病态地亢盛，或者痰浊、瘀血、结石等因素聚集产生的各种症状。对应西医来说，则表现为各种急性炎症、水肿、结石、纤维化、肿瘤、高血压等等。像高烧、精神狂躁、说胡话、肚子剧痛、咳嗽多痰、便秘都是实症的表现。

按照中医的理论，外来的邪气、体内亢盛的阴阳和瘀血、痰浊、结石之类的物质都是阴，这时我们就要通过减阴来改善病情。

我有一个朋友，四十多岁了。前两天喝完酒以后就开始牙痛，这两天一直也没有解大便，就过来让我给看看。他一张嘴，我就闻到了一股异味看他的舌头，舌苔黄腻一把脉，脉象滑数，这是典型的胃火牙痛。当时他疼得厉害，针灸止疼最快，我就给他扎了几针。取的穴位是：合谷、内庭、颊车。针对他的大便不通，我取了天枢、足三里、上巨虚三处穴位。扎上后，行了行针，朋友就感觉牙疼轻了很多。留了半个小时针，我跟他说："你大便下来以后，牙疼就好了。"扎完他就回家了，过了一个多小时，给我打电话说排便了，牙也不疼了。

我这位朋友平常就胃火盛，酒又是大辛大热的，喝多了，胃火就更重了。火是向上走的，所以会有牙痛；胃火妨碍了脾胃的气机，大便就不通畅；大便不通畅，火就进一步郁积，这样就形成一个恶性循环。大便和胃火就是阴，这时候泄胃火、通大便就是减阴。阴减了，各种症状也就消失了。

知道了虚症增阳、实症减阴这个大原则，我们自己就可以有目的地运用按摩等手法在家进行自我医治，这样就可以少去医院了。当然，突发和危重的疾病还是要第一时间去看医生，以免耽误了病情。

不听古人言，吃亏在眼前

勿以恶小而为之，因为小恶会对你的人格造成损害。同样的道理，生活中一些不良的习惯也会影响我们的健康。如果违背了"法于阴阳、和于术数、饮食有节、起居有常、不妄作劳"的基本规律，人的阳气就会逐渐损耗，即使现在没什么症状，将来也免不了会得大病。

《黄帝内经》真的是一本家家必备的救命之书，我们的老祖宗早在几千年前就告诉了我们养生保命的根本原则：法于阴阳、和于术数、饮食有节、起居有常、不妄作劳。而我们现在之所以疾病频发，恰恰就是因为我们违背了这个养生原则、损害了自身的阳气造成的。不法于阴阳，老天就不会保佑你

什么是法于阴阳呢？简单地说就是要顺应日夜四时的变化。中医认

为，人与大自然是一个整体，是天地的一个缩影，人的饮食起居跟天地保持一致，就是法于阴阳。

如何法于阴阳呢？正如《黄帝内经》所讲：冬天要早睡晚起，必待日光，也就是说要等太阳出来以后再去活动锻炼。还有，冬天一定要使自己的情志处于半睡半醒状态，因为此时万物都处于这种状态，你如果和万物的节律不保持一致就会得病。另外，冬三月的时候一定要去寒就温，不要靠近凉的东西，否则春天就容易得病。还有，冬天要少按摩后背，因为后背是阳气生发的地方，而冬天是阳气收藏的时候，此时如果刺激多了，阳气就会外泄，春天必然生病：人就会萎靡不振，浑身没有力气，腰腿酸软，而且往往一病就是一年。

再比如说，《内经》讲：夏三月，无厌于日。热是阳气发散的一种表现，阳气一发散，体内的阴寒就会跟着排出来。人天天受风吹日晒，吃五谷杂粮，体内或多或少都会有寒，这就需要借助自然的力量来把寒气排出去。夏天天气很热，人就会出汗，出汗就可以把很多阴寒排泄掉。可是现在很多人喜欢夏天躲在空调房里，把空调温度开得很低，这样一来，人的阳气就不能很好地发散，寒气自然也就排不出来。这就是"逆"，也就是跟天地的规律相反。现在很多病就是这样来的。

大病就是不和于术数酿成的

"术"、"数"是两个概念，"数"是事情固有的规律，这个规律有好有坏。而趋吉避凶的方法就是"术"。这有一个根本原则，就是《易经·系辞》里讲的："积善之家，必有余庆；积不善之家，必有余殃。"也就是说在生活中如果不注意细节，就会最终酿成大病。

举一个简单的例子来说吧，有人习惯晚上锻炼身体，出一身汗，然后冲个澡睡觉。其实，这对身体没有一点好处。《内经》上讲：到了晚上，人就应该安静，不要再活动了。因为晚上是阳气收藏的时候，晚上阳气藏好了，第二天才能生发好。如果晚上做剧烈活动，阳气就藏不好，再加上冲澡，寒邪就很容易通过开放的毛孔进入到人体内。如此多少年积累下来，到了年纪大的时候，就很容易得关节病；先天弱一点的，甚至会导致肾源性水肿。

饮食无节，养虎为患

饮食有节，重点在这个"节"字上。饮食贵乎有节，而不贵乎好坏。为什么呢？我们吃进去的食物，经过脾胃消化，供给我们全身的营养。从中医角度来看，脾胃就相当于植物赖以生长的土壤。种植物时，间隔太密了植物就会因缺乏营养而死掉；太疏了，果实的产量又太少；不密又不疏，保持合适的距离就叫"有节"。同样的道理，我们饮食不能过饥，过饥就会能量不够；也不能过饱，造成能量过剩，就会积宿便，最后变成"毒药"。

要想做到"饮食有节"，我们吃东西首先在时间上要形成规律，这样脾胃才不会受伤；其次是我们要尽量吃时令的东西，这样才能养好我们的脾胃。如果非要在冬天吃夏天的东西，就会伤害脾胃的阳气，也是无节。比如，我十分不提倡冬天吃西瓜。

古人讲：独木不成林。我们到天然的森林里面看看，那里的植物品类繁多，相互之间和平共处各得其所，相反，那些树种单一的人工林往往更容易滋生各种病虫害。我们吃饭也是这样，五谷杂粮都要吃，才能保证身体营养的均衡。

综上所述，饮食有节，就包含分量、时间、种类这三个方面，任何一个方面没有顾及到，都会伤害我们的阳气。

起居无常。寿命无常

人的起居就像自然界白天黑夜的变化，是很有规律的，所以古人特别强调起居要有常，这个"常"字就是起居的核心原则。很多人晚上

熬夜白天睡觉，过着黑白颠倒的日子，这显然是有悖天地、有障阴阳的，怎能不损耗我们的阳气呢？

具体地说，晚上9点到凌晨3点是一天的"冬天"，是肾所主的时候，是需要藏的。人体最好的藏的方法就是睡眠。经过一夜的睡眠，白天损耗掉的阳气就能得到良好地补充。如果在这个时辰不睡觉，错过了，就没有办法补给阳气了。同样是睡8个小时，在其他时段去睡，质量就差远了。有的人实在忙，确实做不到9点睡，那么至少双休日要早点睡觉，这样一个星期五天透支，总还有两天可以弥补。但是，如果连这两天都还熬到深夜，又睡到中午，那身体肯定会"入不敷出"，时间长了不得病才怪。

现在很多精神和心理方面的疾病都是由于阳气失常导致的。比如说晚上11点到凌晨3点是肝胆阳气旺盛的时候，这个时候不休息，肝胆阳气就不足。中医讲心主神明，属火，木（肝胆）生火，肝胆阳气不足，心脏的阳气就虚了，神明也就跟着乱了。当心脏的阳气虚弱到一定程度的时候，心脏甚至会突然停止跳动，导致猝死。

妄作劳，早衰老

最后是不妄作劳，换句话说就是要劳逸有节。

为了能更形象地说明这个道理，先给大家讲一个故事：释迦摩尼佛有一个弟子，修行很勤奋但就是没有成就，心里很苦恼。

有一天佛陀来到他面前问："你会弹琴吧，琴弦如果太松，琴音会怎么样呢？"

他回答："弦太松，就弹不出音。"

佛陀又问："琴弦如果太紧，琴音会怎么样呢？"

他回答："弦太紧，也弹不出好听的音乐，而且琴弦还容易断。"

佛陀又问："什么情况下，琴能发出最美妙的声音呢？"

他回答："弦的松紧调得适当，弹出来的声音最好听。"

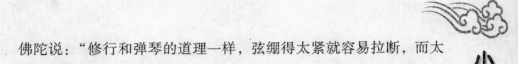

佛陀说："修行和弹琴的道理一样，弦绷得太紧就容易拉断，而太放松也不能有所进步，应该不松不紧，适度为好。所以，你应该调节自己的日常生活，正常作息，该用功时就用功，该休息时就休息。若能恰当地调节生活，你的修行就容易成功了！"他听了之后恍然大悟，终于修成了阿罗汉。

我们养生也是这样。古人说：文武之道，一张一弛。劳作是有好处的，不劳就会像《黄帝内经》讲的那样，"久卧伤气，久坐伤肉"，各种肺系统和脾系统的疾病就会发生。但如果劳作过度呢？"久立伤骨，久行伤筋，久视伤血"，这还是《黄帝内经》告诉我们的。久立久行是体力劳动，会伤人肝肾的阳气，从而导致各种骨关节疾病。久视是脑力劳动，伤心阳，也会导致各种心血管疾病。

所以说，听老祖宗说的话，养成正确的生活习惯，我们的身体就能阳气充盈，到老都健健康康；如果违背了《黄帝内经》中的养生原则，过多地消耗我们宝贵的阳气，那就只会未老先衰，疾病缠身了。

如何增阳减阴不生病

增阳减阴的核心是根据自己的体质、周围的环境去选择合适的养生方法。十二月经络保阳法、五脏原穴减阴法、善行增阳法、反观反闻增阳法是所有人都适用并且见效快速的方法。

增阳减阴，两手都要抓

想必所有上过小学的人都做过这样的数学题：一个水池里有一些水，池子有一个进水口，一个出水口。出水口的流量比进水口大。问过多久水池里的水能流干？

数学题里的水就像我们的阳气。水池里原来就有的水是人的先天阳气，是爸妈给的，有多少就是多少，我们无能为力；从进水口进来的水是我们后天保养得到的阳气；流出去的水则是我们日常的消耗。水流干了，我们的生命也就走到了尽头。

事实上，这口"阳气水池"出水口的流量始终要比进水口大，因此，我们要想多活几年，就要在想方设法扩大进水量的同时，还要尽量减少出水量。对应到养生上，就是在增阳的同时，一定要注意减阴。否则，您就是采用再多的增阳养生方法，恐怕最终也只能是竹篮打水，白白耗神费力。

增阳减阴要选对方法

要想做到增阳减阴，总的说来就是要遵循我在前文提到的原则。而它的前提就是要根据自己的体质情况和外界的环境来选择合适的养生方法。

比如，长江流域冬天一般不供暖，空气湿度又比较大，大多阴冷潮湿。此时的阴就是湿邪，这时我们除了增阳，还要注意祛湿（减阴）。否则，就可能出现风湿等疾病，到来年的春天、夏天就会发生静脉曲张，严重的还会导致心脏关闭不全等心脑血管疾病。

在这样的环境里我们应该怎样增阳减湿（阴）呢？

首先，每天按摩左边的肝经、脾经、肾经。

其次是按摩、艾灸涌泉、关元、命门、中脘各穴，这样一方面可以把阳气引入肾、命门，另一方面也有助于祛除寒湿。另外，直接在屋里用艾条作为熏香熏，也有不错的效果。

再次是做好颈、腰、肩、髋、膝、肘这些关节的保暖工作。因为关节部位的肌肉相对人体其他地方薄弱，阴气（寒气、湿气）容易侵入，所以大家要特别注意保护。

注意保暖的同时，还要避免出汗，最好不要每天洗澡，因为这样会把阳气引到体表，损耗阳气。饮食上要多吃一些薏米、山药等健脾

（增阳）利湿（减阴）的食物。只要脾胃阳气足，就算有阴邪（水湿），也能及时地清除掉。

　　而北方的情况就不同了。北方冬天普遍都有供暖，加上近年雨雪偏少，人就容易出现过敏、失眠、烦躁、皮下出血等症状，这都是燥邪侵犯人体，干扰了我们的阳气。这时养生就要注意增阳祛燥（此时要减的阴为燥邪）。

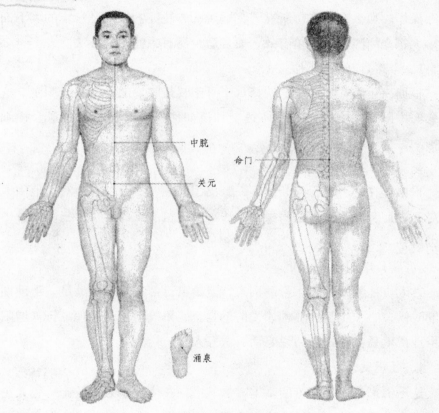

中脘
关元
命门
涌泉

涌泉、关元、命门、中脘是保卫我们阳气的四大金刚。

　　基本方法也是每天按摩左边的肝经、脾经、肾经。饮食上要多吃梨、百合之类的祛燥食物，而羊肉、鸡肉之类助燥火（阴）的东西要少吃。家里的温度不要太高，要经常开窗换气，增加室内空气湿度等等。

如果冬天不注意减燥（阴），那么到了来年春夏阳气应该生发旺盛的时候，人就容易出现低血压，心动过缓等等阳气不足的症状。

四种通用的增阳减阴法

选择合适的方法来增阳减阴，有些人可能感觉太复杂了，不知道该怎么操作。那么有没有对所有人都适用的方法呢？答案是肯定的。下面我给大家介绍四种最简单有效，而且适合所有人使用的办法。

1、十二月经络保阳法

根据一年阳气的变化，选择每个月阳气最旺盛的经络进行刺激。这是我们增阳的根本方法。具体每个月该如何操作，我在下一章会详细说明。

2、五脏原穴减阴法

根据外在的表现，判断是哪一脏出了问题，然后，有针对性地用原穴对其进行调理，这是祛病根的办法。关于这一点我会在第三、四章中详细讲到。

3、善行增阳法

古人讲：善则生阳。帮助别人，能给自己带来快乐和满足。帮助别人的时候，心中生起的那种愉悦的感觉就是阳气增长的表现。行善增阳通俗地说就是：存好心、说好话、做好人。

4、反观反闻保阳法

这是佛家、道家修炼的基本方法。中国古代出家人多数比一般人更长寿，这种方法功不可没。反观反闻方法很多，在这里，我给您介绍两种最简单、见效也最陕的办法：出自《楞严经》的视鼻端白法：

正身端坐，两眼注意自己的鼻尖，同时数呼吸的次数，要诀是勿忘与勿助。勿忘就是每呼出、吸入一次气都清清楚楚地知道；勿助就是精神不要紧张，不能太刻意。出自《庄子》的听息法：

坐卧都可以，以自己舒服、能长久保持的某个姿势为标准。开始的时候，用耳朵听自己呼吸的声音，只要能够清清楚楚地知道一呼一吸的动作，就算是做对了。至于呼吸的快慢、粗细、浅深，都顺其自然，不要刻意去支配。听到后来，神气合一，杂念全无，保持这个状态，就能补充我们消耗的阳气。

无论上面哪一种方法，只要能够持之以恒，就能随时补充我们损耗的阳气。

大多数人活着都是亏生

心阳不足，人就没精神；肝阳不足，人的脾气就坏；脾阳不足，人就爱怨天尤人；肺阳不足，就老是会伤心悲观；肾阳不足，人就烦躁。把阳气补足了，这些情绪就伤不了我们的身体。我们一天到晚都会精神百倍。

养生并不像很多人想的那样，要过很久才能看到效果。只要方法正确，坚持锻炼，用不了多久，你就能明显地感觉到变化，最明显的就是精神状态的改善。你会感觉比以前更有活力，头脑也更清醒。

人生苦短，长的一百年，短的也就几十年，年龄上差别不会有多大，但是生活质量却可以是天壤之别。同样活到80岁，是健健康康地活，还是一身都是病地活，这可大不一样。

道家说："全生为上，亏生次之，迫生为下。"所谓"全生"，就是精神和身体都保持一个健康的状态；"亏生"呢，就是身体和精神处在疾病的潜伏期或亚健康状态；"迫生"就是精神和身体都处在极度痛苦的状态，求生不得，求死不能。后半辈子躺在病床上，郁郁寡欢，临终前还要被插一身的管子，我想无论是谁都不想这样结束自己的一生。

身心是相互影响的，人会生病，就是因为体内阴气太盛。阴气多了，心情绝对好不了，而心情不好又会反过来进一步增加阴气，加重病情。增阳减阴就是要打破这个恶性循环，改善我们的心理状态。

　　刘逢军先生有一个病例很能说明这个问题。那是一个台湾的商人，他的老婆要和他离婚。他因一时想不开而自杀，让人抢救过来以后还是想寻死。后来被人带到北京找刘先生看病。刘先生看了以后，诊断是心气虚，就给他补了补气，也就是增阳。过了半个小时以后再问他，这人已经不想死了。他说他老婆把他所有财产都拿走了，他要起诉她，把财产拿回来。你看，阳补上了，心气足了，人的精神状态立马就不一样了。

　　前一段时间我遇到一个患有抑郁症的病人，他人很瘦，脸色有点发青。脸色发青说明体内有寒，换句话说，这个人阳虚。我仔细地问了一下他生活作息的规律，得知他每天都要到凌晨2点左右才睡。这就是病因所在了，晚上睡觉太晚，肾和肝的阳气就不足，气血碰到乘虚而入的寒邪，运行就会减慢，这样，人就开始抑郁了。

　　抑郁和兴奋是相反的，气血运行快的时候人就兴奋，容易高兴；气血流得很慢时，人就感觉抑郁。

　　我给他开了个温阳散寒、活血化瘀的方子，跟他说：你这个毛病是因为熬夜耗了胆经的阳气引起的，这个方子能让你感觉舒服点，但是治标不治本，你不把你的作息规律改过来，这病就好不了。

　　这个病人吃了几服药以后，感觉情况有所改善，开始相信我说的话了，就慢慢开始少熬夜。加上吃药，大概半年左右，他身上抑郁的症状就消失了，人也胖了，气色也好了，看上去和半年前完全是两回事。

　　心阳不足，人就没精神；肝阳不足，人的脾气就坏；脾阳不足，人就爱怨天尤人；肺阳不足，就老是会伤心悲观；肾阳不足，人就烦躁。把阳气补足了，这些情绪就伤不了我们的身体，我们一天到晚精神十足。

第七章　四季增阳减阴法

春季增阳减阴法

正月按揉左边的胆经，二月按摩左边的膀胱经，三月按摩左边的胃经，这样，整个春天我们的身体就不会出现任何问题。

春天你容易得哪些实症、虚症

春天，树木开始抽枝发芽，大地一片生机勃勃的景象。在这个阳气逐渐生发的季节，人最容易出现咳嗽、嗓子发炎、嘴巴鼻子发干、花粉过敏、失眠多梦、心烦、容易生气、半边头胀痛等实症，老年人甚至会有脑出血的危险。而阳气生发不足的人，就会出现一天到晚打瞌睡、闷闷不乐、头晕头沉、颈肩发冷发痛、心跳无力、手脚发凉等虚症。有什么办法能预防和治疗这些疾病，让自己度过一个温暖祥和的春天呢？正月最好的保健办法就是按摩左边的胆经

《灵枢》说：正月的时候，人体左侧胆经的阳气最为旺盛，此时按摩刺激左边的胆经，是正月保养阳气的最佳选择。

具体方法如下：

1、从头到脚地按揉胆经，这样就能增强我们的阳气。

2、碰到有条索（阴气聚集）的地方，就用力揉按，直到阴气散开（减阴）。

3、遇到有空虚、凹陷感（阳气没有流到）的地方，就按摩这个地

方的上下，直到阳气恢复，凹陷的地方和周围齐平（增阳）。

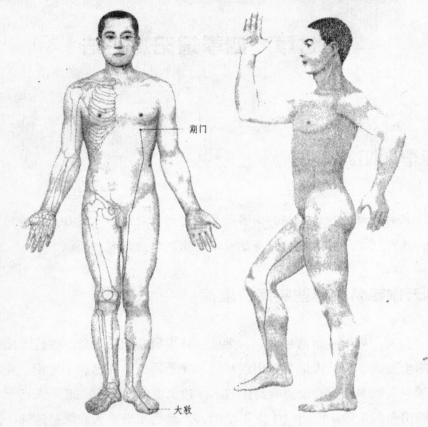

期门

大敦

十月左侧肝经阳气最盛，晚上9点以后按揉肝经，从大敦穴按到
期门穴，就能补足阳气。

4、如果碰到按着疼痛（阴阳纠结）的地方，要用力按，或者用指甲掐，总之是要以重刺激来振奋阳气，减少阴邪（增阳减阴）。

5、碰到反应敏感（阳气聚集）、按揉的时候上下都有发胀的感觉的地方，就要多按一会儿，这样有利于阳气的流动。

6、按摩的时候，要配合呼吸，往下按的时候吸气，手抬起来的时候呼气，这样就能增强我们的阳气。

7、用中等的力度来按揉，力量要深达肌肉的层次。

注意事项：多按摩原穴和起止穴

您按摩胆经的时候要重视特定穴，因为相对于其他穴位来说，它们固护阳气的功效更突出。特定穴包括起止穴、五腧穴、六腑下合穴、原穴、俞募穴等等。一般来讲大家往往容易忽视起止穴，因此在这里我要着重强调一下起止穴的作用。起止穴就是一条经络开始和结束的穴位，相当于高速公路的出入口。按摩好起止穴，不但可以调节整条经的阳气，还能保证经络阳气顺利交接。

胆经的起始穴是瞳子髎，终止穴位是足窍阴。即使这两个穴位没有什么疼痛或者别的感觉，每次也要多按揉一会儿。

时间：

按摩经络随时随地都可以操作，但最好是在早上9点之前操作，最晚也不要超过下午3点。《灵枢》记载：早上（凌晨3点到上午9点）相当于春天，从早上到中午（上午9点到下午3点）相当于夏天，从中午到太阳落山（下午3点到晚上9点）相当于秋天，从太阳落山到半夜（晚上9点到第二天凌晨3点）则相当于冬天。在早上9点之前操作，就顺应了一天之内的阳气的变化，因此，效果也是最好的。二月最好的保健办法就是按摩左边的膀胱经

二月的时候，左侧膀胱经的阳气最为旺盛。因此，在二月里保养阳气的最好办法就是按摩左边的膀胱经。从头（睛明穴）开始，一直按到脚（至阴穴）。

操作的方法、注意事项、时间都和按揉胆经一样。

三月最好的保健办法就是按摩左边的胃经

三月的时候，左侧胃经的阳气最旺盛。所以，在这个月，保养阳气最好的办法就是按摩左边的胃经。从承泣穴开始，一直按摩到厉兑穴。

操作的方法、注意事项、时间都和按揉胆经一样。

其他增阳减阴的方法

春天的气候乍暖还寒，昼夜温差大，春季养生要注意这一特点，以避免损伤阳气。为此，我们可以从下面几个方面去着手：

1、早睡早起。每天在太阳升起的时候起床，最能补充我们的阳气。

2、防风御寒。春天要特别注意防风御寒。初春过早脱去冬衣，极易受寒伤阳，一定要随气温的变化增减衣服。

3、多吃甜食。春天多吃甜味的东西，可以健脾增阳。酸涩、油腻、生冷的食物要忌吃，尤其不要吃大辛大热的东西，以免助热生火。各种蔬菜是春天最适合吃的食物，如胡萝卜、菜花、大白菜、芹菜、菠菜、韭菜等。

4、适量运动。根据自己年龄与体质状况来选择户外活动，如太极拳、慢跑、放风筝、春游踏青等，运动要柔和，不能出很多汗。

5、情绪调节。要让肝气疏泄条达，就要心胸开阔，情绪乐观，这样才可以防止抑郁和生气。夏季增阳减阴法

四月按摩右边的胃经，五月按摩右边的膀胱经，六月按摩右边的胆经，再好好保养命门穴，再热的夏天您也会顺利度过。夏天你容易得哪些实症、虚症

夏天阳气极盛，但是夏至以后，阳极阴生。容易出现诸如手脚心和心口发热、老爱心烦生气、看什么都不顺眼、两颧发红发热、失眠、睡觉的时候容易出汗、梦遗、湿疹、中暑、头像裹了一块湿布、大便不痛快、心跳没劲、胸闷、血压不正常等等实症。阳气发散不足的人，则会出现诸如怕冷、整天没精神、昏昏沉沉、容易拉肚子等等虚症。怎样预防和解决这些症状，让自己过一个清爽的夏天呢？四月最好的保健办法就是按摩右边的胃经

《灵枢》说：四月的时候，右侧胃经的阳气最为旺盛。所以，四月保养阳气的最好办法就是按摩右边的胃经。

具体方法如下：

1、从头（承泣）到脚（厉兑），按揉胃经，这样就能增强我们的阳气。

2、碰到有条索（阴气聚集）的地方，就用力揉按，直到阴气散开（减阴）。

3、遇到有空虚、凹陷感（阳气没有流到）的地方，就按摩这个地方的上下，直到阳气恢复，凹陷的地方和周围齐平（增阳）。

4、如果碰到按着疼痛（阴阳纠结）的地方，要用力按，或者用指甲掐，总之是要给一个比较重的刺激，来振奋阳气，减少阴邪（增阳减阴）。

5、碰到反应敏感（阳气聚集）、按揉的时候上下都有发胀的感觉的地方，就要多按一会儿，这样有利于阳气的流动。

6、按摩的时候，要配合呼吸，往下按的时候吸气，手抬起来的时候呼气，这样就能增强我们的阳气。

7、夏季阳气比较浅，按揉经脉的力量要轻柔一点。如果是发散不足、收敛过度的虚症，可以使用刮痧、拔罐的方法把阳气引出来一些。

注意事项：多按揉原穴和起止穴。

胃经的起始穴是承泣，终止的穴位是厉兑。即使这两个穴位没有什么疼痛或者别的感觉，每次也要多按揉一会儿。

最佳的时间：

按摩时间是早上到中午（9点到下午3点），早上（9点之前）也可以。下午3点以后，就不再适合操作了。

图见春季增阳减阴法一节中的胃经图。

五月最好的保健办法就是按摩右边的膀胱经

五月的时候，右侧膀胱经的气血最旺盛，所以这个月增阳减阴的最好办法就是按摩右边的膀胱经。膀胱经的起始穴是睛明穴，终止的穴位

是至阴穴。

操作的方法、注意事项、时间都和按揉胃经一样。

图见春季增阳减阴法一节中的膀胱经图。

六月最好的保健办法就是按摩右边的胆经

六月的时候，右侧胆经的气血最旺盛，所以这个月增阳减阴的最好办法就是按摩右边的胆经。胆经的起始穴是瞳子髎，终止的穴位是足窍阴。

操作的方法、注意事项、时间都和按揉胃经一样。

图见春季增阳减阴一节中的胆经图。

其他增阳减阴的方法

夏天是一年当中气温最高的季节。因此，在中医学里以五行中的"火"来概括夏季的特点，并且，中医学还认为，热属阳，阳极则阴生。所以，您养生一定要掌握夏季这个特点。具体可以从以下几个方面来进行。

1、养命门。命门是人体的先天之本，里面含有真火，保养好命门就能从根本上提升人的身体素质和延长人的寿命。夏天阳气旺盛，养命门增阳气的效果是最好的。

怎样保养命门呢？有三个方法，第一是揉按命门穴，每次做 36 次或者 72 次；第二是用艾条温和灸命门穴，每次约 15 分钟；第三是静坐的时候意守命门，时间不限，能达到一个小时以上最好。

这三种方法补益的力量，以静坐意守命门最强，艾灸弱一些，而揉按最弱。不过操作起来，揉按最是简单，随时随地都可以；艾灸地点会受一些限制，需要每天专门花十几分钟时间；静坐意守，对人的要求比较高，因为并不是所有人都能坐得住、守得好的。这三种方法大家配合

使用，就能保养命门。最低限度，每天也要使用一种方法。

一旦你的命门保养好了，不但整个夏天精神饱满，而且还能为秋天冬天的养阳打下良好的基础。

有些人体质比较弱，虚不受补，刚补了没两天，嗓子或者额头就开始上火长包，这就要把浮上去的火给引下来。

引火有两个方法，第一，揉按两个脚的脚心，也就是涌泉穴，每天睡前按揉十分钟就行；第二，就是减少思虑，尽量保持心情的平静，时间地点都没有限制，越长越好。饮食上绝对禁止寒凉的食物，因为越吃寒凉的食物，上火就会越厉害。

如果不保养命门，先天命门气旺的人，可能短期内没有什么表现；但是命门弱的人，就会明显感觉到整体状态很差。比如天气一变化，或者流行感冒一来袭，命门弱的人就会立即生病，而且症状比一般人重，治疗的时间也更长。身体原先积累的种种疾病也会暴露出来，最明显的是免疫系统、生殖系统的变化。比如命门水亏就会出现手脚心和心口发热烦躁、看什么都不顺眼、两颧发红发热、失眠、睡觉的时候容易出汗、梦遗、喉咙肿疼、各种过敏、皮肤瘙痒等等症状。命门火衰就会出现四肢发冷，尤其是小腹、腰和两个膝盖以下发冷，滑精，吃一点凉的就腹泻，而且常出现在早上五六点钟的时候，还有小便困难、或者夜里多尿、怕冷、喜欢睡觉等等症状。

2、晚睡早起。夏天昼长夜短，起床后迎着初升的太阳外出散步，可以补充阳气。

3、少吹空调。夏天是一年中阳气最旺盛的时候，这个时候养阳效果最好，但是如果阳气损伤的话，伤害也是最大的。

最容易伤阳的行为就是吹空调。很多人吹过空调后就会出现鼻塞、头昏、打喷嚏、耳鸣、乏力、记忆力减退以及一些皮肤过敏的症状，如皮肤发紧发干、容易过敏、皮肤变差，有些人还会出现面瘫，口歪眼斜，这些病症会给人带来很大的痛苦。虽然病症表现多样，但根本的原因都是空调气温太低，减缓了人体气血的流动而导致的，所以夏天一定不要长时间地待在空调房里。

另外，吹空调的时候还要特别注意不要从背后吹，因为肩背部有风池、风府、风门等穴位，它们是风进出人体的门户。如果从后面吹，很容易导致风寒进入人体，开始时会出现脖子和肩膀疼痛，动作不灵活，时间久了，风寒留在人体内，大伤阳气，从而引发多个系统的病变，比如骨关节病、胃寒、肾炎等等。

睡觉的时候，有人习惯整晚地吹风扇，开空调，这对身体损害也很大。睡觉时阳气是内敛的，如果这个时候吹空调或者电扇，寒气很容易就侵入体内。正确的方法是在睡之前，开一个小时空调，把房间气温降低一点，临到要睡的时候，冲个温水澡，然后打开窗子，关了空调睡觉。这样既能睡好，又可以避免伤阳。

4、不洗冷水澡。很多人喜欢在夏天出一身汗后用冷水冲澡，感觉很痛快，其实这样对身体也有伤害。出汗的时候，皮肤的毛孔是张开的，这时候冲凉就会让寒气顺着毛孔进入人的体内。年轻的时候，正气足，可能没什么反应。等到了四五十岁，正气弱的时候，就会出现各种的疼痛和骨关节病，甚至还会影响到肾脏。因此最好用50℃左右的温水冲澡，减少寒气侵入身体、损伤阳气的机会。

5、多吃清淡的食物。夏季气温高、闷热，一般人都胃口欠佳。因此，饮食应以清淡质软、易消化为主，少食油腻辛辣之物。清淡的饮食能清热、祛暑、敛汗、补液，还可以增进食欲。

夏季切忌过食生冷、寒凉之物，否则会大伤脾胃的阳气。夏季常食绿豆粥，可以起到解热毒、止烦渴的作用；多吃些新鲜蔬菜瓜果，如西红柿、黄瓜、苦瓜、冬瓜、丝瓜、西瓜之类及豆制品、瘦肉、鱼和蛋等，能预防中暑还可以常饮菊花茶、酸梅汤、绿豆汁、莲子粥及荷叶粥等，可清热解暑、生津开胃。

6、调节情绪。夏天容易心神不安，困倦烦躁，这时要重视心神的调养，做到静心、气爽、神定，乐观愉快，切忌因暑热而烦躁不安，肝火大动，这样容易伤神损身。总的来说，夏天多笑笑可以有助于阳气的生发，但是大喜伤心，所以应该有所节制。比如，深受球迷喜爱的世界杯多在盛夏举行，每次都有球迷因为过于兴奋而导致心梗的病例发生，因此大家一定要引以为戒。

秋季增阳减阴法

七月最好的保健办法就是按摩右边的肾经，八月最好的保健办法就是按摩右边的脾经，九月最好的保健办法就是按摩右边的肝经，如此，我们的身心就能好好享受金秋之爽。

秋天你容易得哪些实症、虚症

秋天阳气开始收敛，人容易出现皮肤发干、没光泽、容易感冒、眼睛发干发涩、整天没精打采、说话有气无力、嗓子容易上火、胸口憋闷、痰多咳嗽等虚症。阳气收敛不足就会出现精神兴奋、睡不着觉、心里烦躁、手脚心发热、干咳没有痰、血压上升、便秘等实症。如何避免这些症状呢？

七月最好的保健办法就是按摩右边的肾经

《灵枢》说：七月的时候，右侧肾经的阳气最为旺盛，保养阳气最好的办法就是按揉右边的肾经。

应该怎么按揉肾经才能保养阳气呢？

具体方法如下：

1、从脚（涌泉）到胸部（俞府），按揉肾经，这样就能增强我们的阳气。

2、碰到有条索（阴气聚集）的地方，就用力揉按，直到阴气散开

（减阴）。

3、遇到有空虚、凹陷感（阳气没有流到）的地方，就按摩这个地疗的上下，直到阳气恢复，凹陷的地方和周围齐平（增阳）。

4、如果碰到按着疼痛（阴阳纠结）的地方，要用力按，或者用指甲掐，总之是要给一个比较重的刺激，来振奋阳气，减少阴邪（增阳减阴）。

5、碰到反应敏感（阳气聚集）、按揉时上下都有发胀的感觉的地方，就要多按一会儿，这样有利于阳气的流动。

6、按摩的时候，要配合呼吸，往下按的时候吸气，手抬起来的时候呼气，这样就能增强我们的阳气。

7、按揉的时候力度中等，要让力量达到肌肉层。

注意事项：多按揉原穴和起止穴。

肾经的按揉重点是涌泉和俞府两个穴位。

时间：

操作的时间最好在下午（下午3点到晚上9点），这是一天之内的秋天，同气相应，增阳的效果最好。习惯睡前操作的话，晚上9点以后也可以，但是不要超过凌晨。

图见冬季增阳减阴法一节中的肾经图。

八月最好的保健办法就是按摩右边的脾经

八月的时候，右侧脾经的气血最为旺盛，此时保养阳气的最好办法是按揉右边的脾经。脾经的起始穴是隐白穴，终止的穴位是大包穴。

操作的方法、注意事项、时间都和按揉肾经一样。

图见冬季增阳减阴法一节中的脾经图。

九月最好的保健办法就是按摩右边的肝经

九月的时候，右侧肝经的气血最旺盛，此时保养阳气的最好办法是按揉右边的肝经。肝经起始穴是大敦穴，终止的穴位是期门穴。

操作的方法、注意事项、时间都和按揉肾经一样。

图见冬季增阳减阴法一节中的肝经图。其他增阳减阴的方法

"白露秋分夜，一夜冷一夜"。秋天天气的主体表现就是气温逐渐降低。这种变化又表现为昼夜温差大、冷暖变化极不规律的特点。针对这个季节的特点，中医认为，阳气渐收、阴气渐长的秋季会给人体带来较大的影响，因此，养生必须注意以下几个方面：

1、早睡早起。秋日早晨天高气爽，空气清新，是一天中空气最为湿润的时候。早睡早起，能使肺不受秋燥的损害，有利于保持肺的阳气。

2、秋凉宜冻。秋天昼夜温差较大，应随时增减衣服，以防止秋凉感冒。但为了配合阳气的收敛，特别应进行秋冻，以保证阳气的潜藏，另外还能提高人体的抗寒能力以及对气候变化的适应能力。

3、饮食。秋季气候干燥，加上夏天的津液耗损，容易出现口舌生疮、鼻腔和皮肤干燥、咽喉肿痛、咳嗽、便秘等"秋燥"现象。所以，我们应多吃些滋阴润肺的补品，比如沙参、百合、银耳等，平时还可多吃苹果和绿色蔬菜，以助生津防燥，滋阴润肺。但秋天不应贪食瓜果，以防损伤脾胃的阳气。葱、姜、蒜、韭菜及辣椒等温燥热性食物也应少吃，以防加重秋燥。

4、情志。情志上，肺对应的是悲。古人说美人伤春，志士悲秋。看到大地万物逐渐凋零，总会有一些淡淡的伤感。如果悲伤过度就会损伤肺脏的阳气。《红楼梦》里的林黛玉，就是由于悲伤过度伤了肺，郁郁而终的。所以秋天要多出去走走，并积极参加一些社会活动，以保持乐观向上的情绪。

冬季增阳减阴法

十月最好的保健办法就是按摩左边的肝经，十一月最好的保健办法就是按摩左边的脾经，十二月最好的保健办法就是按摩左边的肾经，只要坚持下去，您不仅不生病，来年身体还会更好。

冬天你容易得哪些实症、虚症

冬天天寒地冻，一派萧条的景象，万物阳气都在潜藏。这时，受到邪气的扰动，人容易出现心情烦躁、失眠多梦、皮肤干裂、口鼻发干等实症，另外，老年人的心率和血压会波动比较大。如果有手脚冰冷、有气无力、整天都想睡觉、早晨经常腹泻等症状，那就说明阳气衰弱，是虚症，需要增阳。

那冬天如何保养阳气呢？

十月最好的保健办法就是按摩左边的肝经

《灵枢》说：十月的时候，左侧肝经的气血最为旺盛。在这个月，保养阳气最好的办法就是按揉左边的肝经。

具体方法如下：

1、从脚（大敦）到胸部（期门），按揉肝经，这样就能增强我们的阳气。

2、碰到有条索（阴气聚集）的地方，就用力揉按，直到阴气散开（减阴）。

3、遇到有空虚、凹陷感（阳气没有流到）的地方，就按摩这个地方的上下，直到阳气恢复，凹陷的地方和周围齐平（增阳）。

4、如果碰到按着疼痛（阴阳纠结）的地方，要用力按，或者用指甲掐，总之是要给一个比较重的刺激，来振奋阳气，减少阴邪（增阳减阴）。

5、碰到反应敏感（阳气聚集），按揉的时候上下都有发胀的感觉的地方，就要多按一会儿，这样有利于阳气的流动。

6、按摩的时候，要配合呼吸，往下按的时候吸气，手抬起来的时候呼气，这样就能增强我们的阳气。

7、冬天的气血深藏，按揉的力量要大，要有按到骨头的感觉。

注意事项：多按揉原穴和起止穴。

肝经的按揉重点是大敦和期门两个穴位。

时间：

时间最好在晚上9点以后，这是一天之内的冬天，同气相应，保养阳气的效果最好。如果你休息得早的话，下午（下午3点到晚上9点）这个时间段操作也可以，但是不要在早上和上午操作。

十一月最好的保健办法就是按摩左边的脾经

十一月，左侧脾经的气血最旺盛，此时保养阳气的最好办法是按揉左边的脾经。脾经的起始穴是隐白穴，终止穴位是大包穴。

操作的方法、注意事项、时间都和按揉肝经一样。

十二月最好的保健办法就是按摩左边的肾经

十二月，左侧肾经的气血最旺盛，保养阳气的办法是按揉左边的肾经。肾经起始穴是涌泉穴，终止穴位是俞府穴。

操作的方法、注意事项、时间都和按揉肝经一样。

其他增阳减阴的方法

冬天的时候，天地万物闭藏，水寒地冻，所以，冬季养生要着重固护阳气。具体可以从以下几个方面进行：

1、早睡晚起。要等到太阳出来的时候再起床。唐代医学家孙思邈说：冬月不宜清早出夜深归，冒犯寒威。另外，睡觉的时候不能蒙头，这会让人头脑不清醒。被褥不能太厚太热，否则出汗的话反而容易受凉感冒。

2、冬季穿衣要注意保暖。俗话说"寒从脚下起"，下肢受寒，会大伤阳气，容易引起全身性疾病。尤其是老年人，更要重视下肢的保暖。临睡前用热水洗脚，能活血通络，振奋阳气，还可以安神宁心，促进入眠。

3、谨慎进补。很多人都有"冬令进补"的观念，这固然没错，但也要区别对待，不可一概而论。平素体虚的人突然进补，吃很多羊肉、牛肉、阿胶、鳖甲之类温热的食品，很有可能造成新的疾病。食补的一个根本原则是，不能妨碍脾胃。脾胃是人的后天之本，没有脾胃的消化吸收，吃进去再好的东西，也起不到作用。一般阳气偏虚的人，可选羊肉、鸡肉、狗肉、骨髓等食物。阴虚的人，可用鹅肉、鸭肉、乌鸡之类滋阴的食物。阴虚阳虚都不明显的人，可以吃枸杞子、红枣、核桃肉、黑芝麻、木耳等性质温和的食物。

4、养命门。冬天阳气潜藏，这时候注重保养命门，对增强人体的阳气大有好处。按揉、艾灸、静坐意守都可以，但是一定要坚持。

5、稳定情绪。冬天情绪如果波动太大的话，就会扰动阳气。《黄帝内经》说：冬天的时候，人的精神应该像藏起来一样，好像自己有个秘密，要好好看住，不让人知道。所以冬天不适合做过于刺激的事，因为这样会损伤阳气。

第八章　五脏增阳减阴法（上）

原穴护驾，人心不虚

心阳不足，人就整天晕晕乎乎，一直想睡觉，心里老是发慌，皮肤也没有血色。揉太冲、神门，这些症状就没了。

另外，心血不足，人就容易紧张、失眠、烦躁。这时，要赶紧去揉按太溪、神门。

身体好不好，实际上是五脏好不好的问题。《黄帝内经》讲：五脏的阳气，什么时候都不能泄。所以五脏的疾病从根本上说都是阳不足造成的，这里我先从心脏谈起。

心脏阳足的时候，人说话流利、条理清楚，做事积极主动，皮肤红润。

心阳不足，有两种情况：

心血不足，会特别容易为一点小事着急，经常紧张，晚上睡觉前感觉全身燥热，老是失眠，容易血压高。

心阳不足，就容易忘事情，人整天晕晕乎乎的，精神不振，一直想睡觉，平时心慌胆怯，皮肤没有血色，血压偏低。

如果你感觉自己有上述症状，那么增阳减阴法就是调整这些不良状态、让心脏阳气恢复正常的最好方法。

原穴可以显灵

心相当于我们身体的太阳，心阳不足，就好比太阳的能量很微弱，不能给大地提供足够的光和热，这时作物自然不会有好收成。怎么办呢？根本的方法就是要振奋心阳。心在五行属火，木（肝）生火（心），肝就是心的妈妈，孩子出了问题就要从妈妈那里去下手解决。我们在中午（11 点～1 点）心经最旺盛的时候，按揉肝经的原穴太冲和心经的原穴神门，这样就能让心阳旺盛，整个人看起来就会焕然一新。当然，其他时段也可以按揉这两个穴位，只是疗效会相对差一点。

除了直接给太阳提供能量外，把天空中的云雾驱散，也可以让阳光照耀大地。人体的天就是肺，驱散云雾就是宣肺。宣肺不一定非要用药，在日常生活中，我们有很多方法可以随时随地宣肺增阳。

这里，我教大家一个"提气宣肺法"：昂首挺胸站直，两脚与肩同宽，双手平举齐胸，然后做扩胸的动作，连做十次。然后用手掌拍打中府、云门部位，左右各拍十次，力度以胸膛能感觉到舒适的震动为宜。天天坚持，就可以使您心阳充足，每天精神特别旺盛。

不要让心脏缺血

有太阳，大地才有生机。但赤日炎炎的时间长了，老不下雨，植物也会干枯。同样的道理，如果我们的心一直处于紧张亢奋的状态，心血（心阳）消耗过多，就不能充分滋润身体，久而久之，人会变得干瘦。

我治疗过很多知识分子和白领，他们平时工作忙，心理压力大，很容易心烦。这些人都是心血虚，所以平常老爱上火。怎么才能把身体的虚火降下来呢？给身体补水（肾水、心阴）是最好的选择，把水（阳）补回来以后，各种症状就会悄然消失。

治疗心血虚，同时又补肾的最简单、疗效最快的办法是：在下午

（5—7点），肾经气血最旺盛的时候，揉心经的原穴神门和肾经的原穴太溪，直接交通心肾，给心脏补血。每天这样做，用不了多久人就会变得容光焕发。

很多人嫌每天按摩穴位起效慢，希望可以补得更快，问我有什么办法没有？

要补肾水（增阳），我一般会开六味地黄汤。但有些人怕麻烦，不喜欢吃汤药，我就建议他们直接吃六味地黄丸。

怎么补心血（增阳）呢？我推荐两种方法：一是服用天王补心丸，能很快地宁心安神。一般来说，如果您症状不是太明显，那么每天吃一丸，吃完一盒就够了，不必长期服用。

还有一种更简单的方法，就是医圣张仲景在他的《金匮要略》中记载的一个著名方子——甘麦大枣汤。由炙甘草、小麦和大枣组成，可以滋补心阴，安神、健脾和中。

我自己工作比较累的时候，就照这个方子，给自己熬一点麦仁粥，加一些炙甘草和大枣（一般来说，按照每100克麦仁加10克炙甘草和7枚大枣的比例），熬一锅甘麦大枣粥来补心安神。

炙甘草是用蜜加工过的甘草，要到药店去买，注意，一定要是炙甘草，生甘草是不能用的；小麦和大枣在超市里买就可以，大枣煮的时候要掰开，这样才能煮透。甘麦大枣粥能让人心阳充足，不再烦躁不安。所以，平常总觉得自己心累的人应该常吃。但是腹胀的病人却不能多吃，因为甘草会壅滞脾胃，加剧腹胀。

不把肝脏的阳气养足，你活着就没劲

肝脏阳气充足，人就会眼睛有神、头发茂盛、指甲光泽坚韧、情绪饱满、动作灵活、睡眠质量好。

肝脏阳气不足，人就会出现两眼干涩、头发枯黄、指甲发白、容易折断、皮肤干、没有光泽、失眠多梦、脾气很大或者抑郁等等症状。按揉太溪、太冲就能补足肝脏阳气，让您重新活力十足。

肝阳不足看上去就会比同龄人老

临床中，经常有女士这样问我："大夫，我年轻的时候身体还挺好的，怎么工作、结婚后脾气越来越差，皮肤老是发干、脸上也没有光泽了呢？大学聚会时看上去比同学要大十多岁，这到底是怎么了？"

通过诊断，我发现她们都有不同程度的肝血（阳）亏虚。

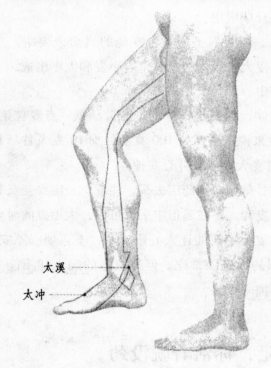

太溪

太冲

世上什么药能让您年轻十岁？惟太溪、太冲两穴。

肝是藏血的，肝血充足的时候，人感觉非常舒适。好比水量充足，森林就茂密，而一旦缺水，树木就会枯竭。人也是如此，如果肝血虚（阳虚）了，肝气不能条达舒展，人就会脾气大、皮肤变干、脸上也没有光泽，精神憔悴，看上去自然会比较老。

怎么给自己补充肝血（增肝阳）呢？在下午（5～7点），肾经阳气最旺盛的时候，好好按揉肾经的原穴太溪和肝经的原穴太冲，就能补充肝血（阳）。坚持此法一个月后，人就会变得水灵灵的。

我治疗过一例重度抑郁症患者，她在一家大型公司的总经理办公室当了多年副主任，工作紧张，环境压抑，精神和身体状况越来越差。我仔细地为她进行了诊断，发现她肝血（肝阳）严重不足。

我对她说："你的病根在肝上，工作紧张，消耗了你的肝血；肝气不能畅达，都郁积在胸中，加上环境的原因，又无处发泄，所以肝郁会越积越多。治疗你这种病，最好的方法莫过于解开你的肝郁，同时滋养你的肝血。等你肝血足了，身上的不适自然都会消失。"

我告诉她揉太溪和太冲的方法。因为她病情比较重，我又给她开了两种中成药：加味逍遥丸和六味地黄丸，每种开了三盒，让她交替服用。我和她说："揉太溪、太冲是养肝血（增阳）的根本方。加味逍遥丸是养肝血（补肝阳）、解肝郁（减肝阴）的妙药，六味地黄丸能滋水补肾（补肾阳）。肝好比你体内的森林，森林枯萎了，得马上浇水，按太溪、太冲、服六味地黄丸就是给肝浇水。"

一个月后，病人来复诊，气色好了很多，她对疗效也很满意。我重新给她诊断，这回，她神清气朗，脉象匀和，肝气郁结之象早已无影无踪了，唯独肝阴虚和肝血虚的症状还有残余。我让她回家后继续坚持揉太溪和太冲，又给她开了几盒归芍地黄丸，对她说："你现在不需要疏肝（减肝阴）了，只需要养肝血、养阴（增肝阳）就行了。这是一个善后的方子，你再吃一段时间就可以了。"

临床中碰到抑郁或者烦躁的病人，我一般都用这个方法。首先是揉太溪和太冲两个穴位。有郁闷、着急上火等肝郁现象的时候，配合加味逍遥丸和六味地黄丸，一边解肝郁（减阴），一边养肝阴、养肝血（增阳）；等到肝郁减轻后，改服归芍地黄丸，以养肝阴肝血（增阳）。现在生活压力大，很多人都有不同程度的肝郁（阴盛）和肝血不足（阳虚）。只要知道这个简单的办法，大家就可以自己解决肝郁和肝血不足的问题了。

经络和情绪养肝法

当然，也有人问我，其他的穴位是不是也有养肝的功效？当然是有的，但相对太溪、太冲来说，只是一种配合。因为无论是肝火旺还是肝气郁（肝阴盛），其本源都在于肝阴虚、肝血虚（肝阳虚）。太溪、太冲能直接补充肝血（肝阳），配合一些其他的穴位，效果会更好。譬如足三里、内关、神门等穴位，如果每天按揉一会儿，对肝也有很大的好处。

另外，保持好的心情，人情练达，也有助于扶助肝阳。《红楼梦》中说：世事洞明皆学问，人情练达即文章。我将其改了一下：世事洞明皆大药，人情练达即健康。为什么这么说呢？肝是一个情绪器官，对人的精神有直接影响。肝血一旺，肝气一舒，人整个精神面貌就会焕然一新。到神农架、西双版纳、大兴安岭或者九寨沟旅游过的人，都会对那里的青山绿水记忆深刻，而我们只要肝气旺盛，肝血充足（肝阳足），把体内的森林（肝）保护好，我们的生活，也仿佛就在青山绿水间了。

眼睛没神怎么办

要想眼睛有神，每天拇指用力按揉双腿三阴交各100次，再以拇指用中度力量点揉双手上的内关各100次，最后用食指或中指以轻度力量点揉双手手腕上的太渊穴各20次。因为，点揉穴位用力的大小，相当于中药的用量，所以一定要按上面的力度操作，否则，就好比药方的剂量配错了，达不到预期的效果。

用眼过度就会耗阳气

我有一个病人是一位教师，四十多岁，毛病很多：高度近视，经常两眼发黑，目光呆滞，头晕，耳鸣，四肢无力，容易疲劳，心慌。我给他的治疗方案很简单，就是养阴、养血（补肝阳），每天按揉太溪、太冲，配合六味地黄汤加四物汤，坚持两个月。一个月不到，他的症状就消失了一大半。两个月后，他过去那张蜡黄的脸上，泛出了红黄隐隐的颜色，眼神也灵活了，人看起来比以前精神多了。

《黄帝内经》说：久视伤血（阳）。教师每天看书的时间很多，加上电视、电脑，每天用眼的时间就更多了。长期用眼，会造成人体血液（阳）的暗中耗伤。为什么呢？中医认为，五脏六腑的精气都上注于目，眼睛才能看到东西；而眼睛在看东西的时候，也必然要消耗这些精气，而这些精气最主要的来源就是血液。

打个比方说，人的眼睛好比汽车前面的两个车灯，脏腑的精气就是电，而血液就是汽油。汽车要是老开着灯的话，就要耗油、耗电。我们的眼睛除了睡觉的时候，老在看东看西，自然会耗伤阴血。

有研究表明，人看书的时候，眨眼的频率是平时的20%，而在对着电脑屏幕的时候，眨眼的频率更少。眨眼频率越低，阴血就伤得越厉害。教师、知识分子，由于用眼过度，普遍都存在伤血的现象，所以，他们最需要养阴养血（补肝阳）。

学生也存在久视伤血（伤肝阳）的问题。现在很多孩子上小学的时候就近视，父母生怕孩子看不清黑板，影响了学习成绩，早早就给孩子配上了眼镜。其实小学生近视，一般都是用眼疲劳造成的。眼睛长期在缺血的环境下使用，就会慢慢地失去弹性，从而造成近视。这时是"假性近视"，如果注意用眼卫生，同时在饮食或治疗上注意补血（增肝阳），还可以挽回。我在临床上治疗过很多这种假性近视的孩子。但是，如果戴上了眼镜，久而久之，就发展成了"真性近视"，这时眼睛

已经有了器质性的变化，再补血也难以逆转了。虽然如此，碰到这些人，我在治疗方案上还是注重给他们补血。

眼睛是心灵的窗户，一个人有神没神，从眼睛可以最直接地反映出来。

如果配合按摩其他穴位，让眼睛有神就更容易了。这里，我推荐给大家一组经验用穴：三阴交、内关、太渊。三阴交是肝、脾、肾三条阴经的交汇处，肝藏血，脾统血，肾藏精，精血同源，三阴交是调动人体造血功能的总枢纽；内关是心包经上的重要穴位，心主血，心包是心的保护神，内关和三阴交上下呼应，能使人体的血液常补常新。另外，补血不能忘了补气，因为气能生血。所以，我又加了肺经上的太渊穴，适当补一补气，这样，补血的效果就会事半功倍。

具体操作方法是：拇指用力按揉双腿三阴交各100次，再以拇指用中度力量点揉双手上的内关各100次，最后用食指或中指以轻度力量点揉双手手腕上的太渊穴各20次。点揉穴位用力的大小，相当于中药的用量，所以一定要按上面的力度操作，否则，就好比药方的剂量配错了，达不到预期的效果。

所有的过劳都会伤阳

除了"久视伤血"，《黄帝内经》还说：久卧伤气，久坐伤肉，久立伤骨，久行伤筋。对于现代人来说，久立、久行的恐怕不太多，而久坐、久视的就比较多了，一部分人还有久卧的习惯。伤阳就伤在这三个"久"上。

久坐伤肉：脾主肌肉，伤肉就是伤脾阳。脾是人的后天之本，负责运化水谷精华来营养全身。一旦脾阳虚，人一定萎靡不振，要么营养不良，要么身上的水湿运化不动，身体虚胖，大腹便便。所以，那些久坐的人最容易出现胖瘦两极分化：要么又黄又瘦；要么腆着大肚子，胖而无神。饭后是脾胃工作最紧张的时候，这时尤其不能坐着不动。要知道，脾是不喜欢人坐的，你偏偏在它工作最忙最紧张的时候坐着，小心惹得它不高兴了，来个怠工或者罢工，可够你受的。

久视伤血：其实是伤了心、肝、脾三脏的阳气。

久卧伤气：就是伤肺阳。

不注意这些坐卧起居，心血管疾病、中风、肥胖、糖尿病就都不请自来了。其实，这些常见病，就是我们在日常生活中久坐、久视、久卧慢慢造成的。

因此，我劝大家：与其犯病后四处求医，不如在犯病之前，就注意增阳减阴。让我们好好记住这几句话吧：久视伤血，久卧伤气，久坐伤肉，久立伤骨，久行伤筋。任何一个动作，做久了都对健康不好，会伤害我们的阳气，造成疾病。

睡觉也要"和于术数"

睡眠是我们养阳的重要方式，但不正确的睡眠方式也会损伤我们的阳气。晚上睡8个小时，就能保证第二天阳气充足。

睡眠和心脏、肝脏功能直接相关，睡眠好，就能养好心阳和肝阳。那怎么睡眠才叫好呢？《黄帝内经》告诉我们一个原则，那就是：法于阴阳，和于术数。

白天属阳，晚上属阴；我们醒着的时候就是阳，睡着了就属阴。人的睡眠，要以天地的阴阳为法，这样养阳的效果才能最好。所以，当天地属阳的时候，我就得属阳；天地属阴的时候，我就得属阴，也就是说，白天醒着，晚上睡觉，才是健康的生活方式。如果你晚上开夜车，白天睡觉，即使睡觉的时间够了，但仍有质量上的差别。只有人体的阴阳和于天地的阴阳，人才能从天地间获得相应的能量，补充我们消耗掉的阳气。

古人说：七为阳数，八为阴数。我在临床中发现，这跟睡觉的时间

也有密切的关系。一般来说，成年人睡 7 个小时，就可以养阳（心和肝的阳气），保证人白天醒后有精神，不犯困。睡 8 个小时则为养阴（心和肝的血，也是阳），不但使人白天有精神，而且还为我们以后贮存能量，以备透支。如果能保证每天 8 个小时的睡眠，人就不会因为缺少睡眠而伤阳了。这就叫"和于术数"，同时也是"法于阴阳"的。

有人会问：那午睡法不法阴阳呢？午睡虽是白天睡觉，但仍是法于阴阳的。午睡一般在午时（11 点到下午 1 点之间），此时，阳气到了极点而阴气始生，而夜晚的子时则是阴气到了极点而阳气始生，在子午阴阳交替的时候，人最好在睡眠中度过，以防耗散阳气，因此民间才会有睡"子午觉"的说法。所以，午睡仍是"法于阴阳"。

夜间 8 个小时加上午间 1 个小时，那我们每天就睡了 9 个小时了，这仍"和于术数"。这又怎么解释呢？"九者，数之极也"。每天最多就睡 9 个小时，再多就是过犹不及。"久卧伤气"，睡觉太多，也会伤害人的阳气，让人看起来病恹恹、懒洋洋的。

养阳是生活中很平实的一件事，是需要我们踏踏实实去做的。千里之行，始于足下，就让我们从好好睡觉开始吧。

把肾养好了，人看起来特别明亮

把肾养好了，我们就光彩照人，精力充沛，腰膝灵活强壮，听力好。倘若肾养不好，阳气就会像沙漏里的沙子一样，慢慢地消耗掉，它不会像急性病那样突然袭击我们，但会让我们因为失去警惕而走向衰亡。

肾阳失常，整个人看起来都是灰暗的

肾阳决定一个人全身阳气的状态。一个肾阳充沛的人，看上去全身有一种光泽。古人说：石蕴玉而山辉，渊含珠而水媚，就是这个道理。

肾阳不足有两种表现：

如果你肾阴虚，面色就会发黑，特别容易躁动和疲劳，腰膝会酸痛，口干，全身燥热，经常梦遗，耳鸣声音大，捂上耳朵耳鸣会加重等等。

如果你肾阳虚，你的脸看上去就没有什么光泽，人没有精神，整天想睡觉，全身发冷，腰膝酸软沉重，耳鸣，但捂上耳朵可以减轻，小便多等等。

肾脏在人体中最主要的作用之一就是气化（将喝进去的液态的水，转变为气态，运转到全身，给身体使用）。

我在临床上，经常见到这样的病人，脸上发灰，好像有层土，他们总是说自己口渴，喝水也没用，喝完了过不了一会儿还是渴。这是因为嘴里缺乏津液，是肾阳虚的表现，因为肾不能气化，所以喝的水不能被利用。

中医认为：津液的形成是一个复杂的过程。水喝下去后，到胃里，由脾输于肺，肺主肃降，把水运行到肾。入肾后，一小部分水进入膀胱，形成尿液排出体外，大部分水经过肾脏气化，运行到全身（包括嘴里）。养肾阳大计

要想人体不缺乏津液，光彩照人，就得在肾上做文章。而补肾阳的根本大计就是在下午（5—7点），肾经最旺盛的时候，揉按太溪和太渊穴。肾阳不足，要通过补充肺阳（金）来滋养肾阳（水）。

除了按揉穴位以外，我们还可以通过药物来补肾阳。肾阴虚，导致肾脏功能失常，用六味地黄丸。肾阳虚，不能完成气化，就用桂附地黄丸。六味地黄丸和桂附地黄丸深得补肾之理，是最常见的补肾的成药。

还有，如何判断自己是肾阳虚还是肾阴虚呢？有一个简单的标准，就是在确定肾虚的前提下，怕冷的为肾阳虚，怕热的为肾阴虚，如果怕冷怕热不明显，那么，就需要找医生判断了。

我再给大家介绍一个艾叶敷脐法。此法的功效就相当于桂附地黄

丸。取 5 克左右的艾叶，揉得软软的敷在肚脐上，用胶布固定，一天换一次，就可以了。如果嫌麻烦，还有更简单的方法，取两小把艾叶（每小把各 5 克左右），放在裤兜里就可以了。裤兜不要太深，要保证艾叶所处的位置在腹股沟附近，这样艾叶虽然不在脐部，但辛温发散的艾香照样能从下而上温煦我们的肾阳。

除了上面的法子，任脉和督脉腰腹部的穴位对补肾都有很好的疗效。比如关元、命门、肾俞、中极等等穴位效果都很好。如果能在腰腹部找到比较明显的反应点，比如按着酸痛的地方，也不用非要拘泥什么穴位，直接在反应点上按揉就好。

肾主藏精，是人的先天之本。我们的肾阳倘若不加以保护，就会像沙漏里的沙子一样，慢慢地消耗干净，它不会像急性病一样给人突然的袭击，却会在不为人警惕的过程中让我们一步一步地走向衰亡。尿毒症、慢性肾炎等在临床上都很棘手，原因就在这里。

一个人要想长命百岁，便要懂得保养肾脏这个先天之本之术，让肾阳源远流长。可以毫不夸张地说，肾在五脏六腑中，是最为厚积薄发的器官，因为它主宰着我们的生命。很多人活了半辈子都不懂如何过性生活

早晨作爱，会极大伤害我们的阳气，给身体造成隐患。实际上，最佳的性生活时间是在晚上 7 点到 11 点之间。

前几天，有位小伙子来到我这里，说他白天老是有气无力、昏昏沉沉的。我看了他的脉，发现左右尺脉都极其细弱，典型的肾阳不足，这是性生活过度的结果。按理说，这么年轻的人，性生活即使多一点，肾阳也不应该虚弱到这个地步，其中必有隐隋。仔细问了一下，才找到了原因，他说，他觉得早晨过性生活比较有精力，感觉更好。

问题就出在这里！早晨过性生活，对身体有百害而无一利！

性是阴阳交合的行为。古人对此是持一种非常敬畏的心理的，他们认为交合之事与天地之气相感，所以不能肆无忌惮。在白天、在暴风骤雨之夜、在重大的节日，男女都不得交合，否则，轻则伤害身体，导致

疾病；重则减少寿命，影响子孙。尤其是对准备生孩子的夫妻，性生活更应该谨慎，否则生出的孩子或是禀性顽劣，或是天生体弱多病。

性生活的时间究竟应该如何选择呢？还得根据阴阳。一天之中，白天为阳，夜晚为阴。阴阳中又分阴阳，半夜子时，阳气已经开始萌动，所以是阴中之阳；太阳出来之后，就是白天了，阳气仍在生发，所以叫阳中之阳；从午时到黄昏，虽仍是白天，但阴气已经萌动，所以叫阳中之阴；从黄昏到半夜子时，是黑夜，也是阴气越来越浓郁的时候，所以是阴中之阴。白天是阴入于阳，晚上是阳入于阴。

最不伤身体的性生活时间，莫过于从天黑后到晚上 11 点钟以前。这段时间是一天的阴中之阴，也是阳入于阴的时间。阳入于阴，意味着人的阴精在此时最充足，也就是说男性的精子在此时活力最大。在这段时间过性生活，人不会太累，而且性生活结束后，人可以照常睡觉，一觉睡到自然醒。

从子时到午时，是阳气上升的时候，这一段时间内过性生活，消耗的是体内的元阴元阳，对阳气是巨大的损伤。尤其是清晨，阴气消尽而阳气方长，正是人体阳气积聚升发的时候，机体还远远没有达到阳气充盈的状态，此时历经一番翻云覆雨，急泄其精，折杀了刚欲升发之阳。就仿佛蓬勃生长的树苗，突然来了一阵暴风骤雨，岂有不受损伤之理？所以古人说，早晨男女交合，为"阳方升而剧折之"，是伤人的。用我们今天的话来说，就是把阳气扼杀在了萌芽状态。

有人也许要问："既然早晨过性生活不好，为什么还有很多人喜欢呢？"其实，这是一种不正常的现象。只有身体阳气亏虚的人，才会感觉早晨过性生活更刺激，更有快感。因为性爱的快感必须借助人体的阳气才能生发起来，阳气亏虚的人，在夜晚阳气内敛、阴气生发的时候不能充分地调动身体的阳气，得到快感。他们必须借助清晨阳气的生发之势，才能得到性爱的高潮。但是高潮过后，阳气剧折，等待他们的只有疲乏。长此以往，人就精亏阳弱，蔫头耷脑了。

性生活是男女两个人的事，不要以为只有男人射精才会折损元气，女子同样也会耗伤阳气。说得通俗一点，女子阴道分泌的黏液其实也是精。只不过因女子通常都只需配合而不用主动，所以男人在这方面消耗的体力比较大，但只要女子投入了，必然也要耗精的。对于男人来说，射精频繁，危害很大；对于女人来说，不适时的性生活，也会消损女子之精。因为精至为宝贵，所以历代医家养生术中都十分强调节欲以保精，用之有节，用之有时，方能绵绵不绝，受用无穷。

庄子说：人之所取畏者，衽席之上，饮食之间，而不知为戒者，过也。谁说庄子只会一味地"逍遥游"？在生活的细节方面，他在乎得很呢！看来，我们只有对性有所敬畏，有所为有所不为，才能安享健康，逍遥自在，游戏人间。

第九章 五脏增阳减阴法（下）

为什么要好好管理我们的腰腹部

脾阳不足，就不能及时地消化和吸收营养物质，脂肪会堆积在小腹和下身，用好太白、神门，加上经常运动腰部，就能解决这个问题。

脾脏的阳足，人就会体型适中，肌肉有力，食欲旺盛，血流正常。

脾阳不足，人就会过于肥胖或者消瘦，全身无力，没有食欲，头晕头重，容易便秘或者腹泻，肛门有下坠感，皮肤下容易出血，女子会出现月经不调，崩漏等症状。

脾阴盛，就会出现身体消瘦，经常感觉饿，嘴里味道很重，容易长口疮，脸上老有痤疮，大便干，女子容易出现黄带等等症状。

补脾阳就要运动腰部

脾阳正常的时候，气行则血行，就能把血（营养物质）合理地分布到全身，濡养灌溉四肢百骸、五脏六腑，同时运走体内各种各样的垃圾。

当脾阳不足的时候，这种分配和运输就会出现问题了。有形的脂肪就会大量堆积在属阴的部位，比如小腹部、下身。很多缺乏运动或者上年纪的人，会出现下身雍肿、腹部变大，就是这个原因。

怎么把这些讨厌的赘肉减掉呢？千万不能靠节食。因为脾脏的阳气要靠水谷来养，如果节食，阳气失去了物质基础，岂不更衰？脾阳越衰，堆积的赘肉也就越来越多了。

中医讲，治病必求于本。肥胖的根本原因，是脾脏的阳气不足。只要脾阳恢复正常，身材自然会好。补脾阳最好的办法是在上午（9～11点）脾经气血和中午（11～1点）心经气血最旺盛的时候，这时，按揉脾经的原穴太白、心经的原穴神门，坚持下去，不到3个月您的身材就会匀称健康起来。

其次要多动，人一运动，阳气就会生发。多年前，大街小巷流行一种呼啦圈运动，套一个圈子在腰部，然后通过腰部旋转带动圈子转动，很多人坚持一段时间后感觉特别好，发现呼啦圈能使身材苗条，精神状态也有改善。

为什么呢？腰部是肾、命门之所在，肾和命门是人体阳气生发的源头。人体好比一个炉子，只有下面火旺，全身的气才能旺盛。腰部扭动的时候，就是在运动肾和命门，启动人体的火，生发全身之气；同时也是在直接运动腹部。如此标本兼治，就能养脾阳。脾脏阳气足了，自然身材就会有改善。

其实，我们可以不用呼啦圈，直接转动腰部就好，不需要大幅度用力旋转，只要微微旋动就可以了。这样，比起转呼啦圈来，运动量可以减少一些，而且随时随地都可以做。

可别小看了这么轻微的旋转，用不了多大一会儿，你就会发现腰部微微发热，这时肾气被运动激活，命门之火就旺了。人要想气不虚，就需要底火旺，要不怎么有个成语叫做"底气十足"呢？

温灸腹部补脾阳

脾脏在我们的腹部，很多脾不好的人，都会感觉肚子凉。我在临床触诊的时候也能感觉到，他们肚子发凉。这是下元虚冷的表现。寒主凝，会阻碍脾脏阳气的运行，最明显的表现是水湿凝聚成皮下脂肪组织，小腹上的赘肉就是这样形成的。这时，只要我们温暖腹部，就能让脾阳恢复正常。

温暖腹部，最好的办法莫过于艾叶熨脐和艾灸腹部。就是每天晚上睡觉前，取艾叶一大把（15 克左右），揉得软软的，然后敷在肚脐部位以及腹部，上面用一个暖水袋熨着，每次大约 10 分钟左右就可以了。

也可以去药店买几根医用艾条，点着了放在腹部一带进行艾灸，稍微觉得发烫就可以了，不要烫伤皮肉，每次 20 分钟。艾灸的时候，要重点灸从中脘到关元穴的那一条线，其他部位只需泛泛地灸一下就可以了。因为，在中医看来，腹部正中那一条线是人体的任脉，任脉统领人体一身之阴。艾火温暖而芳香，温能化寒，芳香能化浊，艾灸会使任脉通畅，也有利于脾阳的恢复。

如果既不方便熨烫又不方便艾灸的话，坚持每天临睡前压肚脐 3 分钟，对补养脾阳也是有好处的。肚脐，在中医里叫做神阙，是人体元气之根，按压肚脐会激发人体的元气，有极大的养生保健之功。总之，养脾阳的方法很多，我们可以根据条件，随时随地选用。

揉带脉是最好、最快的养脾和减肥真法

将军肚、救生圈是现代社会中大多数人的烦恼。几乎所有人都欲除之而后快。有什么速效减肥法吗？当然有，用好带脉，我们就没有必要再担心这个问题了。

前一段，有位三十多岁的女士来我这里就诊，她说她老没胃口，肚子胀。我一摸她的脉，两关脉都弱；再看她的舌头，很胖大，周围全是齿痕。这是典型的脾阳虚，而且已经相当严重了。

本想给她开几剂健脾增阳的汤药，但考虑到她经常出差，熬药不方便，所以就只开了几盒参苓白术丸，同时让她回去后经常按揉带脉，重点揉带脉、五枢、维道这三个穴位所在的区域。

具体操作方法是：用手掌的大鱼际，也就是拇指指根下面肉多的地

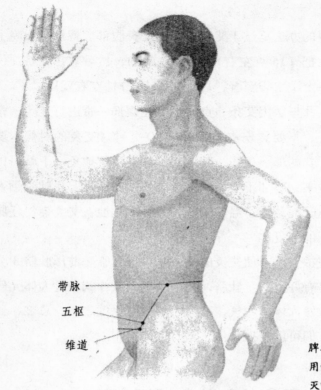

带脉

五枢

维道

五枢、维道与带脉是
脾驻胆经、带脉的办事处，
用好这三个穴位，就能消
灭啤酒肚。

方，来回揉整个带脉十五分钟，然后用拇指点按穴位，以及压痛明显的
部位，每个穴位揉一到两分钟，每天早晚各揉一次。

　　大约三个星期后，这位女士来复诊，她高兴地对我说感觉好多了。
她回去后坚持吃药和揉带脉，结果胃口大开，肚子也不胀了。她担心吃
得太多会变胖，所以参苓白术丸只吃了两盒就没敢再吃，揉带脉仍然每
天坚持，结果，饭量并没见减少，但以前隆起的小肚腩却消下去了！

　　那位女士并没有按照我规定的量坚持吃健脾药，可见，她的脾胃功
能恢复正常，很大程度上是因为揉带脉。一方面强健了脾阳，另一方面
振奋了肚腩两侧胆经的阳气，迅速化开了小腹积聚的水湿（减阴）。

　　有位男士，说自己体重有九十公斤，但我看他的面容、肩背和手
脚，都没有那么胖，只有那个将军肚大得有点过分。他的重量主要就在

这个肚子上。他甚至开玩笑说他想用钢管做一个撑子，一头撑住肚皮，另一头装一个轮子，撑在地上，走路的时候，这个撑子就可以托着肚子，为身体减轻一些负担。

我让他回去揉带脉，不仅带脉和胆经相交的区域要揉，而且，还可以顺势揉到腰上，然后再回到腹部，从上往下在任脉部位推腹。可能是被将军肚压迫得太痛苦，这位男士回去真的发了狠，他每天坚持揉带脉达到500次，不到一个月，肚子就减了一大半。他说："我腰上以前相当于缠着一袋水泥啊，现在这包水泥被我卸下去啦。"

带脉对老年人来说更是养生的法宝。因为，老年人的很多肥胖之症，都是因为脾在中央运化不力，造成身体水湿停滞。老年人的高血压，很大一部分是因为脾不能调控升降之机，从而导致气血逆乱，上冲头顶。老年人的糖尿病更是因为脾阳虚，不能转输，致使水谷之精微随尿而排出。所以，养脾阳是老年人的第一要务。

麝过深山草木香，灵丹敷脐人清凉

肚脐不仅是我们在母体内汲取养分的通道，它还是养脾的第一要穴。无论是脾阴过盛还是脾阳不足，敷脐都是最佳的保养方式。

薄荷脑敷神阙，人就不会脾胃阴盛

诊治过一位四十多岁的女士，她有多年的便秘和失眠，说话有口臭，脾气急。这是典型的脾胃阴（火）盛。治疗一段时间后，症状有了很大改善，只有口臭还比较明显。

中医里说："千寒易散，一火难除。"人身体里面的火（阴），不是一时半会儿就能清下去的。何况，气血有余也能生火，脾胃多气多血，最容易生火。怎么办呢？本来可以用养阴（增阳）清热（减阴）的方法，让她用药养一段时间的胃阴，胃阴足则热自除，口臭自然会慢慢消失。但她工作非常忙，熬药也不方便，我就教了她一种简便易行的外治法：我让她买 50 克薄荷脑，研碎，每次取适量用纱布包好，填入肚脐，再用胶布固定。在填薄荷脑之前，先要把肚脐洗净。每三天换一次。这样，口气就会慢慢变得清新。

薄荷是芳香辛凉的，辛凉就能清热，芳香则能向上走窜。脾胃好比一口锅，可以腐熟水谷。这口锅通过什么来加热呢？要通过命门真火，也就是肾，肾为脾胃的消化提供能量。但如果这个能量提供得太多了，就会导致胃里过热（阴盛）。肚脐是命门真火向上蒸腾到脾胃的必经之路，在这里放一些薄荷脑，就能拦截掉一些火热之气（减阴），而且，薄荷的辛凉之气会随着命门的火气一同向上，运行到胃里，发挥它清热的作用，胃火被清下去了，口臭自然也除掉了。

这位女士如法炮制，第二天一早起来的时候，她老公就说，她嘴里那股以前老远就能闻到的臭味没有了。她自己不但感觉到嘴里清新、凉润了，还感觉到头脑清醒，心情畅快。所以，她一到办公室，就忍不住给我打电话报喜。

为什么薄荷还能让人口气清新、头脑清醒呢？这是因为，薄荷的芳香性质能持续不断地向上走窜，到达胃里，清除了胃热后，它还能继续向上，到达嘴里，使嘴里气息清新。然后，它继续向上到达头部，让人头脑清醒，眼目明亮。人道是，麝过深山草木香，薄荷何尝不是如此？它向上蒸腾，走到哪里，就给哪里带来芳香和清凉。

吴茱萸敷肚脐，引火归元，补养脾阳

很多高血压患者都受够了长期吃药的罪，说到吃药就头疼。这时我往往建议他们去药店买川芎和吴茱萸各 30 克，打成细末，混合，每次取 5 克左右，填在肚脐里，用麝香壮骨膏固定好。结果很多人用过后发现，这个办法竟比什么降压药都灵，而且还感觉腿脚有劲，头脑清爽。

中医认为，肝属于木，脾是土，木克土，土反过来也制约木。高血压是肝气过于亢盛，别的脏腑不能制约它而导致的。吴茱萸性温，可以补益脾阳，脾阳足了，肝气就会受到约束，血压自然就能降下来。

为什么通过肚脐给药会有如此神奇的功效？因为，在人体的三百六十五个穴位中，神阙（肚脐）可以说是最重要的一个。中医认为，神阙是五脏六腑之根、元神归藏之本，能联系人体所有的脏腑经脉。

胎儿在母体内生长，是通过这里吸收养料，滋养全身的。孩子出生后，这个通道闭合了，但它的神奇作用仍在。现代医学证明，肚脐是腹壁最薄的地方，最有利于药物的吸收。把药物敷在肚脐上，药物通过皮肤，能很好地渗透到全身，而且，药效持续时间更长，作用直接，使用方便。

我建议大家用来敷脐的药物不多，配来配去，都只有简单的几味药。经常有人很不放心地问我："就这么点儿药，敷在肚脐上，能管用么？"其实，等到他们敷上了，就谁都没有疑问了。把药物敷到肚脐上，过了一段时间后，要么肚子里咕咕叫了，要么整个腹部都出现温暖或清凉的感觉，如果是芳香浓烈的药，嘴里还会出现药的味道。这说明，药物的有效成分已经随着人体的气血津液上行，遍布周身了，这和吃药没什么区别。良药苦口，但我们肚脐里没长舌头，自然感觉不到苦，但效果却是不打折扣的。

敷脐不是我的创造。在过去，很多中医都不光会开方子，他们还会因时制宜、因地制宜地给人一些"土方法"，疗效还非常好。我的心愿就是要把他们的这些方法推广开来，以造福更多的人。

要想脾胃好，爬山少不了

在繁体字中，山谷的谷写作"谷"，而谷物的谷写作"穀"。我翻了很多版木刻的《黄帝内经》，都是写作"谷气通于脾"，根本没有谷物的意思。第一个给《黄帝内经》作注的唐代医家王冰对这句话的解释是：谷空虚，脾受纳故。这就更证明谷就是山谷的意思。

有一段时间，我在南方某地小住。听说附近山上有位老和尚，医术高超，四乡八里的人，得了疑难重病都会前去求治，疗效很好。于是我特意去拜访他。路很远，我花了两个小时才到达那座寺庙。当时禅房里已经有好几位病人了，老和尚和蔼可亲，挨个给他们诊断，开方。我就坐在旁边看他给人治病。

看了一会儿，我觉得他其实也并没有什么特异之处，用的也是常见的方子，此外就是在跟病人聊天的时候，他会顺势进行一些精神上的开导与教育，实在谈不上有什么神奇，但据旁边的人讲，老和尚的医术，简直绝了！

病人看完了，我和老和尚一起喝茶聊天，就问他一个问题："您的病人这么多，干吗非要在这深山中坐诊呢？车子也开不进来，病人要翻山越岭走好几个小时才能到，多麻烦啊。"老和尚哈哈一笑，说："出家人处处给人方便嘛！"

我大惑不解。老和尚接着说："这个年代，什么东西不是在给人方便？你看过去照明要点灯才行，现在用电灯，多方便！还有汽车、火车，给人多少方便啊。但这些，能解决人们的疾病么？解决不了！相反，很多疾病都是由于人们生活太方便了，是闲出来的。所以，我就没必要再给人什么方便了，让他多跑点路吧。这不仅仅是活动筋骨，我还要活动他的五脏呢！《黄帝内经》讲谷气通于脾，这山谷中，自然有健脾的谷气啊！"

真是一语点醒梦中人！老和尚让病人翻山越岭，原来是为了让他们的脾通天地之气！脾是人的后天之本，不管什么疾病，时间一长，都必然伤及脾胃，脾胃一伤，不仅不能运化食物，连药物也运化不了，那吃再多的药也不会有什么作用了。

老和尚让病人翻山越岭，就是让他们把脾健运起来，脾健运了，病也就好治多了。其用心良苦，令我叹服！

由此，我也知道那些身体不好的人为什么要去爬山了，这不仅是为了锻炼筋骨，而且还是本能地让自己的脾通天地之气。

后来在临床工作中，我也经常给一些有慢性病的人讲谷气通于脾的道理，建议他们在精力允许的前提下去爬爬山。别小看《黄帝内经》里看似平凡的一句"谷气通于脾"，其实里面蕴含着治病救人的大道。

当然，有人对"谷气通于脾"存在着不同的理解，说是谷物之气才通于脾。其实这种观点是错的。在简体字本的《黄帝内经》中，山谷的谷和水谷的谷是一个字，而在繁体字中，山谷的谷写作"谷"，而谷物的谷写作"穀"。我翻了很多版木刻的《黄帝内经》，都是写的"谷气通于脾"，根本没有谷物的意思。第一个给《黄帝内经》作注的唐代医家王冰对这句话的解释是：谷空虚，脾受纳故。这更证明"谷"就是山谷的意思。

大便通畅就是福

腹泻和便秘都是脾阳失常的表现。而能治疗便秘的穴位，对腹泻也有很好的效果。

大便要顺利地解下来，需要两个条件：一是有足够的气，来使肠道蠕动，把大便往下推；二是有足够的津液，使大便不至于太干结，能够顺滑地通过大肠，排出体外。这两个条件缺一不可。所以，便秘的原因，不外乎两种，一是没有足够的气，这在中医里叫气虚；二是没有足够的津液，这在中医里叫阴虚。

临床上，我见到的较多便秘患者多是女性、小孩和老人。

女性一般是因为思虑过多，肝木克脾，导致脾气不足而便秘，这时除了推腹外，还要点揉三阴交、太冲、足三里、天枢这四个穴位；老人是因为肺阴虚连带大肠干燥，所以便秘，要揉按支沟、照海、尺泽这三个穴1立；小孩往往由于肺热、胃热较重，消耗大肠津液，从而导致便

秘，治疗的时候则要清肺经、清六腑之热。

治便秘首选柚子

治疗便秘的食物很多，众所周知的比如蜂蜜、无花果、香蕉等，通便效果都很好。但这些食物只能润肠通便，治疗阴虚津少的便秘比较有效果，而对于气虚型的便秘，就不行了，甚至一点儿用也没有。

气虚型的便秘，往往是由于思虑过多，中气郁结，无力推动大便下行所致。此时如果一味润肠通便，就好比只把马路收拾得干干净净，却不给汽车动力，汽车当然跑不动。所以，在润肠的同时还要注意行气。

吃什么可以既润肠通便又行气呢？最好的就是柚子！不过，怎么吃柚子也有讲究。首先，要挑那种又黄又圆的，这样的柚子是熟透了的，不会太酸。酸味是收敛的，会加重便秘。有的柚子，蒂部尖尖的，这是还没成熟的时候就采下来的，即使是黄的，也是采下来后放黄的，味道会很酸，这种柚子就不要吃了。

其次，千万要记住，不要吃得太少。柚子味酸甜，酸性能收，如果只吃一瓣儿，那么柚子的酸性会使肠胃收摄，说不定会使便秘更严重；如果一吃就是四五瓣儿甚至更多，作用就不一样了，收摄性完全消失，转而酸甘化阴，反倒生成津液，软化食物的渣滓，润泽肠壁。同样是柚子，用量多和用量少，效果完全不同，甚至相反，这就是中药剂量的奥秘。

柚子有一股芳香的气息，能行气解郁，又能促进肠胃的蠕动，使得大便能很快排出。喜欢吃柚子的人都有这种经验，吃多了柚子会放屁，大便很多很稀。所以，李时珍在《本草纲目》中说，柚子能"去肠中恶气"，能"下气，消食快膈，散愤懑之气，化痰"。对于便秘的人来说，吃柚子无异于周郎得东风。

不但柚子果肉是治疗便秘的妙药，柚子皮也有妙用。我所说的柚子皮指的是柚子果肉和外皮之间的那一层厚厚的"棉被"。我们可以把它剥下来，当作蔬菜炒着吃，这道菜很容易炒，除了油盐，姜、葱、蒜、

酱油、醋、味精等佐料，只要有，都可以放进去。炒出来的柚子皮，能健脾、理气，对于气虚型便秘，效果尤佳。

柚子虽然好，但是性寒凉，大量食用，对体质虚寒的人来说就有点不适宜了，孕妇、老人和小孩也不适合吃那么多，可用性质比较平和的香蕉代替。

肺经

六腑

孩子便秘不用愁，肺经六腑能解忧。

麻子仁丸治便秘效果也好

当然，有的季节买不到柚子，这时我一般建议吃麻子仁丸，按照说明书上的用量服用就可以了。麻子仁丸由麻子仁、芍药、枳实、大黄、厚朴、杏仁这六味药组成，这一群药就像一个密切协作的"小团队"，麻子仁、芍药能养阴，使得大肠的润滑度增加，为排出大便铺平了道路；枳实和厚朴能行气、降气，为推动大便提供了力量；杏仁能宣肺润肠，肺跟大肠相表里，宣肺可以进一步理气，润肠，也进一步为大便的顺利解出提供了条件。大黄是专门用来泻下的。有了这么多药的协助，排便自然能畅。

这个配方，既考虑了滋阴润肠，又兼顾到了行气通便，所以，不管对于哪种便秘，都有不错的效果。

说到这里，我想起一件趣事，有位便秘患者，从前在家里脾气总不好，看谁都不顺眼，我让他吃麻子仁丸，建议他多吃柚子，同时还教给他一招"搓揉耳朵治便秘"的绝招，就是每天睡觉前和起床后用手轻轻搓揉耳朵的三角窝以及三角窝内侧的耳轮，每次搓揉五分钟。如图。

他照着我的建议做了两三天，就能每天按时一次大便了，而且健康状况也改善了，心情也跟着变好了。以前只要他在家，老婆孩子就要犯愁；现在，他在家总能给老婆孩子带来笑声。他高兴得不得了，就去请他认识的一位著名书法家题了一幅字送给我做个纪念，我打开装裱得精美绝伦的转轴，只见上面写着清朗俊秀的四个大字：一通百通。当时在场的朋友们都说："这是形容李老师的学问境界……"我真是哭笑不得。

好汉经不起三泻

春生夏长的积累，到了秋天，没有能收敛起来，反而泄掉了，怎么会不伤身体？所以，我们可以用石榴收摄的功能来帮助人体收摄，具体做法是：把石榴皮晾干，捣碎，放在茶杯内泡水喝，每天10克左右，味道有点微苦，加点红糖，就感觉好喝了。

腹泻和便秘是一体两面的，都是脾阳失常的表现。能治疗便秘的穴位，对腹泻也有很好的效果。这里我要特别指出一个问题，老年人经常是五更泻（早上吃饭前，5—6点腹泻），这是肾阳不足的表现。用一般调理脾胃的方法来治疗，效果都不好。

我推荐的办法是，艾灸关元和命门穴，补人体的阳气。阳气足了，脾阳才能恢复正常。还有一个中成药，名字叫四神丸，是治疗五更泻的名方，有这个问题的老年朋友可以试试看。

在家里治疗拉肚子，我首推石榴。

有一天傍晚，我正在吃晚饭，忽然一位朋友打电话来，焦急地说："我儿子刚才突然拉肚子，先拉的是食物的残渣，后来就开始泻水了，现在拉个不停！您说怎么办啊？"我让她赶紧去买两个石榴给小孩吃了，先在家里应急，把泻止住，然后再观察。我特别强调，在吃石榴的

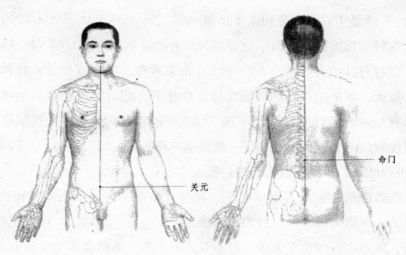

命门

关元

有关元、命门在手，就不会五更起来拉肚子了。

时候，一定不要把核咬碎了，要把核吐出来，不然就没什么效果了。剥下来的石榴皮也不要扔掉，如果还不见效，可以用石榴皮加上红枣煎成浓汁给小孩喝下去，也能止泻。

到了快睡觉的时候，我打电话过去问她孩子的情况，她的语气已经很轻松了："哎呀，我都忘了跟您汇报了。宝宝吃了半个石榴后就没事了。休息了一会儿，就嚷着要吃东西，我给他喝了一点米粥，现在已经睡了。没事了。谢谢您啦。"

石榴籽是酸甜的，性温。酸能收，甜能运脾，加上其中有特殊的止泻成分，所以一般的拉肚子，尤其是小儿寒性的水泻，它都能很快止住。

为什么不能把里面的核嚼碎呢？这是因为，绝大多数果仁都有滑肠、润下的功能，石榴仁也不例外，如果把石榴仁也吃进去了，那么石榴籽收涩止泻的效果就会大打折扣。

石榴皮止泻的功效比石榴籽更大，石榴皮不但有酸味，而且还有涩味，其收涩功能更强，现代医学研究表明，石榴皮具有涩肠止痢的功效，能制止肠胃发酵异常，调节肠胃内分泌，收敛肠黏膜，使肠液分泌减少，还能杀虫。《本草纲目》上也说："石榴治泻痢、血崩、白带、

制虫。"就是用它的收涩和杀虫功能。

这种止泻方法，不但小孩管用，大人也好使。很多人到了秋季就腹泻，这对身体极为不利。人的身体与四季相应，春生夏长，秋收冬藏，到了秋天，本来是要收的，如果经常拉肚子，必然要消耗体内的阴液，所以有一句老话叫"好汉经不起三泻"。春生夏长的积累，到了秋天，没有能收敛起来，反而泄掉了，怎么会不伤身体？所以，我们可以用具有收摄功能的石榴来帮助人体收摄。

具体做法是：把石榴皮晾干，捣碎，放在茶杯内泡水喝，每天10克左右，味道微苦，在里面加点红糖，就不会觉得难喝了。还有更妙的方法，就是用石榴皮来煲汤，但不要放得太多，不然会因为太苦而破坏其他食物的味道。

中老年是人生的秋冬季节，是要收藏精气的。但是，拉肚子却偏偏喜欢在这个时候来打扰他们。慢性肠炎，神经性肠炎，甚至痢疾等，久治不愈，久泻不止，损人元气，这还得靠石榴皮来收摄。在收摄的同时，大家还要注意补中益气，用15克左右的石榴皮，加上红枣5枚（掰开），一块煎汤喝，效果也是非常不错的。当然，拉肚子也有轻重之分，纯粹的拉肚子可以用收摄的方法止住，但有的拉肚子却是一些重大疾病的表现，所以，凡是遇到一时收摄不住的情况，我们都要赶紧去找医生治疗，拖延不得。

但是并不是所有的腹泻都要止的。比如说，有人去饭店吃过饭后，或者是吃了海鲜、麻辣烫之类的，经常会拉几次肚子，不过每次持续得不久，很快就恢复正常了。而且腹泻期间也没有什么疲劳的感觉。这其实是脾阳旺盛的表现。

当肚子里吃进去不好的东西，或是吃得太多的时候，健康而灵敏的消化系统会当机立断，拒绝消化吸收，而是通过拉肚子的方式，迅速把这些对人体有害的东西排出体外，这是我们身体的自我保护机能在起作用。

倒是那些脾阳失常的人，脏东西吃下去也不能及时排泄，仍让肠胃吸收，对身体会造成更大地损害。

养好肺，人才有魄力

肺脏阳气足，人就会呼吸平稳，声音清朗，皮肤细密光滑，不容易感染流行病，关节灵活，做事情很有魄力。

肺阳不足，人就会有呼吸气短，喘不上气，说话声音低，皮肤干燥发痒，容易过敏，天气变化时容易生病，关节活动不灵活，做事犹豫等等表现。而用好太白太渊，就能改变这一切。

养肺需要什么样的"及时雨"

《黄帝内经》说：上工治未病。这是养生的金科玉律。"治未病"是我们个人的事，而不是依靠医生。做到这个并不难，第一步就是要养好肺。

肺主皮毛，开窍于鼻，天气变化的时候，温度直接刺激皮肤；呼吸的时候，各种恶浊之气、灰尘会趁机进入人的身体里。皮肤和鼻子是外邪侵入的最重要的途径。养好肺，首先能在很大程度上避免感受外界邪气的机率；其次，感染了外邪以后，如果肺阳充足，也能很快地将邪气排出体外。

肺好比人体的大气层。自然界中，各种废气、粉尘被排泄到大气里，空气有自己的调节的能力，只要这些废气不是太多，空气能正常流动，废气和粉尘慢慢地就会扩散、消失，对环境不构成什么危害。

肺也一样，空气中的污浊留在了肺里，如果肺脏阳气不足，灰尘和津液就会聚在一起成为"顽痰"，化不掉，也咳不出，而且它还会进一步伤害肺阳。所以顽痰是许许多多疾病的源头。只有肺的阳气充盛，才能及时把这些污浊排出去，让我们从根子上远离疾病。

如果说人体是一个国家，那么，肺就是把守这个国家的雄关，把好这个关，就能把那些企图进入我们身体的阴邪拒之门外。怎么把好这个关呢？就是要养肺阳，最好的养阳办法是：在上午（9~11点）脾经最旺盛的时候，按揉脾经的原穴太白和肺经的原穴太渊。肺阳充足，身体排毒、抗邪的能力就会加强，人就精神好，自然不会得病。

除了原穴，还有其他方法养肺阳么？当然是有的。看看天空，我们就应该知道如何养肺了。如果久旱不雨，空气里的灰尘就很多，这时只要下一阵雨，空气就湿润清新了。养肺就需要这样的"及时雨"。

中医认为，肺喜润恶燥。所谓养肺阳，就是要润肺，就是要养肺阴（增阳）。肺阴充足，肺里面分泌的津液就会很多，肺一直是润滑的，我们吸进来的灰尘、病菌都会被吸附在这些黏液上，然后很快通过痰涎、鼻涕等形式排出体外。

现在肺阴虚的人很多，很多疾病和亚健康状态都源于此。比如气短、呼吸急促、经常性的咳嗽、痰多、喉痛、上火等。这些虽然是小毛病，但往往成为了很多人生活中摆脱不了的烦恼：时有时无，时轻时重，既难受，又治不好。其实，只要抓住本源，从滋养肺阴入手，就可以解决了。

吃梨是养肺阴（增阳）的最好选择

梨是各类水果中最凉润的。清朝大医黄宫绣在《本草求真》中说它"成于秋，花皆白，得西方金气之最"。在中医五行与五脏的对应中，白色对应肺，对应秋天，所以，梨色白入肺。它的滑陲能滋养肺阴，它的凉性又能清除肺热。所以，黄宫绣说："一切属于热成者，惟食梨数枚，即能转重为轻，消弭于无事。"

李时珍在《本草纲目》里记载了这样一件事：有个人身体不舒服，心中烦躁，无精打采，就去找当地名医杨吉老治病。杨吉老看了，说："你身体的热毒已经很深了，气血消耗很大，这是不治之症，三年后就得死。"这位病人很伤心地走了。后来，他听说茅山有个道士医术高明，就去求治，道士说："你没什么大毛病，回去只要每天吃一个梨就好了。遇上没有梨的季节，你就用梨干煮着吃。"病人照着道士说的做了，一年后再去见杨吉老。杨吉老见他脉息匀和，肌肤润泽，非常吃惊，说："你肯定遇到奇人了！不然好不了。"病人便把遇见道士的事情说了。杨吉老于是自愧学艺不精，望茅山而拜。

其实，这位病人的病，就是肺阴虚生热的结果，用梨慢慢凉润，慢慢化解，就能够消除。知道这个道理，治病就变得非常简单，不知道这个道理，连名医也束手无策。真应了那句俗话：单方一味，气死名医。

吃梨的时候要注意，如果是生吃，那么，吃梨前一小时和后一小时内不要喝开水，生梨遇到开水，冷热相激，会使人拉肚子。梨本寒性，身体弱的人、老人、小孩或者寒性体质的人，最好不要多吃生梨，他们可以把梨蒸熟再吃，这样，少了寒凉之性，但其滋润肺胃、清热去火的功效并未减少。

肺阴虚，如果时间长了或者程度重了，就会影响到心，导致失眠、心悸、健忘、烦躁等症状。心脏就在肺附近，肺热极容易传心。因此这时候，不仅要清肺热（减阴）、养肺阴（增阳），而且还要兼带清心火。什么东西可以同时肩负起这两个重任呢？那就是百合。常吃百合粥，就可以同时清心、肺之火，又养心、肺之阴。百合是药品也是食品，我们到超市里就能买到干的百合，当然有的菜市场也能买到鲜百合，效果更好。

百合粥的做法是：取干百合 15 克（如果用鲜百合，则需 25 克），打成粗末，取大米 50 克，加水适量，放在砂锅中，先用大火煮开，然后用小火慢炖，一直炖到黏稠为止。这是一个人的量，如果有几个人，可以根据大家的食量，按上面比例增加百合和大米的用量即可。

别小看白芥子敷脚心这一招，把肺和肾都补好了

去药店花几毛钱，买 10 克白芥子，让药店捣碎。再打一个鸡蛋，

用蛋清将白芥子末调成糊，做成两个药饼子，敷在两脚的脚心处，用胶布固定。1小时后取下。敷好药后，我们的任何行动、工作都不受影响。脚心就是涌泉穴，是肾经的重要穴位，白芥子可以激发肾经的真气，用肾的真水来补充肺阳，效果非常显著。

肺是人体的第一道防线。外邪侵犯人体，最先就是邪气在体表和正气争斗，这就是感冒。如果肺阳旺盛，就能把邪气赶出去，人也就恢复了健康；相反，肺阳不足，邪气就会侵入到人体内部，造成更严重的疾病。所以增肺阳的第一大法就是解表。

外来的邪气有好多种，有寒邪、热邪、风邪、湿邪、暑邪，这些邪气都能入侵人体，导致感冒。人的体质也有多种，比如，同样是感受了寒邪，体质好（阳气足）的人可能一点事都没有；体质稍差的人可能就伤了皮毛经络的阳气，造成怕冷、发烧、身体疼痛等症状；体质更差的人可能伤了内脏的阳气，造成咳嗽、气喘甚至更严重的疾病。另外，一年四季的感冒，在治疗上也会有不同。

感冒如此复杂，没学过医的人根本搞不清楚。那么，有没有一种简单的方法，让老百姓不用去找中医，就能像中医那样精确地"辨证论治"，从而增肺阳、治愈感冒呢？

当然有！无论是什么样感冒，其表现形式无非两种，一种是寒，一种是热。只要学会分清寒热，就能使用合适的解表法，来恢复肺阳。以寒为主的要用辛温解表法；以热为主的则要用辛凉解表法。

辛温解表调肺阳

辛温解表主治的是风寒型感冒，这是寒邪损伤肺阳造成的。风寒感冒最明显的特征是鼻塞、打喷嚏，流清鼻涕，怕冷。

最开始时，寒邪刚刚入侵人体，这时治法很简单，通常不需用药。我会让病人回去熬一碗姜汤（生姜的用量，在五片左右，每片的大小厚度跟一块钱硬币差不多），再加点红糖，趁着刚刚煮开热气腾腾的时

候喝下去，然后盖上被子，出一身汗就好了。

生姜是热性的，有发散的功效；红糖可以给人体提供能量，趁热喝下去以后，就会让人体出汗，使寒邪随着汗排出去。邪气排出去了，肺阳就能恢复正常。

除了姜汤，我还经常推荐病人用艾叶泡脚的方法来调整肺阳。艾叶可以在药店买到，非常便宜，只要花几毛钱买 50～100 克艾叶，就足以对付一次风寒感冒了，当然，多买点也没关系，因为艾叶泡脚不仅能治感冒，还有很多养生祛病的妙用。

在烧洗脚水的时候，抓一把艾叶（20 克左右）放进水里，水烧开后，找一个深一点的盆或桶，倒进去一部分艾叶汤，兑上凉水，温度以双脚能忍受为度，然后把脚泡进去，艾叶汤的药力和热量就能从双脚迅速传导到全身了，这时，我们可以感觉到每一个毛孔都有说不出的快感！等到泡脚的水温度下降了，我们再把剩下的艾叶汤陆续加进去。慢慢的，我们会感到浑身上下微微出汗了，这表示，潜伏在我们肌肤下面作怪的病邪已经随着汗被驱逐出来了。如此泡一两次，不但风寒感冒无影无踪，我们身上也会无比舒适。

还有更简单的方法，叫做"打辣汤"。这是一位病人告诉我的，她说："我得点小感冒从来不吃药，只需要吃一碗面条，滚烫的那种，拌上辣椒酱，吃完了蒙头睡一觉就好了。如果没有面条，也不要紧，在自己喝的汤里面加点辣椒，滚烫的喝下去，再捂着被子发汗，也行。"这也是辛温解表调肺阳的一种方法。

辛凉解表调肺阳

辛凉解表主治风热感冒。风热感冒一般会伴随着咽喉疼痛，尤其是在早上起床后，感觉鼻腔里很干，要是对镜子看看舌头，会发现舌苔微微泛黄。这是因为，正气跟邪气斗争，产生了大量的热，咽喉和鼻腔部位的血管多，反应敏感，所以会干燥、疼痛，甚至红肿。

遇到这种风热型的感冒，中医一般会开的方子是银翘散。我们在抓药、熬药不方便的情况下，用银翘解毒颗粒或者银翘解毒片、银翘解毒丸、银翘感冒冲剂等就可以了，这些中成药都是按照银翘散的方子做成的，通过辛凉解表的方法来调节肺阳。

用辛凉的药物，就可把热除掉；而解表就是发汗的意思。邪气是从体表来的，一发汗，它就随着汗排出体外了。发汗的时候毛孔张开，毛孔又跟肺相通，毛孔张开了，汗出通透了，就可以泻肺热。这样肺阳就能恢复正常。

在服药后，必须出一些汗才能达到最佳效果。我们吃完药后，记得要多穿一点衣服，最好躺着盖好被子，让浑身出个透汗。如果不给身体休息和出汗的机会，那么，服用药物的效果要大打折扣。

可以不吃药么？也可以。我有一种白芥子敷脚心法调整这种情况下的肺阳，效果也不错。去药店花几毛钱，买 10 克白芥子，让药店捣碎。再打一个鸡蛋，用蛋清将白芥子末调成糊，做成两个药饼子，敷在两脚的脚心处，用胶布固定。1 小时后取下。敷好药后，我们的任何行动、工作都不受影响。脚心就是涌泉穴，是肾经的重要穴位，白芥子可以激发肾经的真气，用肾的真水来补充肺阳，效果非常显著。

上面是外邪刚入侵时调肺阳的方法，如果没能在早期及时调整，那应该怎么处理呢？请看下文。

"拨云见日" 润肺法

中医认为，肺为脏腑之华盖，对应乾卦，以天为象。天气要清朗，肺气也要清朗，一旦乌云密布，肺神失常，就会肺气郁、肺气逆。云门穴正是我们拨云见日之门。

经渠是肺经上的大渠道，也是肺经清热理气的渠道，打开这个渠道，可以让我们的肺重归清宁。用这两个穴来调节肺阳，好比在乌云密布的天空施行了一次人工降雨，云化作雨降到地面，汇集到沟渠中流走了，天蓝了，地润了，人体的小天地也得到了和谐。

人体刚感受外来邪气时，邪气一般停留在皮毛的深度，这时，人会出现感冒等症状。如果迁延日久，就会出现咳嗽，这是邪气深入肺部，让肺阳进一步受损的标志。

当然，邪气比较重的话，在皮毛呆的时间会很短，很快就会侵进肺部，出现咳嗽。

这时应该如何调节肺阳呢？中医认为，肺厌恶干燥，喜欢湿润。所以调肺阳就是要润肺止咳。

很多人不重视咳嗽，有一点咳嗽一般不去看医生。这是对的，但又不对。说它对，是因为有的咳嗽是小问题，在家里就可以解决，说它不对，是因为有的咳嗽不可等闲视之，可能是某些重大疾病（如肺炎、肺结核、肾病等）的先兆，如果在家里拖延，就会耽误治疗的最佳时机。所以我的建议是，一旦遇到咳嗽，初起阶段或者简单的咳嗽，我们可以在家里试着自己解决，自己解决不了的，要赶紧去看医生，找医生治疗。

在家里如何润肺止咳，调整肺阳呢？我这里有三板斧给大家分享：

第一板斧：中药里面有一味药叫百部，是治咳的妙药。不管遇到什么咳嗽，新咳嗽也好，老咳嗽也好，有痰无痰，寒性咳嗽，热性咳嗽，用百部治疗，都能收到比较好的疗效，尤其是对因受凉而引起的咳嗽，简直是药到病除。

我常常跟人说起百部止咳茶。制作百部止咳茶的方法非常简单。用百部10克左右，放在杯子里，用滚开水泡上，密封，待到杯子里的水温度适宜，就当茶频频喝下去。喝完后可以反复泡2~3次。少则一天，多则两三天，咳嗽就能平息。

百部这味药，性微温，味道甜中带微苦，能暖肺润肺，还有杀菌杀虫的功效。清朝医家张石顽说："百部为杀虫要药。"用了百部，还能防止咳嗽导致的肺部感染，预防肺炎、肺结核。

小病不求人

记得我还在学医的时候，有一年春天，肺炎、肺结核患者非常多，我的老师诊室里每天都是咳嗽不休的病人，百部当时成了方中必用之药。老师不但给病人开百部，而且让我也每天泡百部止咳茶。我问："我又不咳嗽，为什么要喝这个呢？"老师说："未病要先防啊！我们每天要跟那么多肺病病人接触，接触的病菌肯定很多，百部就是能杀灭这些病菌的。喝了百部止咳茶，你让我跟肺结核病人嘴对嘴说话，我也不怕。"事实也证明了这一点，那年春天，我们接诊的肺病病人不下一千人次，但自己并未感染，也从不咳嗽。

第二板斧：川贝。这味药的药性凉润，对于肺热、咽痒的咳嗽，效果非常好。

我在门诊里遇见过很多孕妇，除了有点干咳之外，身体其余一切正常。她们很紧张，生怕咳坏了肚子里的小宝宝，又不敢乱吃药，怕有什么副作用。我推荐给她们的治疗方法很简单，拿一个雪梨，削去皮，去掉核，连同3克川贝粉一起，用冰糖炖烂，然后连渣带水全部吃下去；最多一两天就好了。

孕妇这种咽痒干咳，在中医里叫做"子咳"。孕妇是两个人，母子一体，胎儿在子宫中快速生长，胎儿产生的热量，需通过母体往外发散，所以散热较慢，热量容易滞留在子宫，造成"胎热"。

这种热气往上冲，走到肺部和咽喉，就会导致咽痒，咳嗽。这种咳嗽是由热引起的，只要清热，咳嗽自然会消失。

雪梨和川贝都是凉润的，能降火、润肺，冰糖也是凉性的，这三者组成的食疗方，治疗孕妇"子咳"疗效如神。

当然，雪梨炖川贝不仅局限于治疗子咳。中医认为，久病生内热。肺在人体位置最高，热气上奔，皆聚于肺，所以，肺最容易化热。久病的人，经常咽痒咳嗽，这也是由于体内的热往肺部及咽喉熏蒸而导致的，也可以用冰糖炖雪梨川贝粉的办法，慢慢让肺部得到滋润和清凉。

《本草用法研究》说：川贝善解胸中郁结之气，盖郁则生热，热则生痰，故贝母治火痰、燥痰有功。郁解则热退，热退则痰除，而肺咳自宁耳。

绝大多数咳嗽都源于肺中气郁，川贝能把这股郁结之气疏解开来，郁结解开了，郁热就随之而退，咳嗽和喀痰也会随之化为乌有。川贝虽然能清肺、润肺止咳，但美中不足的是，它有点贵。在药店里，3克质量较好的川贝现在要卖8块钱左右。有更便宜的治咳方法么？当然有。

这就是第三板斧了：牛蒡子。我在临床上，只要是遇到咽喉痛痒的，必然要在方子中加牛蒡子。单用牛蒡子，治疗咽喉痛痒也有显著的效果。我们用牛蒡子10克，捣碎煎水，每次喝一小口，分多次喝下，很快，咽喉就不痒了，咳嗽也自然消失。

这就是在家里润肺止咳，调整肺阳的"三板斧"，人人都能根据自己的情况选用。当然，如果再配上一点经络按摩的手法，那就更好了。

我给大家推荐的方法是：开云门，通经渠。云门和经渠都是肺经上的穴位，是止咳要穴。中医认为，肺为脏腑之华盖，对应乾卦，以天为象。天气要清朗，肺气也要清朗，一旦乌云密布，肺阳失常，就会肺气郁、肺气逆。云门穴正是我们拨云见日之门。所以，现代针灸名家高式国老先生说，云门穴是气化飞升之门，有通经行气之功。按揉这个穴，可以使肺部重归清朗，好比驱散满天乌云，重归碧空万里！

经渠是肺经上的大渠道，也是肺经清热理气的渠道，打开这个渠道，可以让我们的肺重归清宁。用这两个穴来调节肺阳，好比在乌云密布的天空施行了一次人工降雨，云化作雨降到地面，汇集到沟渠中流走了，天蓝了，地润了，人体的小天地也得到了和谐。所以，云门、经渠同用，调节肺阳的功效很强，对于各种咳嗽，无论寒热虚实，都有效果。在用上面的药物的时候，如果能同时揉一揉这两个穴，那可真称得上画龙点睛了。

第十章　食物增阳减阴大法

主食是人间最好的补品

我们想想，我们吃一碗小米粥，要吃掉多少植物的种子？足足可以种一亩地啦。以一亩地的作物积攒的生命力，来养我的身体，岂有不健康之理？

生活中最重要的事情就是饮食，我们一天都不能离开它。不懂正确的饮食之道，阳气就会不知不觉地受损，就算采用再多养生的方法，也不会有什么效果。所以，养阳一定要重视饮食之道。

人最需要五谷

我曾经碰到过一位结肠炎患者，他是由父母陪着来看病的，一问年纪，居然才18岁。我很吃惊，这种在中老年人身上常见的病，怎么这么小的孩子就得上了呢？我仔细地询问他的作息、饮食习惯，这才发现，这孩子从小到大，竟然很少吃米饭、馒头等主食，而以吃肉、史牛奶为主。

《黄帝内经》概括了我们中国人最合理的饮食结构：五谷为养，五果为助，五畜为益，五菜为充。其中谷物占绝对主导，蔬菜水果也占很大比例，五畜也就是肉类食物，只是必要的时候用来补充一下就行了，绝对不是人们的主食。这是古人经过长期实践总结出来的经验，反其道而行之，怎么会不病？

过去，我们要一个星期，甚至十天半个月才能吃得上一次肉，平日里主要吃的是粮食和蔬菜。这种饮食结构是再合理不过的。如果因为家境好就多吃点肉，甚至只吃肉而不吃粮食，那是最大的无知。因为绝不是肉吃得越多就越健康。

五谷为养。真正能够养人的，是谷物。谷物是植物的种子，植物在生长的过程中，把自己吸收的精华全部储存在种子里，以备繁殖下一代，所以种子的生命力是不可思议的。我们以谷物为主食，就是要吸收它们巨大的生命力。生命力足，人就会充满神采。

谷物的性质因地域而有差异：南方炎热，稻米性凉，可以去热，所以南方人以稻谷为主食；北方严寒，小麦陲温，所以北方人以小麦为主食，正好可以补气候的不足。我们按照当地的习俗，该吃什么就吃什么，自然会身体健康。

如果脾胃阳气不足，消化不良，就要多吃小米。小米是黄色的，黄色属土，入脾胃，所以小米粥是和胃的佳品。小米的颗粒很小，我们想想，我们吃一碗小米粥，要吃掉多少植物的种子？足足可以种一亩地啦。以一亩地的作物积攒的生命力，来养我的身体，岂有不健康之理？这比天天吃肉奢侈多啦。

淡味最养人

五谷还有一个特点，就是味淡。刚吃进嘴里，我们会觉得它没什么味道，所以有的人对它不感兴趣。其实，淡味最符合养生之道，最能养人阳气。

中医里有五味的说法：五味入五脏，酸入肝，苦入心，甜入脾，辛辣入肺，咸入肾。适当吃些酸的，对肝有好处。儿童肝气旺，不怕酸，甚至喜欢吃酸的，因为他的肝气需要酸味来养；而中老年人就往往就怕酸味道了，因为这时候他们不需要那么多酸味，吃多了酸的，不但不能补肝养肝，反而伤肝阳。

其他四种味道也是如此。适当的苦味对心有好处，但吃多了苦味必然伤心阳；适当的甜味对脾有好处，但吃多了甜的又会伤脾阳，我们看到那些大胖子，多数都喜欢吃甜食，把脾阳伤了，以至水湿不化，体态雍肿；适当吃辛辣的，能宣发肺气，但吃多了辛辣的，就会伤肺阳了；适当吃些咸的，对肾有好处，肾主骨骼，所以我们身体缺盐分的时候，会感觉四肢无力，但吃多了咸的，又会反过来对肾阳造成伤害。

《黄帝内经》还说：吃多了咸的，会伤及血脉，成属水克火，就伤心阳，让人血行不畅。同样的道理，吃多了苦的，会伤肺阳，使人皮肤枯槁毛发脱落；吃多了辛辣的，会伤肝阳，使人筋上出问题，指甲薄脆；吃多了酸的，会伤脾阳，使人肌肉松弛，嘴唇干裂；吃多了甜的，会伤肾阳，使人骨头痛，掉头发。

所以，老子说：五味令人口爽。意思是说，五味太浓，就会让人嘴巴麻木，感觉不出味道来。中医历来都忌讳"肥甘厚味"，味道一重，五脏就会不胜其扰，阳气就不能安。只有味淡的谷物，才能真正滋养五脏的阳气。

如果要说"营养"的话，这才是真正的营养，其他的东西，都不过是补充罢了。

神清气爽的根本是保胃气

胃气是我们的后天之本，是我们阳气的重要来源，而我们养胃气的最佳选择是吃十二味养生粥。

平时遇到最多的问题就是："李老师，您看根据我的体质，平时吃点什么才能有精神，活力充沛？您有什么食疗方案么？"问我的人，有病人，也有健健康康的人。当然有！但我没办法告诉他们。为什么呢？因为告诉了也白告诉。绝大多数人都是全家人在一起吃饭的，众口难调，难以特别照顾某一个人。所以饮食养生，需要有一种适合全家人的方案。这样，即能养阳气，又不会给在厨房里忙碌的家庭主妇带来额外的麻烦。

这套方案是什么呢？上面我们说了，五谷为养，所以饮食养阳的核心，莫过于喝粥。只要你善于喝粥，就能健康长寿！

宋朝大诗人陆游活到 84 岁高龄，一生精力充沛，临终还能作诗。他在饮食上有何秘诀？答案就在他自己的诗里：世人个个学长年，不悟长年在目前。我得宛丘平易法，只将食粥致神仙。他说的的"宛丘平易法"，见于北宋张文潜写的《粥记》：每晨起，食粥一大碗。空腹胃虚，谷气便作，所补不细，又极柔腻，与腔腑相得，最为饮食之良。说白了，就是每天早晨起来喝一大碗粥。

为什么一碗粥会有如此大的作用？因为粥能振奋胃气。中医认为，人靠胃消化吸收食物，把外界的能量转化成自身的能量，进行各种生命活动。胃的这种功能就叫"胃气"。胃气是阳气的重要来源，是生命之本。所以，《黄帝内经》说：有胃气则生，无胃气则死。胃气充足，人就神清气爽，精神百倍。

胃喜欢湿润的环境，粥稀软黏稠，正是我们的胃喜欢而且需要的东西。早晨起来后，胃中空虚，此时喝热粥一碗，既解饿，又可以很好地振作胃气，滋生津液，让人一天都有胃口，精神抖擞。

所以，我经常对人说，只要早晨喝一碗稠稠的粥，就不用再考虑什么"食补"、"食疗"之类的问题了。

十二味养生粥的熬法

早晨的这碗粥如此重要，怎么熬呢？这是有讲究的。

我有一个配方：大米 1000 克，小米 400 克，紫米 100 克，玉米 100 克，薏米 100 克，绿豆 100 克，红豆 100 克，黄豆 100 克，芸豆 100 克，黑豆 100 克，莲子 100 克，芡实 100 克。一共十二种配料，全部是植物的种子。我把这个粥叫"十二味养生粥"。此粥的配方很好记，前面是五种米，接着是绿、红、黄、白、黑五种豆，最后是两种是水生植物的种子。

熬粥时，根据人数和食量，取适量的原料（中等用量大概是每人每次 50 克），加水，放在砂锅、电饭锅、高压锅或者普通的锅里都可以熬。最好用砂锅，因为砂锅是陶土烧成的，土生万物，脾胃属土。砂锅熬粥，可以使粥得土气，更有益于脾胃。注意加水要一次性加够，不要等到水烧干了又继续加水，那样会影响粥的口感。时间不限，只要各种种子都煮烂就行了。

头天晚上把粥熬好，装进保温瓶，晚饭的时候喝一碗，第二天早上再喝一碗。对于那些没有时间熬粥的朋友来说，还有更省事儿的方法，就是在头天晚上把原材料放进保温瓶，倒进开水，盖紧瓶塞。这样，保温瓶就成了一个恒温的煲粥器，温度持续保持在接近 100℃的水平，第二天一早，粥就煲成了。

从中医的角度看，"十二味养生粥"以谷物为主，充分体现了"五谷为养"的原则。其中重用大米和小米，因为大米是最能生发胃气的，而小米色黄入脾，大米小米同用，既生发脾气，又生发胃气，相得益彰。五种豆类分别是青、红、黄、白、黑五种颜色，能入肝、心、脾、肺、肾五脏，养五脏之阳气。在五脏之中，心和肾尤为重要，莲子入心，芡实入肾，同时，二者又有轻微的固摄之功，能宁心安神，固摄心肾之精气。虽然这十二种谷物各有偏性，如绿豆偏寒凉、红豆偏温，但经过高温煲成粥后，它们的偏性都大大地减小，性质变得平和，是升提胃气、人人皆宜、有病养病、无病养生的养生佳品。

病重的人吃什么最好

最后特别提一下，我在临床中，经常看见病人家属在病人病重期间不知道该给他吃什么，有的为了补充营养，喜欢给病人喂牛奶、肉汤等，其实，这是不对的。高蛋白的食品不容易消化，最易生痰，病重的人脾胃阳气弱，吃这些会进一步损耗脾胃的阳气。这时，最好的养脾胃神的方法就是喝粥。当然这时候，就不要急于喝上面介绍的"十二味养生粥"啦，只需喝一点稠稠的白米粥就可以了，这才是"救命粥"！

取类比象，处处都有养阳的大药

大多数豆子都具益肾之功，为什么呢？我们把豆子一掰两瓣就明白了，那两个豆瓣不正和人体一左一右的两个肾极为相像吗？所以豆制品最能补养肾阳。

取类比象是中医认识事物的根本原则，掌握这个原则，我们身边的好多材料都是养阳气的大药。

刚开始接触中医的时候，老师给我们讲，藤长得像人体的经络，所以绝大多数藤类植物都有通经活络的作用。我当时实在难以接受这样的逻辑，便立刻问老师："为什么呢？"老师说："它们长得像啊！"我傻了眼，本指望老师给我讲一番深奥而周详的医理，可没想到只是一句话：长得像。以后逐渐学习，我才知道这就是中医认识事物的基本方法——取类比象。

随着对中医研究和应用的深入，我也在不知不觉间变成了老师，给学生讲起课来，同样是这套简单的逻辑，但与早年不同的是，我早已对此心悦诚服，不再心存任何疑问。事实上，在中医药学中，这样的例子到处都是。

比如，葱是中空的，所以可以通透全身之气。感冒寒邪闭表，可以用它来发汗，感冒鼻塞，可以直接拿一小节葱插到鼻孔里，几分钟就通了。

核桃是有名的补脑佳品，核桃仁像极了我们的大脑。那两瓣桃仁不就是我们大脑的左右半球吗？那迂回的褶皱不正像大脑的沟回吗？

有位女士，因为月经不调，来找我看病。我看到她随身携带的杯子里有绿茶，便问她："喜欢喝茶吗？"她点了点头："喝茶可以消脂减肥。"我说："像你这样的情况，我建议你以后改喝花茶吧。花茶性质温和，不像绿茶那么苦寒，还能够养颜。""那什么花茶最好？"我说："你今天来不是要治月经病吗？就喝月季花的茶吧！在你约摸月经将来之前的一周，拣颜色较深、将开未开、味道比较清香的花骨朵，摘下来大概10克左右，用开水泡着喝，喝上一周，每月都这样，月经就能正常。"

将近半年后，她又来到了我这里，告诉我她的月经正常了，每次来得都很舒服。我说："女孩子即使没有月经的问题，也都可以喝一些月季花茶，这是地道的'女儿茶'呢！"她说："我的姐妹都喝上了。只是我不明白，为什么月季能治疗月经不调呢？"

"很简单，月季是月月都要开的，月经是月月都要来的，用这样的花，就可以调你的例假。"我解释道。

这就是取类比象，中医看问题的根本方法。只要我们学会这样看问题，我们身边触手可及的材料就是一味味养阳气的大药。

好医生肯定是个好厨子

豆子形状像肾，芝麻色黑、入肾，走下焦，所以在烹饪时一般需要多煮、久煮；凡是有辛味的，如辣椒、葱蒜等都入肺，走上焦，所以要后放，少煮一会儿；山药入脾，但它是白色的，所以又能走肺，也不宜久煮。

厨房中的养阳法

不久前，我的一位学生从美国兴冲冲地打电话给我，说他刚收了一个徒弟，是美国人，哈佛医学院博士毕业，懂中文，在跟我那位学生的接触中看到了中医的神奇，于是开始学中医了。

过了不久，再次和那位学生通话，他就抱怨："这个徒弟，太难带了！"原来，美国的医学博士丢不掉自己的思维方式。看到中医《黄帝内经》中诸如四季与五脏、五色、五味的对应，总是一面不知所云，一面又疑团重重。

"您有时间么？我们下周要回国开一个学术会议，您抽空帮我点拨一下吧。"学生最后提出了这一恳求。"没问题！"我同意了。

他们来我家的那天，正好只有我一个人在家。寒暄一番后，这位美国医学博士开始问我一些问题，我一一做了回答。闲谈的时候，这位博士问我："我听说，你们中医开方子的老祖宗，只不过是一个厨子？"他说这话的时候，我看见他眼里有一丝鄙夷，又有一丝挑衅。我知道，他这是在说伊尹。伊尹出身卑微，做过厨子，善于调配食物，也善于配制汤药，传说《汤液经》就是他的著作，后来，他帮商汤建立的商朝，当上了商朝的宰相。

我笑笑，说："是啊。我也是厨子呢。快到吃饭时间了，我做饭给你们吃吧。"

我那位学生刚要客气，我一摆手，说："听我的！你们都来看，学着点儿。好医生必然是个好厨子！"

我开始下面条。先在锅里放上水，烧开后，加盐。"为什么先加盐，你们知道么？"我问。

"这是一个习惯呗。盐先放后放不都是一回事吗？"博士说。

"不对！"我说，"盐，在五脏中对应肾，所以盐是入肾的，补肾阳，要先放。"接着，我把切得细细的生姜放进汤里，再往汤里加上油，说："生姜和油都是黄色的，黄色入脾，补脾阳，所以接着要放生姜和油。"稍微煮了一会儿之后，我把面条放进汤里，说："面条是主食，补五脏阳气，也在中间放。最后放什么呢？放小葱。葱是辛辣的，入肺补肺阳，所以要最后放。放进小葱后，我们这一锅面条，就做好了。别看我做了这么一小锅面条，里面可是方方面面都兼顾到了啊。我

们组方用药，何尝不是如此！"

那位医学博士说："原来你们中国人用的调料，不是用来调味的，而是用来调五脏的！"

"谁说不是调味的？能把脏腑调理好，还怕调不出好味道？"我的学生开始训他那位洋徒弟。

我们吃面条的时候，我问："味道怎么样？"博士说："好极了！"我的学生一敲桌子，说："这就叫疗效！"

后来，那位洋博士郑重地写信给我，说自从吃了我给他做的面条，他就开窍了。中医之妙，就在于它渗透在生活中的每一个角落，处处都能用得上。那是成熟的医学，是通达的学问，非常了不起！

食物讲究同气相求

很多人讲究食疗养生，其实，食疗养生的精髓，并不在于死记硬背什么食物补什么，什么食物不能吃，而在于如何凭中医的基本理论自己去判断某个食物能不能吃、怎么烹饪、怎么吃。

比如，豆子形状像肾，芝麻色黑、入肾，走下焦，所以在烹饪一般需要多煮、久煮；凡是有辛味的，如辣椒、葱蒜，都入肺，走上焦，所以要后放，少煮一会儿；山药入脾，但它是白色的，所以又能走肺，也不宜久煮；水果在没有完全成熟的时候是青的，有生发之功，能入肝，多食则又伤肝，一旦成熟了，变红了，就入心了，有养心之能，但吃多了也有损心气；有的蔬菜本来是青的，但煮久了就成了黄色，可见其性能发生了改变，从入肝改为入脾了；有的食物是白色的，但经过烧烤或者炒熟，又变成了黄色，甚至黑色，我们也应该知道，其对脏腑的影响发生了变化……

做菜讲究色和味。色和味直接对应我们的五脏，养我们的阳气。青色和酸属于肝，红色和苦属于心，黄色和甜属于脾，白色和辣属于肺，黑色和咸属于肾。再加上动物以形补形的原则——吃心补心、吃肝补

肝。掌握这些原则，我们就能在厨房中补充自己的阳气了。

肥胖的人需要使劲减阴

肥胖表示我们体内阳虚阴盛，所以，燥湿和利水的食物一起吃，我们的脾阳就能恢复，自然就不用担心肥胖之类的事了。

肥胖，就是体内尤其是皮肉之间停积了大量的水湿（阴）。水湿的源头在哪里呢？在脾。"脾"，从字面上看就是一个肉月旁加一个卑字，卑就是下的意思，我们经常讲"地处卑湿"，地势低的地方就容易潮湿。《黄帝内经》中也说：脾为阴中之至阴，脾主湿，所以，脾脏阳气不足就会产生水湿，人就会肥胖。

要想脾阳恢复，一方面要利水（减阴），一方面要健脾（增阳）。这是一体两面的事。根本的途径是振奋脾阳。具体怎么操作呢？我们沿着脾经，从头到尾推按一遍，碰到发凉的地方、或者按着酸痛的地方、感觉迟钝的地方、感觉皮下空虚的地方，总之就是和正常皮肤不一样的地方，我们就要注意了，这就表示我们的阳气被阴困在这些地方了，阳气不能正常运转，才会出现这些异常。我们就要用按揉、拔罐、艾灸、刮痧各种办法，让这些异常（阴）消失，让我们的脾脏气恢复正常。

怎么使用药物减阴增阳呢？就是大量使用茯苓和厚朴。茯苓是分水利尿的，最能排出水湿（减阴）；厚朴芳香而性燥，是燥脾的佳品（增阳）。几次茯苓厚朴吃下去，病人的体重就能减轻好几斤，精神状态也比吃药前大有改善！

然而，药毕竟不能经常吃。那么我们日常生活中有没有什么食品或者蔬菜之类的东西可以代替药物，健脾燥湿，恢复脾阳呢？在日常生活中仔细观察，我们就能找到答案。

有经验的家庭主妇都知道，做菜放油是有很多学问的。有的菜需要少放油，如莴笋、土豆、肉类等，如果油放多了，吃起来就会觉得很腻

味；有的菜需要多放油，如芥菜、豆腐、萝卜、茄子等，如果油放得不够多，炒出来的菜就不爽口。

这提示我们：芥菜、豆腐、萝卜、茄子等，就像厚朴那样，是善于吸油的，善于吸油的食物吃到肚子里以后仍善于吸油，吸我们肚子里的油，这就是燥脾（增阳）。

有的饮食让人尿多，如绿茶、鲫鱼、西瓜、冬瓜、白菜等，多吃这些，就能利水（减阴）。

燥湿和利水的食物一起吃，我们的脾阳就能恢复，自然就不用担心肥胖之类的小事了。

但是差异是广泛存在的，某种食物，张三吃了尿会多，李四吃了可能反而尿少；江南一带的土豆还算能吸油的，但北方的土豆可能不怎么吸油了，具体的差别还要大家仔细观察。古人说：处处留心皆学问。只要认真，我们就能找出适合自己的养阳方案。

不瘦也不俗的道理

在植物中，竹笋生长最快，所以它蕴含着无限的生机。所以，多吃竹笋，您就会感到生机勃勃，精力旺盛。

苏东坡曾说：食无肉则瘦，居无竹则俗。若要不瘦又不俗，最好顿顿笋烧肉。

有一年初夏，我去了徽州。给我印象最深的，是那里的竹笋。

有一次吃饭，我对大家说："竹笋是个好东西。你看竹笋，一个来月就长得老高。在动物里面，长得最快的是鹿角，所以鹿茸能生发人的阳气；而在植物里面，生长速度最快的恐怕要属竹笋了，所以它也蕴含着无限的生机，是最能催生、催长的。所以我建议大家，一定要多吃竹笋。年轻人吃了能促进发育，中老年人吃了也能让整个人看上去生机勃勃。"

　　话音刚落，同席一位年轻漂亮的女士说话了："李大夫，听了您的话我就蒙了。大概是前年吧，我向您请教减肥的方法，您让我列一个表，把吸油的食品列在一起，说是可以吸收腹内的油脂，帮助减肥。我马上就把竹笋列进去了，因为竹笋确实是很吸油的。竹笋是减肥食品，但您现在为什么又说它能催生、催长呢？"

　　问题问得真是尖锐！但是她把生长和肥胖混为一谈了。我笑着问她："你后来吃那么多竹笋你胖了么？""没有啊。"

　　"对啊。"我说，"这说明竹笋能一面吸收你体内的油，一面促进你的生长啊。身体虽然定型了，但它能长你的健康，你的美丽，还能长你的聪明才智呢！"

　　我说得一点都不夸张，竹笋，就是这么一种神奇的食物。竹子是一种特殊的植物，它一旦长大就不再生长了，自身消耗的能量不多，但它浑身都是绿色的，而且四季常青，不断进行光合作用，储存能量。这么多能量，都到哪里去了呢？全用来繁殖下一代了，全在竹笋里！竹笋在土里封藏了一冬，春天破土而出，十来天就长得和老竹子一样高。这样的竹笋，如果成为食物，吃到我们肚子里，那充足的生机就会为我们身体所利用，其好处可想而知。

　　走笔至此想起一个笑话，苏东坡曾说：食无肉则瘦，居无竹则俗。后来有好事者接了两句：若要不瘦又不俗，最好顿顿笋烧肉。虽是戏作，但也不无道理。在徽州的时候，还真是顿顿都有笋烧肉。肉用的是五花肉，其中的油，都被笋夺走了，所以肥而不腻，非常爽口，百吃不厌。吃这种菜，人会精干而有神。

　　很多身体极瘦，精神疲倦的人就诊于我，我都会把这个"笋烧肉"的道理讲给他们听，让他们尽快做到"不瘦也不俗"。

头为巅顶，巅顶之上，惟风可到

古人云：头为巅顶，巅顶之上，惟风可到。所以，头部的不适，大多跟"风"和"火"有关，祛风清火，是养头的大法。菊花和桑叶都有祛风清火之功，是养头的最佳选择。

有位母亲带着正在读高三的儿子来我这里看病，一进门就连珠炮似地说了起来，说孩子头脑不好使，上课没精神，昏昏沉沉。

我仔细看了这个男孩，除了精神有点委靡不振外，其余都很正常：一米八的大个子，结结实实，面色红润，脉象上也没什么大问题。

那他为什么会头晕脑胀呢？孩子正处在青春发育期，肾气很旺，肾属水，肾气旺就好比海里的水不断往天上蒸腾，形成云雾；加上孩子面临高考，父母、亲戚朋友无形的压力，也像是天上的乌云，乌云密布蒙蔽神明，头脑哪能灵活、清朗呢？

想头脑清醒、灵活也简单，只要把乌云吹散，让神明显发出来就行了。我给这位孩子开了一个方子，就是用菊花和桑叶泡茶喝。除此之外，还可以用桑叶、菊花煎水洗头，这样，不仅能使头脑清醒，而且还能生发护发呢。

桑叶和菊花，是治头的两味妙药。中医认为：头为诸阳之会。所有阳经都要汇聚到头部，这使得头部的热量（阴）比较多。火能令人昏，一旦头部热量积累多了，就会出现头昏脑胀；而且，头部的疾病，很多还与风有关系，古人云：头为巅顶，巅顶之上，惟风可到。所以，头部的不适，大多跟"风"和"火"有关，祛风清火（减阴），是养头的大法。菊花和桑叶都有祛风清火之功，是养头的最佳选择。

喝过桑叶菊花茶后，那些头昏脑胀、头晕的现象会慢慢消失。经常饮用，我们的头脑会变得更加清醒。

有位老太太高血压，眼睛昏蒙蒙地看不清，我让她泡桑叶菊花茶喝，她喝了小半年，头晕脑胀的感觉消失了，而且，眼睛也亮了，做事情也利索多了。

为什么桑叶菊花茶还能治眼睛呢？原来，当风火之邪盛于头部时，就会伤神，眼睛是神的窗口，所以眼睛最容易受影响。桑叶菊花能在头部祛风清火，风火之邪清除了，神恢复了正常，眼睛当然就亮了。

多吃水果会伤身

并不是所有人都适合吃水果的。如果您舌头胖大，周围还有齿痕的话，吃水果会加重这种症状，伤害您的阳气。

养生保健的话题一直都是大家所关注的，很多人虽然使用了很多保健的方法，但大大小小的毛病却总是挥之不去。

这是为什么呢？主要是他们不懂养生的道理，只是机械地使用一些方法，而不知道这个方法是不是适合自己。因为，人的身体，一人一个样儿，按同一个方法去调理，怎么能都健康呢？

我治疗过一位女士，初诊的时候，她问我："我很注意养生保健的，每天坚持运动，吃大量的蔬菜水果。怎么还是没有精神、头重脚轻、昏昏沉沉、大便不成形、睡不好觉呢？"

坚持运动，多吃水果、蔬菜，是我们随处都可以听到的养生保健的建议。很多人为了健康，都照着做，但是不见效的并不止这位女士一人，我在临床上见得太多太多了。

我对那位女士进行了仔细的望闻问切：她面色晦暗，没有光泽，舌头胖大，两侧有非常明显的齿痕，脉象迟滑而无力，全是一派寒湿（阴）之象！这么多寒湿，是从哪里来的呢？就是从她大量吃的那些蔬菜和水果里面！尤其是水果里面，寒湿之气非常严重。像她这种寒湿太重的人，就不宜多吃水果！

我建议这位女士不要吃水果的时候，她本能地出现了一些怀疑，说："吃水果不好吗？书上都说要多吃水果啊！"我反问道："那你干吗要来找我呢？在家看书不就行了？书上写的东西是死的，只有医生才能根据一个人的具体情况提出特殊化的建议。"她不好意思地笑了笑，接受了我的建议。

后来，据她反馈，在不吃水果的前几天里，她总有一种负罪感，觉得对不起自己的身体，生怕身体会因为没有水果的滋养而变老、起皱。但就是在这几天里，她渐渐觉得不吃水果很舒服，加上吃了我开的药，感觉精神好多了，脸上也有了光泽。这时，朋友再让她吃水果，她已经提不起胃口了。她发现，自己原来并不喜欢吃水果，只是在"多吃水果有益健康"的信念下吃了二十多年水果，殊不知，正是这些水果害了她。

其实，"多吃水果有益健康"的说法来自西方。主要是针对西方人的生活状况而言的。西方人每天要吃大量的肉类、蛋类食品，摄入的粮食、蔬菜、水果相对要少一些，为了达到饮食结构的平衡，补充必要的维生素和植物纤维，所以他们必须提倡多吃水果和蔬菜。

中国人就不一样了，我们吃了很多粮食和蔬菜，所以水果可以适当少吃一点，体内有寒湿的人最好不要吃。《黄帝内经》中说五果为助，当蔬菜和主食吃得少的时候，就要水果来助一助，如果饮食已经比较平衡，就不需要水果来助了。如果体内有湿邪，那水果反倒成了助长湿邪的帮凶。

所以，我们吃水果，一定要慎重。比如梨是润肺的，但是多吃会伤脾助湿；苹果尤其是沙果可以健脾，但多吃又会束缚经脉；香蕉可以润肠通便，多吃也会助湿。我们现在从市场上买来的水果，情况更加复杂：有的水果是用保鲜剂保留了很久的，这些保鲜剂甚至渗进了果肉，会对人体有一定的危害，过了时令的水果也会伤害人体阳气，这对我们是两重伤害. 有的水果是从南方运过来的，热带水果性温热，北方人吃多了，可能会上火……

所以，我们大可不必太在意来自生活中方方面面的健康建议，那些笼统的说法误导了许多人。除了饮食有节、起居有常之类的大原则，没有任何一条具体的养生方法能适合每一个人。

第十一章　全家都健康的真谛

法于阴阳，夫妻才会幸福

男女的结合，不是简单的 1＋1—2，而是一个其妙无穷的阴阳结合。一个家庭只有懂得了这种阴阳变化的规律，才能美满幸福。

有一位患者，乳房里长了一个鸽蛋大的硬块，在别的医生那里治疗了很久，不见效果。来找到我，一连十几诊，疗效仍不明显。

这是个已婚女士，三十多岁，有一个七八岁的儿子。她每次来看病，都是独自一人。有一次，我半开玩笑地问她："你怎么每次都一个人来啊？你先生不陪你来？"她撇了撇嘴，说："什么先生啊，那是个窝囊废！我要他来干什么？"我知道可能问了不该问的，所以连忙打住。谁知，她却打开了话匣子。原来，她的丈夫自从五年前下岗后，一直没能找到称心如意的工作，收入很低，后来干脆不出去工作，就在家做做家务。她却凭借着自己的精明强干，在一家公司干得很好，收入也比她丈夫高得多。一家人的生活重担，包括孩子上学、双方老人的养老，全都落在她一个人身上。工作和生活的压力，让她日夜操劳，不堪重负，对丈夫的怨气也越来越重。她变得越来越爱唠叨，说："别人家的男人在外面闯事业，我家的男人整天窝在家里！"渐渐的夫妻的口角越来越多，最后，她跟丈夫分居，平日里总是郁郁寡欢。之所以没有离婚，是因为有孩子。后来再加上患病，心情更是糟糕。

很多病都是因为想不开而来的，又会因为想不开而治不好。只要打开心结，病就容易治了。我找到了她的这一心结，对治好这个病就有把握了。怎么打开这个心结呢？还得从医学的角度，从阴阳入手。我对她说："这就是你不对了。夫妻是什么？是一阴一阳啊。夫为阳，妻为阴，所以以前人们常说男主外，女主内。但这也不是固定的模式，夫为阳，但也应当阳中有阴，妻为阴，但也应当阴中有阳。现在你丈夫在家做家务，你在外面挣钱，就是阳中有阴，阴中有阳啊，本来可以很和谐的，你为啥总想不开呢？现在时代不同了，各行各业基本上是男女平等，所以，夫妻谁主内谁主外就更应该灵活掌握，看能力和机缘而定就可以了。干嘛非得按照老模式呢？没能按男主外女主内的模式走，你就不高兴，有必要么？你如果在家能体谅你丈夫一点，你们之间的阴阳平衡就实现了，这样你的病就好治了！"

我接着说："乳房属肝，你总是肝火大动、肝气不舒，肯定会导致在乳房中出现结块，我用了很多疏肝散结的药，为什么不管用呢？因为你仍在不停地生气上火，肝气仍在不断地郁结。病根在你的心里，你打开心结，把病源拿掉，自然容易治愈了。""真的吗？心里没转过来这病真的不会好？"她问。我说："当然！这种结块发展下去会成肿瘤，会死人的！你想想，你要是死了，你儿子谁来养？这个家怎么办？你丢得下么？"

她笑了，说自己明白了，回去知道怎么做了。那次我给她开了七服药，七天后，她再次来复诊，已是由她丈夫陪同了。这是个勤勉、老实的男人，对人非常客气。我从他的一举一动和眼神中，能看出他对妻子怜爱有加，呵护备至。这次她的病就有了明显的好转。又看了大概两个月以后，肿块就完全消失了。

男女的结合，不是简单的 1 + 1 = 2，而是一个其妙无穷的阴阳结合。一个家庭只有懂得了这种阴阳变化的规律，才能美满幸福。

只有身体好，您才配做全家人的顶梁柱

对于上有老下有小的"中间一代"来说，他们不仅是全家经济的顶梁柱，更是全家健康的顶梁柱。只有自己身体好了，才能扛得住人间的风风雨雨，撑得起家人的幸福。

前几天的一个傍晚，我送走最后一位病人，已经六点半了，早过了下班时间。我正收拾东西准备回家时，楼道里传来了一阵脚步声，一对两鬓斑白的老年夫妇和一位少妇走进了我的诊室。

"您就是李精诚大夫？"老人问。我点点头，正想问一下他们有什么事，没想到这三个人都不约而同地跪下了！

原来，老人的儿子在一个月前持续低烧，心神不宁，后来住进了医院。在医院里用了各种方法，花了很多钱，但两个星期下来，体温不退反升，整个人迅速消瘦下去，嘴里都开始说胡话了，医院请我去参加会诊。当时我用"泻下退热"的方法，几服药就把这个小伙子的热给退了下去，后来及时跟进，用滋阴养血的方法调养他的身体。慢慢地，这位小伙子又恢复了健康。他们一家人今天是特意来向我表示感谢的，对我说："您这是救了我们一家啊。"这位病人上有父母，而且还有九十多岁的爷爷、奶奶；下有尚未断奶的女儿，可以说他是全家名副其实的"顶梁柱"。

这件事让我很受触动。上有老、下有小的"中间一代"，日日为家人安康奔波，为使家人过上好日子辛苦，却往往忽略了自己。其实，他们最应该注意自己的养生和健康，因为只有他们健康，老人才能安享幸福的晚年，孩子才能健康成长。可是根据我的临床观察，这些家庭的"顶梁柱"们健康状况并不乐观。

在家里，他们负担着全家的生计问题，要关心老人的健康、操心孩子的成长；在工作岗位上，他们处在事业的拓展期或高峰期，是单位的骨干，正是最忙的时候，哪有时间关心自己的身体？

其实，往往这个时候，"顶梁柱"们更要呵护自己的健康，让自己有一个强壮扎实的身体，撑起家里的一片天。但该怎么样保养自己呢？是要像西方人那么"精打细算"做严密的健康管理么？其实，养生不需要像西方人那样，必须由家庭医生、健身教练进行缜密、复杂的专业训练，您只需要记住我从《黄帝内经》中提炼出的几个养生法则就可以了，它们简单得就像交通法则"红灯停，绿灯行，走路一定靠右边"一样。比如：饮食上，只要知道哪些可以多吃，哪些必须少吃，就可以杜绝病从口入；锻炼上，只要每天坚持不到半个小时的经络按摩，就能

把一半以上的慢性病挡在门外；情绪上，如果做到心平气和、家庭欢乐，就能够家和万事兴，全家人都能健健康康的。

我有一位病人，40岁的时候得了尿毒症。他跟我谈起自己生病前后的经历时，很有感慨地说："刚查出自己得了尿毒症的时候，简直如五雷轰顶。"因为他知道，尿毒症是慢性的、长期的疾病，一旦摊上就会一步一步恶化，最后要透析……"难道尿毒症就要伴随我这后半辈子，一直到死？"他百般求医问药，最后通过朋友找到我，我边用中药给他调理身体，边宽慰他，治疗他的"心病"。我给他讲增阳减阴的方法，告诉他怎么在生活中保阳，增强自身体质。

半年后，他的症状基本消失了，指标也接近了正常水平。而且，他懂得了健康的基本道理，学会了很多养生方法，并且他还把这些道理和方法用于家庭之中。比如，他让自己的老父亲每天用艾条灸一灸关元、神阙和足三里，禁止他十二岁的女儿常吃冰棍，他还指导自己的妻子做各种食疗粥、食疗餐，既美味又健康。这样一来，全家的健康水平都提高了，一年多了也没有人看过医生。他对我说："这真是因祸得福。要不是这场病，要不是遇见您，我不会对养生和健康如此重视，更不会想到我能保证全家人的健康。现在我有这个能力了，我要继续坚持下去，变成全家人健康的顶梁柱。"

"全家人健康的顶梁柱"，说得太好了！其实，所谓家庭的顶梁柱，不仅要做经济的顶梁柱，更重要的是做健康的顶梁柱，为全家的健康着想，把养生的观念、方法带给全家。这样，在一个上有老下有小的家庭里，才能不用为一家老小的疾病而担忧；这样，才是轻松的顶梁柱，才是合格的"中间人"。

让老人健康长寿，您才有福报

孝敬老人，物质上的奉献是必需的。而精神的关爱则更为重要。其实，把健康养生的方法教给老人，就是对父母最大的孝心。

我们有幸生活在这样一个和平、繁荣的盛世，有福，有禄，如果再多活几年、十几年甚至几十年，那就是福禄寿三星高照啦。这"三星"，不仅是照耀着你一个人，而且还照耀着你们全家呢。

福如东海长流水，寿比南山不老松，这是儿女对父母的美好祝福。老人健康长寿，是一个家庭的幸福之源。老人就像一块磁铁，把儿孙们紧紧吸引在一起，共享天伦之乐。

但是从医这些年，我见过太多衰弱不堪、病痛不断的老人，也见过太多为老人的健康而操劳和牵挂的儿孙。

我有一位病人，偏瘫二十年，子女二十年如一日地为老人端茶喂饭，为老人清洗身体，伺候大小便。为了照顾老人，他最小的女儿甚至无心恋爱……但是，人的精力总是有限度的，老人在床上病久了，儿女总难免会有照顾不周到或者怠慢的地方，遗憾的是，这些非但没有得到老人的理解，反而引来老人的猜疑。

我遇到过一位患绝症的老人，他的子女当中有一个家境最好，于是出钱最多。但是他太忙了，每次到医院都是匆匆地来又匆匆地走。老人趁还能动的时候，写了一个"久病床前无孝子"的字条给了这个儿子。老人的误会，不仅让儿子感到了一肚子的委屈和歉疚，也为他的良心带来了极大的不安。一段时间以后，老人就离开了人世。

对于垂危的老人来说，最后的日子里只想见亲人，其他的都不重要了。可是，活着的人怎能抛开一切？如果只是陪伴，不去工作，那么一天动辄两三千的费用，谁支付得起？

有孝心，是中国人的美德。但是，由于条件的限制，要么是时间上不允许，要么是物质条件不够，人们在"孝"上总难以尽善尽美。所以人说，百善孝为先，见心不见行，见行贫家无孝子。孝敬父母，首先是孝心，有时候，因为条件限制没能实现，心有余而力不足，总是给父母造成误会，给自己留下遗感……

家家都有一本难念的经。很多老人久病康复，或者久病去世后，儿女在精神上和体力上都垮了下来，有的甚至还会大病一场。多忧伤身，多愁伤神。他们付出了多少辛劳，只有他们自己知道。

无论子女还是老人，我建议大家不要光盯着治病，而要更多注重养生。平日每天在养生上投入半个小时，就能避免以后每年住院治病半

个月。

有位年近七十的老人，是我的老患者了，经过几年的调养，身体大有好转。我对他说：中医常说治病要治本，真正的健康之本是要靠养生而不是药物，除了吃药，更要坚持养生锻炼啊！

这位老人听我的劝，近两三年来，养生几乎成了他生活的全部。他说："养生像其他事情一样，既要看书，又要操作和实践。"所以，他就经常去书店，看看又出了哪些养生书。遇到写得好的，他就买回去仔细看。像《活到天年》、《人体自有大药》、《求医不如求己》等，都是他非常喜欢的书，百读不厌；碰到适合自己的养生方法，就坚持亲身体验，感觉适合自己的就一直坚持。子女也时常购买各种中医名家谈养生的光盘、书籍，当成礼物送给老人，还经常和老人一起边看边实践，全家人其乐融融，老人成了子女养生锻炼的"陪练者"和"监督员"。每次聊天，一家人都有说不完的共同语言，全家老小的健康状况也大有改善。以往每个月家里总有人要到医院看个头疼脑热，现在大半年也碰不上一次了。

子女有意识地让父母学习养生，这是对父母最大的孝心，也能让自己最大程度地获益。现在很多人是独生子女，当小家庭建立起来时，他们需要照顾的是双方的父母——四位老人，经济的、精神的、体力的压力都会落到这一对年轻人的身上。有意识地和老人一起养生健身，才会全家都健康，欢乐常相伴。同样，我也常跟年纪大的朋友说，老人退休后，就什么都别想了，一心学养生吧。我们有幸生活在这样一个和平、繁荣的盛世，有福，有禄，如果再多活几年、十几年甚至几十年，那就是福禄寿三星高照啦。这"三星"，不仅是照耀着你一个人，而且还照耀着你们全家呢。

孩子不生病，全家每天都高兴

我在，临床上看到的很多疑难杂症或慢性病病人，都是因为小时候的生活方式不健康，阻遏了生机，结果一辈子受累。还有一些病人，也是得了重病，但是病愈的速度比我想象的要快得多，快得连我这个医生都不敢相信。

我的病人中，有很多年龄在三四十岁的，有时候他们会问："李大夫，您会看儿科么？"或者问："我孩子还有某某问题，您能给看看么？"我当然是满口答应。中医是不分科的，好中医必然是全科医生。我虽然不敢自诩有多好，但无论哪一科的疾病，我都愿意接手尝试一下。过几天，就会有一个孩子由父母陪同着前来，多是那种体弱多病，久治不愈的。对此我深有感慨：这些中年人生病，其实不少是因为孩子。孩子一旦生病，他们操心、劳累、着急、上火，最后把自己的身体也搞病了！

只要不是耽误得太久，孩子的病往往都是很好治的。当我把孩子的病治得差不多时，再看陪同而来的那些父母，不知什么时候，脸上已经有神采了。孩子的病治好了，很多大人的"一半病"也就不药而愈了。所以，我一直强调，家长一定要学会给孩子养生。不要以为养生是老年人的事情，从养生的角度关爱孩子，才会让孩子受益一辈子。

爱孩子，就教他从小养生

从中医的角度讲，养生对孩子更重要。孩子处在人生的春天，而天地运行的法则就是春生、夏长、秋收、冬藏。"生"是孩子养生的关键词，孩子的身体处在生发阶段，生发得好，会让他终生健康；生发得不好，孩子的健康就会出问题，影响一生！所以此时的生发，比什么都重要！

我在临床上看到的很多疑难杂症或慢性病病人，都是因为小时候的生活方式不健康，阻遏了生机，结果一辈子受累。还有一些病人，也是得了重病，但是病愈的速度比我想象的要快得多，快得连我这个医生都不敢相信。我就留心了一下，问问他们年轻的时候，尤其是小时候的情形，结果发现，他们都有着快乐、符合养生原则的童年，而在人生的春天养好的"生发之气"，给他们带来了终生的抗病力量。

无论是着眼于家庭当下的幸福，还是为了孩子未来的健康，给孩子养生都是很有必要的。有人会说了，老人和孩子的养生方法，和成人是不是有很大不同啊？我的回答是，基本道理是一致的，只是侧重点有所不同。打个比喻，成人就像交通工具里的汽车，老人就像自行车，而小孩子就像行人。健康之路上，所有人都要遵循"红灯停，绿灯行"这个交通法则，只不过孩子要走"人行道"，老人要走"自行车道"，成人要走"机动车道"而已。

更多有趣而实用的养生法则，我将在后面的文章中细细道来，请和我一起上路吧。

赶在中风的前面下手

中风这个病，自古到今都十分常见。晚饭后在小区走走，一路上总能看到几个中过风的老人，或坐着轮椅，或手拄双拐，或口角歪斜，或面无表情，每当此时，我的心里都很不是滋味。作为医生，不管是谁的病苦都让我不安，老吾老以及人之老，何况是这些同我的父亲一样大年纪的老人呢！

大约五年前，初夏的一天，一个六十出头的男性来我这里就诊。他说自己腰痛多年，各处求医均没有什么好转，最后经人介绍，来到了我这里。

直到今天我依然清晰地记得这位病人的模样：虽然不是特别肥胖，但是脸却通红通红的，活像个关公。我问："你是不是喜欢喝酒啊？"他说他从年轻的时候就每天喝酒，中饭、晚饭前都必须喝二两才行。现在年纪大了，喝得少了，像这种夏天，一般只喝点啤酒。我摸他的脉，脉象弦数有力，职业敏感告诉我，他的血压已经很高了，随时有中风的危险！

我对他说："你还治什么腰痛啊？你有高血压，如果再不引起重视的话，马上你就要中风了！"病人带着半信半疑的神情反问道："是吗？"我当时没有在乎病人的态度，给他开了五服镇肝熄风汤，并嘱咐他吃完了再来。

谁知，三个月以后，病人才来，只不过这一次是由儿子带着、坐着轮椅来的。原来，他已经在几天前中风了，左半身偏瘫，此时连说话也不利索了。我仔细一问，才知道他从我这里出去后，并没有拿我的方子去抓药，而是到另一家诊所，继续治疗他的腰痛去了。中风后，才想起我当初的话，非常后悔，又回头找我来了。只不过，这次他对我算是彻底信服了。在我的精心调治下，老人坚持服药，坚持每周来我这里复诊，半年后就甩开了轮椅，可以拄着拐棍自己走路了。

以前，中风的高发人群是老年人，不过近些年，四十多岁就出现中风的人也有。中风，无异于人体内的一场大地震，轻者留下一些后遗症，比如半身不遂、瘫痪等，让人在痛苦中了却余生，重则可能导致死亡。中风前有哪些先兆

作为一个医生，我希望人人都不会中风。这个希望，不是随口说说或异想天开的，只要我们懂得了预防，在中风之前抓住了先兆，中风就可以被扼杀在萌芽状态。

什么人容易中风呢？首先是"三高人群"，也就是高血压、高血脂、高血糖人群。他们有一个共同特点，就是血管内壁出现痰瘀阻滞，所以导致血管老化、变窄、变脆。这样的血管是经不起折腾的，时间一久，就会堵塞；要是一激动，血管就会破裂。脑血管是最脆弱的，问题更容易出现在这里，脑部血管一旦堵塞或者破裂，大脑的机能就受到影响，于是出现肢体麻木、半身不遂或瘫痪等后遗症，这就是我们常见到的脑中风。所以，对于"三高人群"来说，预防中风是关乎性命的大事。

预防中风，有几个要点是必须铭记在心的：首先，要节制饮食，少喝酒。酒能兴奋神经，使血管长期处在紧张的状态中，这样就容易导致血管破裂。

其次，要少吃鱼肉。鱼生火，肉生痰，无论是火还是痰，都是中风病的大忌。

再次，七情最能伤人。对于那些很可能中风的人，他体内的环境就像是一团充满瓦斯的空气，随时都可能燃爆成灾，生气上火，致使心肝之火迅速升起，就像在本来已经充满瓦斯的空气里，点起了一个火苗，

事故的发生几率会大大增加。

中风发病有一个明显的标志，就是手指发麻，尤其是中指发麻。大多数人中风前一段时间都会出现这种状况。所以，中指发麻是中风的一个预警信号，一旦出现这种隋况，我们千万不能忽视。

中风造成偏瘫，也是有先兆的，这种先兆出现得更早，这就是：半身出汗。问诊的过程中，曾经有一些中老年人对我说过这种情况：夏天天热出汗的时候，只有身体的一边出，另一边不出。他们对这种现象不以为然，有人甚至还觉得挺有趣。殊不知，不出汗的那一边，一旦中风，就会瘫痪！我用预防中风的思路给他们调治，让他们的汗出均匀了，中风也就无影无踪。

预防中风的方法

预防中风的最佳方法，莫过于打通经络。经络气血运行通畅，就不会有中风的危险。但是很多老年人的经络已经严重堵塞了，用经络调养的办法需要一段时间。远水解不了近渴，所以对于已经出现半身出汗、中指发麻的病人，我通常会先用药顶过这一段，先把出汗、发麻的症状解决掉。我最常用的药物是华佗再造丸和鲜竹沥。华佗再造丸是成药，它能温通血脉，祛风补虚，既能治疗中风，又能预防中风。在预防中风的时候，华佗再造丸就是主药。

鲜竹沥是化痰的妙药，按照中医的观点，痰堵在血管里了，就可能造成中风。鲜竹沥可以化全身的痰，对预防中风是十分有利的。

很多感觉指尖发麻或者出半身汗的病人，在这两种药的帮助下，不再感觉指尖发麻了，也不再出半身汗了。等这几个症状消失以后，我再让他们按揉肝、脾、肾三条经，这样就能从根本上增强阳气，改善他们的体质！

对于已经中风，留下后遗症的人，应该怎么办呢？在临床上，我一般采取活血、化痰、滋阴的方法，坚持调治。我们观察中风的人，要看他的症状是在左边还是在右边。如果男子左边瘫痪，女子右边瘫痪，是比较轻的中风症，如果方法得当，可以在半年内治愈如果男子右边瘫痪，女子左边瘫痪，那就是比较严重的中风症了，要用药调三年。否则，再次中风的隐患仍然潜伏在体内，如果等它再次发作，恐怕就无力回天了。

中风，无论是在病情、还是病理上，说起来都很复杂，所以，我在这里只能告诉大家简单而明确的解决方案。然而，上工贵在治未病，倘若我们能够在生活上小心设防，断绝中风的来路，那才是上上策。

人无癖不可养生，人无痴不可养生

古人云：人无癖不可与交，以其无深情也；人无痴不可与交，以其无真气也。这句话说得非常好！其实，养生的道理也是一样的，健康长寿也是需要"深情"与"真气"的。

我见过一位老人，整整活了100岁，去世之前，身体一直很好，满口的牙一颗都没掉。有一天，忽然觉得有点不舒服，家人打算送她去医院，还没来得及动身，老人就安详地闭上了眼睛。这就像《黄帝内经》里说的：终其天年，度百岁乃去。不是"死"，而是"去"，这位老人去得很从容、很潇洒。

她养生有什么秘诀呢？其实，她生活起居跟常人没什么两样，只是，她每天起床后和睡觉前都要叩齿，就是用上牙磕下牙，一直叩49次，然后用温水漱口。早上叩齿前和晚上叩齿后，绝不吃东西。这个习惯，她从五十多岁就开始坚持，一直坚持了四十多年。

长寿的秘诀往往就蕴含在我们的生活习惯当中。我发现，几乎所有长寿老人，都有几个多年不变的习惯。要么是在饮食上，要么是在起居上，要么是在性格上，要么是在兴趣爱好上。

有位老寿星，我认识他的时候，他已经整整100岁了，按照当地的习俗，老人到了100岁，总要少说一岁，所以他说自己是99岁。出于职业习惯，我特别注意打听老人的一些癖好或习惯。我发现，老人在饮食上有一个特点，就是喜欢喝米汤，每天饭后都要美美地喝上一碗浓浓的米汤，如果不喝，他就感觉很难受。

我见到的老寿星，在退休后都有自己热衷的事情，像书法啦，象棋啦，养生啦，各种公益活动啦，等等，不拘一格。我见过一位老人热衷于做小区的治安巡逻员，从60岁离休一直到90岁，30年如一日，每天都要戴着红袖章在小区里走走，虽然不曾抓住一个小偷，但他仍乐此不疲。

老人一旦进入这种状态，他就真的是忘掉了时间，不知老之将至了。古人云："人无癖不可与交，以其无深情也；人无痴不可与交，以其无真气也。"这句话说得非常好！其实，养生的道理也是一样的，健康长寿也是需要"深情"与"真气"的，于是养生可以这样说：人无癖不可养生，以其无深情也；人无痴不可养生，以其无真气也。健康长寿就在这些癖好和痴情之中。我想，这才是真正的长寿秘诀。

把阳气往下引，就可练就长生不老身

阳气降不下来，就好比太阳在天上，水在地上，天地之间隔着一层厚厚的乌云，阳光到达不了地面，地上的水不能蒸腾。人体的阳气不能下降到下身，下身就会出现阳不化阴的状况，轻则下身臃肿、无力、下肢懒得动，重则浮肿、生癣。

周末逛街的时候，迎面遇到一位老人，慢悠悠地蹬着一辆小三轮车。也许是出于职业习惯，我多看了他几眼：这位老人比较瘦，满头银发，面色微红，很有光泽，完全是《黄帝内经》里描述的那种健康人的脸色：像纱裹着雄黄，红黄隐隐。我想，这位老人，真是长寿之相，再健健康康地活个二十来年，肯定没问题。

正在遐想之际，老人的三轮车已经到了我面前。见我正在看他，老人便主动跟我说话："嘿嘿！小伙子！"小伙子？很久很久没人这么称呼我了。不过，跟这位老人一比，我的确是小伙子。

"大爷，骑车上哪儿呢？"我热情地回应他。

我们就这样聊上了，老人说，他没什么事情，就喜欢这样骑着三轮车在街上这么转悠，每天他要转悠七八个小时，感觉很舒服。我问老人高寿，他说："81啦!"老人很乐观，说人老了也就不怕死了，活一天他就赚一天，家里的什么事情他都不管，随儿女处理去。他不打牌，不看报，不养花鸟，就喜欢骑着三轮车上街转悠，到处看看。

真是一位有趣的老人，我们聊得十分开心。从他身上，我看到了长寿老人应有的心态。但是，有一个问题我当时没来得及想，这位老人为什么如此热衷于骑三轮车呢？

回来后，回想起这位老人，我终于悟出了骑三轮车养生的道理。人体的气机，无时无刻不在升降浮沉，只有升降浮沉平衡，人体才能健康运转如果升得多降得少，或者降得多升得少，人体就会出现各种问题了。

7岁之前的小孩，容易出现降得多升得少的情况，也就是说阳气升不上去。7岁以后一直到老年，人体气机都容易出现升得多降得少的情况，也就是阳气降不下来。

阳气降不下来，就好比太阳在天上，水在地上，天地之间隔着一层厚厚的乌云，阳光到达不了地面，地上的水不能蒸腾。人体的阳气不能下降到下身，下身就会出现阳不化阴的状况，轻则下身臃肿、无力、下肢懒得动，重则浮肿、生癣。所以，现在很多推拿专家都在倡导捏脊，7岁之前的孩子从下往上捏，7岁以后的所有人从上往下捏，就是在调整人体的这一气机。

那位长寿的老人为什么喜爱骑三轮车呢？原来，骑三轮车就是一科把阳气从上往下引导的方法。骑车的时候，上身坐在车上，几乎不动，下肢却得不停地蹬车。这么一来，阳气就充分地降到了腿上。这样全身的气机不就通了吗？气机上下相通，再加上老人闲事不管，心情愉快，哪有不健康长寿之理？

骑自行车也能达到同样的锻炼效果。有人担心骑自行车上身不动下身动，会使下肢臃肿。其实恰恰相反，下肢的臃肿正是不动导致的，多多运动下肢，不仅能消除下肢的臃肿，还能调整全身的气机。从这个角度来看，骑自行车比跑步要好。因为跑步的时候全身都要动，平均用力，对气机的引导作用不大。

记得我们年轻的时候，有一次，几个朋友一起骑自行车长途旅行。

骑了整整一天，到当天傍晚，我们在一个小镇上停下来吃饭的时候，发现腿肿了起来。同行的几位都很紧张，我是学医的，就安慰他们说："没关系，很快就能消。"果然，到了晚上，大家的腿不仅消了肿，而且感觉特别轻快有力，全身都很舒服。这是什么缘故呢？原来，骑车太久，我们的阳气过多地集中在了下肢。刚停下来的时候，下肢突然由动而静，血液不能及时回流，水分不能及时向上蒸腾，所以会出现浮肿。但由于我们经过了一天的骑车锻炼，浑身上下的气机已经相当畅达了，所以，只需稍加调整，阳气就能马上把这些浮肿化开。

孩子很小的时候曾经问我："自行车只有两个轮子，为什么跑起来不会倒呢？"我回答说："因为有人在上面调节平衡啊。"自行车的平衡是简单的小平衡，人体健康的平衡则是复杂的大平衡。它的核心就是上下气机的平衡。只要上下气机平衡，阳气下达，水气蒸腾，我们就能保证整个身体的健康。

人老了，也可以阳气十足

俗话说"擒贼先擒王"。养生的关键就在于对身体薄弱环节的调理。老人最薄弱的环节是脾和肺。补足脾脏和肺脏的阳气，老人家就能享受一个高质量的晚年。

高龄老人通常阳虚，身子弱，一点小病就可能会导致严重的后果。所以经常这也不敢干、那也不敢碰，老是坐着或躺着，但是这样阳气会越来越虚，体质也会越来越弱。那怎样才能打破这个恶性循环，补足阳气，增强体质呢？

很简单，只要注意两个要点，就能补充老人家的阳气，改善他们的体质。

老人最薄弱的环节是脾和肺。几乎所有的疾病最初都是由脾和肺引发的。养好脾阳和肺阳，就能改善老人的体质，提高晚年的生活质量。

老人如何补脾

脾阳不足，最直接的表现就是便秘或者腹泻。便秘是脑血管病发作的重要诱因。长期腹泻会导致元气大亏，生活中甚至有腹泻致死的例子。

怎样补充脾阳呢？首先就是按揉脾经，找到脾经上的反应点，然后揉也好、艾灸也好、刮痧也好，总之要把反应点的异常反应消除掉，让它恢复正常。

其次是饮食的调养。老人饮食要以平淡为主，各种滋腻难消化的东西都会伤害脾阳，所以应当尽量避免。当然，也不能一概而论，有些老人胃阴不足，就会喜欢吃一些肥肉，而且吃了以后感觉很舒服。不管是倡导平淡饮食，还是适当吃滋腻的食物，老人家饮食总的一个原则是，不要盲目地吃一些所谓高营养的东西。自己想吃的东西，才是身体需要的东西。不过，吃的时候不要一次吃太多，要少食多餐，给脾阳足够的时间来运化吸收。

再次是运动。经常不运动的人胃口一定好不到哪去。运动能振奋身体的阳气，让脾阳兴奋。当然一定要保证运动的安全，如果有什么意外就得不偿失了。比较适合的运动是低强度，大关节，多肌群的运动，比如步行、游泳、做做家务都是很好的运动方式。一定要避免大量出汗的运动，那会严重损害老年人的身体。

最后呢，是吃一点健脾阳，补中气的药。比如补中益气丸，参苓白术散之类的来帮助脾胃的运化。老年人脾阳不足，很多是因为肾虚，所以还应该注意补肾，最简单的办法就是用艾条灸关元和涌泉穴。肾阳足了，脾阳就能得到补充。

灸关元、涌泉（补肾阳）

老人如何补肺

土生金，脾就相当于肺的妈妈。脾阳、肺阳互相影响。脾阳不足会引起肺阳亏，反过来肺阳不足也会影响脾阳。

肺阳不足通常表现为感冒，我们可不能对它掉以轻心，如果感冒得不到控制，就会引发肺部的感染，甚至导致全身的炎症，危及生命。

怎么补充肺阳呢？

第一就是补脾阳，这个好理解，虚则补其母，妈妈好了，孩子自然也会跟着好。具体的方法在前面已经提到过了。

第二就是直接补肺阳。在肺经上找到反应点，然后按揉反应点，直到这个反应点的异常症状消失。

另外药店有种成药叫参苏饮口服液，有的叫参苏饮颗粒，这种药能补肺阳，增强人的体质。老人按说明书上的用量的一半服用就可以了，但每天服用的次数不必减半，服用一段时间，身体状况就会有很大的改善。

还有一味好药，叫玉屏风散，顾名思义，就是要为人体建立一个屏风，让人体少受外来邪气的侵袭。它也能补充肺阳。

有些人年纪虽然小，但肺阳脾阳不足，体质很虚，跟老年人类似，上面的方法同样也适用于这类人。

补足了肺阳和脾阳，老人家的身体也就倍儿棒。身子骨硬朗了，精神实足了，也就更加年轻态了。

千金难买老来安

很多人上了年纪就发福，就是因为他们在滋阴的同时没有好好行气、化痰，导致水湿壅滞在全身。为什么"有钱难买老来瘦"呢？因为"老来瘦"意味着身体仍有很强的能力来行气化痰，体内水湿壅滞得很少，这样的老人当然能健康长寿啦。

生活中，我经常遇见这样的老人：退休后在家没事，就非常关注自己的身体健康，他们把平时获得的关于饮食健康方面的知识收集、罗列起来，一丝不苟地记在小本子上。这些知识，有的是从书籍、报纸、杂志上抄来的，有的是从电视、广播甚至各种广告里得来的，所以有时难免"打架"，出现前后矛盾的情况。

每到这时，他们都莫衷一是，只好拿着小本子来问我，比如：

"李大夫，前几天报纸上还说老人要多吃虾，补充钙质。可过不了多久，电视里某某教授又说老人不能吃虾，说是虾能生风。"

"李医生，你说土豆到底是吃好呢，还是不吃好呢，怎么书上一会儿说要多吃土豆，一会儿说土豆不能多吃啊？"

我几乎每个星期都要遇到类似的问题。当然，我每次都会给他们进行一次全面的分析判断，判定到底谁是谁非。久而久之，我头脑中也就形成了一套关于老年人健康饮食的"硬性指标"，有了这套硬性指标，老人家的饮食问题基本上就解决了。能吃什么，不能吃什么，一目了然。这里，我就把这套"硬性指标"奉献给大家。

老年人饮食的第一条原则是：养胃气。

在中医看来，人一生的健康，取决于先天之本和后天之本。人的先天之本在肾，后天之本在脾胃。人到老年，肾气渐衰，先天之本已经基本不起作用，健康就完全取决于后天之本了。也就是说，脾胃决定了老人的健康。中医里讲"有胃气则生，无胃气则死"，说的就是这个意思。老人家保住了胃气，就是保住了健康。

胃气要靠饮食来养，首选的就是粥类。很多老人吃饭喜欢吃软一点的，甚至喜欢把饭菜放在一起炖着吃。是他们牙不好，没力气嚼么？不完全是，他们中有很多人牙齿很好。这其实是他们脾胃的需要。胃是多气多血之腑，老年人气血渐衰，胃气渐弱，人体的生理机能要求保胃气，所以，胃不愿意接纳不好消化的东西了。这时我们就要把食物炖烂一点，别怕破坏了什么营养物质。那些吃到胃里觉得难受，甚至胀痛的食物，就少吃或者别吃了，别听什么专家或者媒体的，自己的身体要凭自己的感觉做主。

老年人健康饮食的第二条原则是：不要吃生风、助阳的食物。

过了六十岁后，在饮食上就有很多禁忌，比如，绝对不要吃鸡、鲤鱼、虾、狗肉等，尽量少吃鸡蛋及各种海鲜。为什么呢？在中医里，鸡、鲤鱼、虾都是生风助阳的食物，有生发性。一般来说，它们的营养价值非常高，补养的速度也非常快，可以说是立竿见影。但是老年人的补养，需要慢慢补，如果补得太快了，就有可能把人体的小病生发成大病，甚至能使阳气浮越于外。阴阳不和，就有可能会造成中风等危症。

老年人处在人生的冬季，冬季是潜藏的季节，不能耗散过多阳气。如何才能使阳气不耗散呢？中医里有"滋阴潜阳"的方法，就是说，通过滋阴，可以阻止阳气的过度耗散。所以，老年人滋阴是很有必要的。

滋阴效果最明显的，莫过于猪肉，尤其是肥肉。所以我们经常见一些老人，年纪大了以后变得非常爱吃肉，尤其喜欢吃肥肉。就是因为他们的身体迫切需要滋阴。

但新的问题又来了，很多人会问："我吃肥肉太多，会不会导致太胖呢？"问得好！这就是老年人饮食的又一条原则，那就是：在滋阴的同时，莫忘行气、化痰。

很多人上了年纪就发福，就是因为他们在滋阴的同时没有好好行气、化痰，导致水湿壅滞在全身。为什么"有钱难买老来瘦"呢？因为"老来瘦"意味着身体仍有很强的能力来行气化痰，体内水湿壅滞得很少，这样的老人当然能健康长寿啦。

在我们身边有很多行气化痰的食物。一般来说，略微有些芳香辛辣的食物都有这个功能，比如辣椒啊、香葱啊、大蒜啊，芫荽（也就是香菜）啊，等等。还有，萝卜也是很好的化痰行气的食物，一定要多吃。这类食物提供的营养并不多，但它们能帮助营养物质的吸收，还能清洁体内的环境。当然，如果拿萝卜当饭，也是不对的，隔三差五吃上一顿就可以了。至于辣椒、芫荽、葱蒜之类的，适当用作调料就行了。吃多了的话，也会倒胃口，伤害胃气。

总之，保护胃气、滋阴潜阳、化痰行气是老年人饮食的三大原则，掌握了这些原则，在饮食中，您就可以自己根据食物的性质来把握，而不必依赖于那些到处抄来的"饮食小窍门"之类的东西。

善用您的手，因为它可以通灵

父母用乳汁和血汗把我们养大，当他们老了的时候，我们也要用自己的阳去补养他们，你可以不懂经络，不懂穴位，只需要在父母肩上、背上、腿上、脚上轻轻捶一捶、捏一捏。老人会比什么时候都舒服！他们体内的沧桑和劳损会慢慢地被我们的活力和能量化解。

最近几年，推拿、按摩、点穴、导引等保健养生方法越来越得到大家的认可。可是总有人会产生这样的疑惑：我的手法不到位，这样还有疗效吗？我可以很肯定地告诉大家：有！

听一位中医推拿界的朋友说起一个典故：宋美龄女士在晚年非常热衷按摩，每天她都要享受好几个小时的按摩。她的按摩师曾试着用按摩棒、按摩车为她按摩，但她觉得不舒服，非得让按摩师直接用手按摩，才感觉舒适。

实际上，通经络、活气血只是推拿、按摩的作用之一，它们的真正功效在于人与人之间阳气的交流、传递。手和穴位是人与人之间阳气传输的接触点，好比插头和插座，经络则好比电线，是阳气传导的路径。通过按摩，按摩者的阳气可以迅速传入被按摩者体内，这是"以人补人"的方式。

对于老年人来说，人老腿先老，所以，在腿上按摩，就能通过按摩者阳气的引导，让老人的阳（气血）下降到双腿。所以，同样是按摩，宋美龄就喜欢按摩师直接用手按摩。以人补人，效果最好；以物补人，效果就要小得多了。

就像歌里唱的："常回家看看，哪怕给爸爸捶捶后背揉揉肩……"其实，这就是最好的孝敬父母的方法了。父母在家里为什么会寂寞？一方面固然是因为牵挂孩子。另一方面，也是因为阳气正在衰弱的他们渴望感受到自己孩子的阳气。作为儿女，只要能经常回家看看，父母的身体就会好三分。如果能经常为父母按摩按摩，用我们的阳气去补充激活父母日渐衰弱的阳气，那就更好了。

父母用乳汁和血汗把我们养大，当他们老了的时候，我们也要用自己的阳去补养他们，这可以使父母健康、快乐、长寿，更是报答父母养育之恩的最好礼物！你可以不懂经络，不懂穴位，只需要在父母肩上、背上、腿上、脚上轻轻捶一捶、捏一捏，老人会比什么时候都舒服！他们体内的沧桑和劳损会慢慢地被我们的活力和能量化解。疾病失去了温

床，老人家的身体就会更加健康！

有人会问：老年人自己给自己按摩、推拿，是不是也能养阳呢？当然可以。平日里，我们的阳都处在一种向外耗散的状态，当我们静下心来，轻轻地、用心地在自己身上推一推、按一按，就会产生一种看不见的能量，让外驰的心阳回到自身。从自身出发，又回到自身，就这样来来回回，身心便处在一种圆融的境界中了。这时，我们不会产生任何恼人、烦人、气人的念头，头脑里干干净净，仿佛一片澄澈的天空。这就是自己养阳的效果。

养生从养脚开始

人的脚就像大树的树根，是人的根基所在。人老脚先老。所以，养生要从养脚开始。

为什么艾叶泡脚会有这么好的养生效果呢？我们的脚就像大地，其他部位都生长在脚上。大地温暖、松软才适合万物的生长。坚持用艾叶泡脚，能让脚温暖松软，效果自然显著。

小时候我生活在农村，村里有位老爷爷。每年端午节的前后，他都会到野地去割大捆的青艾回来。晒干了以后，把叶子捋下，收集起来，挂在家里的墙上。一进他家屋子，满鼻子都是艾叶的清香。一年四季，除了伏暑那极热的一段时间以外，老人每天晚上都会取一些艾叶放到水里，煮得滚开然后泡脚。

水里煮了艾叶，就变黑了，散发着香香的、暖暖的气味，弥散在屋子里，令人感觉很温馨。老人说，他从小身体就弱，怕风、怕冷，总是头痛，还得过痨病。后来去看当地的一位老中医，老中医告诉他："你这个病，是先天不足加上后天失养造成的，吃药恐怕你吃不起。"于是，老中医就教给他一个用艾叶泡脚的方法，让他自己调理身体。

此后他每天用艾叶水泡脚，果然，身体大为改善，很快就成了一条硬朗汉子，走起路来也是异常地轻快敏捷。一直活到92岁高龄，老人家才安然离世。

现代人生活忙碌，不一定每天都有时间去烧上一锅滚烫的艾叶水来泡脚，这也没关系。我的建议是，脚特别容易凉的人，隔一天泡一次，普通人每周泡一次或两次就可以。

如果效果不明显，还有别的方法来放松足部。北京的很多公园、社区里都有用鹅卵石铺成的小路，我经常看到一些老人光着脚在上面来来回回地踩，这也是一种放松足部的好办法，走一会儿就相当于做了一次很体贴的足底按摩。

放松足部，还可以用手或按摩棒去压脚掌。足部是人体多条经脉的起始点，上面集中着大量的血管、神经，人体所有部位在脚掌上都有反应区，按压这些反应区，哪里压上去痛就多压哪里，这样就可以保健养生，还能治病。

脚是人体的根基，假如有一天，地球上的土地变得冰冷、坚硬，不再温暖松软，那生物销声匿迹的时候就到了；一个人到了两脚铁硬冰凉的时候，也会病入膏肓，离阴世不远了。所以，时时让双脚温暖柔软，才能对得起我们的生命。

像孩子那样去生活，您就能返老还童

返老还童并不是神话，只要我们减少七情的伤害，像孩子那样活着，我们就都能返老还童。

经常有朋友向我咨询养生之道。我总是对他们说要向孩子学习。成年人虽然不能返老还童，但从孩子身上，我们还是可以获得很多启发的。

先说一个刚发生不久的故事：朋友的孩子刚刚一岁半。有一天半夜，小两口急匆匆地把孩子抱到我家里，两人都是一脸哭相，话都说不清楚了。细问才知道，原来孩子感冒发烧，吃了很久的药都不见效，还越来越严重。刚才他们忽然发现孩子的小嘴往一边歪，手脚还轻微有些抽搐，所以慌忙抱到我这里来了。我先用手轻轻掐了掐孩子的山根，就是印堂下、两眼之间的位置；再掐孩子下唇正下方的承浆穴，然后揉孩

子下肢的委中，最后，我用开水兑一小碗白糖水，给孩子喂下去，孩子慢慢恢复了正常。忙完后，我问他们："又不是什么大事儿，你们至于急成那样吗？"

朋友夫妇说："孩子嘴巴都歪了！我们能不急吗？前些年孩子他外公，也是嘴巴歪了，后来就瘫痪了。早知道你有这一手，当时就应该请你去治一治。"

我笑了，孩子怎么能跟老人比呢？孩子经络灵敏，有什么病，往往用一点推拿术就可以消除了。成年人的身体就没这么听使唤了，老年人就更不用说了。为什么呢？因为孩子身体里没有什么烦恼。

中医里讲，影响人健康的因素无非内外两种，在外者为"六淫邪气"，就是：风、寒、暑、湿、燥、火，在内者则为"七情"，就是：喜、怒、忧、思、悲、恐、惊。外在邪气导致的疾病容易治疗，而因内在邪气致病的却难以治疗。对于小孩来说，只有简单的喜、怒、惊、恐等几个情绪，而且不会持续很长的时间。他们的疾病，一般都是感受了外来的邪气，所以很容易治疗。

同是一个口眼歪斜，对于小孩来说，仅仅是外邪入内，肝旺化火而成，只要在他的经络上清一清，再补充一点阴液就可以了。对于老人来说，那可是数十年来内外邪气的夹杂，尤其是内在情绪郁积和伤害的结果。恼怒伤肝、狂喜伤心、忧思伤脾、恐惧伤肾、悲伤伤肺。各种情绪长期聚集在一起，怎么会容易治得好？

肝属木，属于春天，孩子正处在人生的春天，他们的肝气非常旺。肝气是生发之气，它无时无刻不在促进孩子的生长。为什么人到成年后，肝的生发之气减弱了呢？其实不是肝气衰了，而是肝气被用到别处了。用在哪里？用在生气上火上了。把本应生发健康的肝气用来生发烦恼，这不仅是浪费，而且可以说是化利为害了。

近年来，很多中老年人爱上了经络养生。确实经络养生的作用非常显著，但也要因人而异。那些平时乐观、开朗、从容的人利用经络和穴位养生，治病效果就比较好，而那些一天到晚心事重重，或者动辄就着急上火的人，利用经络穴位养生治病，效果就比较差。

我的养生秘诀就是要像孩子一样活着。孩子就是我的老师。他们的一言一行，一颦一笑都在教我如何无忧无虑地生活！

世间本无病，庸人自扰之

我们身体里的很多疾病，就像开放在深谷里的花，自开自落。只要我们不去惊扰它，它就不会来惊扰我们。如果对什么事情都大惊小怪，反复折腾，那就可真是"世间本无病，庸人自扰之"了。

妇科病中，我看得最多的是子宫肌瘤。很多患者问我："这年头得子宫肌瘤的人怎么这么多呢？"问得好！这里面确实有隐情，我觉得有必要跟所有女性朋友说清楚这个问题，这样很多朋友也许就能避免这种疾病的发生。

一个人是怎么知道自己患有子宫肌瘤的呢？一般都是在做体检或者妇科检查的时候，结果显示有一个或两个肌瘤才知道的。由于以前"病不关己，高高挂起"，没太关心肌瘤是怎么一回事，这次猛然听说"肌瘤"这个概念，而且就长在自己身上，一般的人都会异常紧张。各种疑问和恐惧一拥而上：肌瘤到底是个什么东西？和肿瘤是一回事么？是良性的还是恶性的？会不会扩散啊？会不会从良性转到恶性啊？甚至有人会想：我还能活多久？我死了，丈夫、孩子该怎么办……女人的心思就是多啊！

一纸检查结果，使人在慌张和恐惧中，思绪纷飞。几天后，她会想："是不是检查结果有问题？看来我得换一家医院，再检查一次，确认一下。"于是，她又找了一家档次更高、设备更先进的医院，进行复查。复查的结果很快出来了：不是一两个肌瘤了，而是一大堆肌瘤！医生把两次的检查结果放在一起比较后，严肃地说："扩散了。"

老天爷！怎么扩散得这么快啊！可怜的女人被打击得痛不欲生。从此她开始战战兢兢地接受各种各样的治疗。

为什么子宫中会长出肌瘤？为什么会扩散得那么快？这里面是大有蹊跷的。其实，子宫肌瘤，绝大多数是生理性的，我们大可不必担忧。它好比手上起的水泡，或者脸上长的疙瘩，可能是因为紧张或者上火而产生的，过一段时间自己就消下去了。

人体内的组织很容易受情志的影响，在紧张、烦躁、忧愁或者心情波动较大的时候，肝气就容易郁结。肝郁气滞则瘀，人体器官就会出现一些短暂的充血或瘀阻现象，脏腑上也会偶尔起一个水泡之类的。一旦人的心情好了，或者身体整体状况变好了，这些水泡之类的现象很快就会消失。

子宫是女性特有的器官，对女人生理、心理的反应都非常敏感，女人身心的很多变化，都会在子宫上出现相应的反应。比如有时会出现月经提前或者延后，有时候会出现痛经，有时候则会出现所谓的"肌瘤"。这些肌瘤，绝大部分也是可以随起随消的。

如果我们不去检查，它们会自生自灭。然而，一旦检查出来了，人因此变得更加紧张、焦虑，于是更加肝郁气滞，子宫中的反应只能越来越剧烈，肌瘤当然也就越来越多了。虽然有医药方面的治疗，但是心结未除，肝郁气滞未消，再好的医药也治不了根本。久而久之，良性的、生理性的肌瘤就发展成为恶性肿瘤了。

鉴于此，我建议大家如果去做妇科检查，一定要选在月经干净后十天左右，心情愉快的时候，这样准确率才高，也不至于查出个什么"肌瘤"来，被吓得半死。如果在自己例假陕开始时，或在例假刚结束时，或在自己最不开心的时候去检查，查出来了肌瘤，心里紧张、难过，又继续去检查，结果越查越多。折腾来折腾去，最后医院说："已经是恶性肌瘤了。"完了，癌症。这个癌症是查出来的，也是吓出来的。

除了上面的原因外，体内的寒气也容易引起子宫肌瘤和卵巢囊肿。寒性凝滞，子宫寒冷，自然容易出现气血瘀滞进而催生肌瘤。

所以，预防子宫肌瘤和卵巢囊肿，首先是要防寒：不要吃寒凉的东西，引寒深入；不要穿露脐露背装，以防止外寒侵入。其次是不要乱吃避孕药，以免打乱卵巢和子宫的正气。此外，久坐会使下身气血不通，可能导致子宫肌瘤，这也是需要大家注意的。

此时忽然想起王维的一首诗：木末芙蓉花，山中发红萼。涧户寂无人，纷纷开且落。我们身体里的很多疾病，就像开放在深谷里的花，自开自落，只要我们不去惊扰它，它就也不会来惊扰我们。如果对什么事情都大惊小怪，反复折腾，那就可真是"世间本无病，庸人自扰之"了。女性要对任脉充满感恩之心

人的身体就相当于一台机器，只有加足了油才能顺利行驶。剖腹产会让人体这台"机器"元气大伤。阿胶配合木香陈皮来服用，就是产后补充元气的重要方式。

顺严对母子都有利

临床上经常碰到怀孕或准备怀孕的"准妈妈"们问我："是顺产好，还是剖腹产好呢？"

本来，这构不成一个问题，当然是顺产好了！顺产是最自然、最健康的。但是，顺产就有可能会出现难产，自古因难产而死的女子也不计其数。于是，生孩子这一自然的过程，在很多女性看来，充满了痛苦和危险。

现代女性在生理和心理上的承受能力都比较弱，所以，难免会依赖现代医学，选择剖腹产。人们认为剖腹产更安全，是因为它省去了产前的恐慌和疼痛。在麻药的作用下，人体局部或全部失去了知觉，所以产妇完全不用受那些产前的痛苦，就当了妈妈。而有的妇产科医生，一看到接生有困难，就马上建议剖腹产。从中医的角度，我实在为此捏了把汗。

我在临床上遇到的病人，相对而言，只要是有过剖腹产历史的女性，在治疗效果都要差上许多。为什么？因为不管什么疾病，最终都要靠人体的自愈功能来修复，医生不过是用各种方法促进这种自然愈合。而人体的自愈功能来自气血，剖腹产让人气血大伤，它破坏了人的自愈功能，各种疗效自然就差了。

剖腹产要在小腹正中开一道口子，这个口子，一般有十几厘米长，它恰好处于人体任脉之上，经历阴交、气海、石门、关元四个重要穴位。气海者，如气之海洋，为元气聚集之处。关元穴是小肠的募穴，又是足太阴脾经、足少阴肾经、足厥阴肝经与任脉的交会穴，是男子藏

精、女子蓄血之处。阴交则为足三阴、冲脉之会。石门内应子宫精室，不得随意开合，此门遭毁，则任脉经气不发。《白虎通》里说："石者，喻坚固也。门，非仅通行之孔道，门以闭藏自固也。如深山蕴玉称为宝藏。储藏货物，大者称为宝库，小者称石柜，人之子宫精室，犹蕴椟之藏也，此穴犹石之门也。"由此可见其重要性。这四个穴位，一般来说，都是不能伤害的。只能补不可泄，针刺都不能用泄法，何况用刀割？所以，经历了剖腹产的女性，必然大伤任脉气血。

妇科诸多问题都与任脉密切相关，任脉虚弱，身体怎么会健康？即使短期内没有什么反应，但从长远来看，元气受损，身体的抗病、自愈能力都会大打折扣。剖腹产安全得了一时，安全不了一世啊！我们怎么能为了逃避眼前的一时痛苦而不管自己老了以后的情景呢？身体垮下来了，百病蜂起，生孩子的时候逃过的痛苦，依然会在人生另外的关口等着你。

从孩子的角度讲，顺产也是最好的选择。产道是孩子来到世界前的最后一道关口。只有经历了这一关，他的生命旅程才算完整，历经了这次艰难的挤压体验，他的生命力才会更加顽强。所以，无论对于母亲还是孩子，自然生产都是最好的。

孩子过生日的时候，人们都会说："儿的生日，娘的苦日。"的确，孩子降生的时候，母子在共渡难关，正因为如此，母亲才如此伟大，母子才会连心。产妇在听见孩子第一声啼哭的时候，身上的轻松和心里的喜悦是没办法用言语来形容的。顺产，是人生最美的体验，为什么要逃避呢？

剖腹产后怎么调养

很多病人问我："我已经做过剖腹产了，那该怎么办呢？有什么调养和补救的办法么？"当然有！伤了气血，我们可以补；伤了任脉，我们可以调。只要方法得当，有过剖腹产的女性依然可以拥有健康。

我治疗过一位有剖腹产史的女性，四十多岁，面色苍白，经常头晕、乏力，双手在做事的时候颤动得非常厉害。她这种情况是典型的气血两虚，容易发生在有剖腹产史的女性身上，没有剖腹产史的女性朋友在四十多岁的时候也可能遇到。

治疗这类病人，我最常用的方剂是龟鹿二仙膏加阿胶等滋阴补血药，先把精血养足，一切都好说，这就好比一台机器，只有加足了油才能发动。而且经临床证明，疗效非常陕。

这位病人见我方子中有阿胶、龟板胶、鹿角胶，就说："这些胶我吃了十几年，没有效果的。而且吃了就不想吃饭，很难受的。"

"是吗？你是怎么吃的？"

"就是打粉冲服啊。听说这样可以滋阴补血。"

我冲她一笑，说："别担心，以前吃的没用，这次吃了我的，就有用了。"

为什么呢？这跟我整个方子的配伍有关。像阿胶这类滋阴药都很黏腻，吃进肚子里很难消化吸收，所以达不到预期效果，甚至还会壅滞在肠胃中，化热生痰，影响食欲。而芳香醒脾，可以帮助药物的吸收。所以，我用阿胶之类的滋阴药时，都要配上陈皮、木香之类的芳香药。

果然，这位病人吃了一个月以后，各种症状都减轻了。我让她继续服用原方，并嘱咐她说，以后再吃胶类药物的时候，别忘了加一些芳香的药进去，只有这样，才能达到滋阴养血的效果。

阿胶是做过剖腹产女性的最好的补药，只是因为很多人不善于吃，它的作用才没有完全的发挥出来。另外，我们去药店买阿胶时，要认准批号。阿胶有"药"字号和"食"字号两种，比如山东东阿阿胶的批准文号是"国药准字 Z37021386"，这是"药"字号的，如果是"×食字×××"的，那就是"食"字号了。我建议大家买"药"字号的，质量更好一些。

买阿胶的同时，可买木香、陈皮各 20 克。阿胶要打成粉备用，木香、陈皮也混合在一起打粉备用。冲服阿胶的时候，每次用阿胶粉 3 克就可以了，同时加入木香陈皮少许，用开水冲服。这样，这杯阿胶汤就有一股扑鼻的香气了，正是这股香气，才能让阿胶完全地为我们的身体所吸收。

女性从小到老都应该备受呵护

女孩来月经之前要养肾，停经之后要养脾，中间时期则要养肝，掌握这个规律，就能呵护女人的一生。

看到那些疾病缠身的老太太，我很难想象她们年轻时的模样，甚至不敢相信她们曾经也是年轻靓丽、活泼娇弱的小女孩。然而，事实就是如此。岁月无情。

大家都说，女子需要呵护。但到底怎么呵护呢？小女孩怎么养生？中青年女性需要怎么养生？老太太又要怎么养生？不同年龄段的女性需要不同的养生思路，不能一概而论。可现在的人们却仅仅把目光盯在中青年女性身上，这是不对的。

不过，我们的老祖宗对各种年龄段的女性都考虑到了。中医认为，女性养生需要分阶段进行：一般来说，女子14岁开始来月经，49岁月经停止，这两个年龄，是养生的分水岭。在14岁以前，应该以养肾气为主；14～49岁期间，以养肝为主；49岁以后，则要以养脾胃为主。而心态的调节，应该贯穿在女人的整个一生中。

肾是人的先天之本，14岁之前养好肾，先天之本才能得到最大程度地开发和利用。女孩14岁前要以养肾为主，男孩16岁之前也要以养肾为主，这关系到一生的健康。一般说来，小儿养肾不需要刻意去养，只需不让他们因久站或受惊吓而伤了肾就可以了。

14岁以后，确切地说，是女子开始有月经之后，就要转而养肝了。这时候的女子，进入青春期，感情萌动，要面对生活中的许许多多问题，烦恼也开始增加，最容易造成肝郁；再加上每个月的月经失血，也加重了肝的负担。所以，养肝迫在眉睫。

养肝、疏肝的方法很多，多吃绿色蔬菜、多亲近自然都能养肝。但是，很多时候，生活的烦恼、生理的失血造成的肝郁，却不是这么简单就能解开的，这时候，就要吃点加味逍遥丸，或者自己揉揉太冲什么的。

女性过了更年期后，接下来做的，不是被动地掩饰自己的年龄，而应该主动地追求健康长寿。脾胃恰是健康长寿之本。

既然脾胃如此重要，那怎样才能养好脾胃呢？最佳的方法莫过于陆游说的"宛丘平易法"，也就是早餐喝粥一碗，可以振奋胃气。加上自己按揉脾经胃经，找找反应点，就可以将疾病消灭在萌芽状态了。

坚持分阶段的健康养生法，女人的一生就是美满、健康、长寿的一生。当然，需要调整的，还有心态。不管年轻时你有多少棱角，脾气有多大，经过生活的打磨、岁月的冲刷，这一切都会被磨平。到老的时候，你会成为一个淡定、豁达的老太太。我们在生活中遇到任何挫折的时候，都要想到，这是人生的打磨，也是岁月的馈赠，它会给我们带来一个安静祥和的晚年。

奶水是妈妈的血变成的

经常有年轻的妈妈问我："我没有奶水，怎么办呢？"办法很简单：催奶。如何催呢？自己揉按几个穴位就可以了。我给大家一组穴位，少泽（双）、天井（双）、乳根（双）、膻中。只要经常按揉它们，奶水就一定会充足。

随着大量关于奶粉质量问题的曝光，食品安全问题越来越受到人们的关注。很多人问我说："如果不是电视曝光，这些奶粉，我们肯定会一直喝下去，说不定哪天就会喝出问题。食品安全问题，真是防不胜防，我们该怎么办呢？"

我的建议很简单：回归自然，越自然，越健康。

就拿奶粉来说吧，各类奶粉中，销量最多，卖得最贵的，是婴幼儿奶粉。婴幼儿奶粉的需求量为什么那么大？因为很多妈妈要么是没有奶水，不得不以奶粉代替母乳喂养；要么是想以奶粉作为母乳喂养的辅助食品或者作为孩子断奶后的主食；更有甚者，有的妈妈给孩子喝奶粉，是为了保持自己的体形。

从牛奶到奶粉，经历了很多加工过程，无论从哪方面看，都不能说

是自然的东西，其中只要有一个黑心的商家，稍微在其中做些手脚，后.果就不堪设想。

我一直都是提倡母乳喂养的。孩子在母亲肚子里的时候，是通过脐带吸收母亲的营养而生长的。孩子出生后那么娇弱，最与他相适应的食物，只有母亲的乳汁。所以，母乳喂养是刚出生的孩子最佳的营养供给方式。

经常有年轻的妈妈问我："我没有奶水，怎么办呢？"办法很简单：催奶。如何催呢？自己揉按几个穴位就可以了。我给大家一组穴位，少泽（双）、天井（双）、乳根（双）、膻中。只要经常按揉这几个穴位，奶水就一定会充足。

还有一个简单的催奶食疗法，农村的老太太都会：黄豆芽炖猪肘子。如果这样效果还不够理想的话，可以开一些药，引血上行，乳汁很快就下来了。

产妇在喂奶期间，是没有月经的。为什么呢？因为这时候她的血化成了乳汁，来喂养孩子，所以就没有多余的血往下流了。乳汁是水谷精微所化。当孩子的五脏六腑还很稚嫩的时候，肠胃不能消化粮食和蔬菜，肝肾不能及时排毒，这就需要母亲用自己的肠胃来给他消化，用母亲的身体来过滤。乳汁，就是经过母亲身体过滤了的水谷精华。试问，哪个工厂里的过滤器有人身体那样精密？只有经过人体自身加工出来的乳汁，给孩子喝了才放心！因为这是纯天然的。

还有人问：断奶以后，可不可以给孩子喝点奶粉呢？当然可以，但不要给得太多，不要让奶粉成为孩子的主食。否则，孩子就等于仍然没有断奶。

我的建议是，断奶以后，应该慢慢让孩子适应正常人的饮食习惯，可以开始给他们喝粥、吃软一点的饭，慢I曼地就和大人一样了。

那些注意体形的女士经常问："给孩子喂奶会不会损害身材，会不会使胸部失去原先的美感？"我反问她们说："请问你见过谁因为给孩子喂奶，胸部变得不好看啦？"这种说法完全是没有依据的！不给孩子喂奶反而会有很大的危害。在过去，乳腺增生、乳腺癌的发病率比现在要少很多，这是为什么？就是因为现代女性太在意自己的乳房了！肝经经过乳房，一个人如果把心思都放在乳房上，肝气就容易在乳房郁结，从而造成一系列的乳腺疾病。此其一。其二，乳腺疾病发病率高的另一原因在于，给孩子喂奶太少。给孩子喂奶，乳头受到孩子的吮吸，乳腺经过乳汁的反复涤荡，会变得通畅，自然不会有什么郁结，更不会有什么增生了。所以说，给孩子喂奶，就是在给自己预防乳腺疾病。

同理，我们可以举一反三。在饮食、起居甚至医药上，都要以回归自然为宗旨。比如就医，很多人就选择用天然的中医药，认为中医中药副作用小，这是明智的选择。说实话，饮食越自然，越健康；生活越简单，就越幸福。

葫芦是吊大的，孩子是病大的

孩子生病先不要慌，摸摸孩子的耳朵和屁股，如果是凉的，那就没必要大惊小怪，因为那是孩子成长的正常经历。

我接触过一对夫妇，身体都非常好。喜得贵子后，他们却成了我这里的常客。孩子经常生病，不是发烧，就是拉肚子，有一次甚至还出现轻微的抽搐，把小两口吓得连夜打我的电话，声音都带着哭腔。

有一次，他们问我："我们两口子的体质都是非常棒的，从记事起到现在，几乎连感冒都很少犯。为什么我们生的孩子却有这么多的毛病呢？"

我笑了，说："孩子现在还没记事呢，怎么能和你们记事后的状况比呢？你们回去问问你们的父母，看你们记事前是不是也从来不生病？肯定也是三天两头往医生那里送！"这两口子回去后还真问了，问完了打电话给我说："您说得太对了，我爸妈说我一两岁的时候头疼脑热多着呢。是不是所有的小孩都是这样啊？"

基本上还真的是这样。实际上，小孩的这种情况，中医里有一个特定的说法，叫"变蒸"。《诸病源候论》上说：小儿变蒸，以长气血也。变者上气，蒸者体热。小儿在出生后到两周岁之前，每隔一定的时间，就会有一次变化，并伴随着一些症候。

　　为什么会出现变蒸呢？那是因为两岁前的小儿，生长发育实在太快了，以至于身体的某些机能都有点跟不上了。一旦跟不上，机体的不平衡就出现了，于是就会有发热、不想吃饭、拉肚子、没精神等症状，小孩感到不舒服，就会经常哭闹。然而，这正是身体成长的过程，每经历一次这种历练，孩子就又突破了一个成长的关口，长大了一点点。前人说得清清楚楚：变者，变其情志，发其聪明；蒸者，蒸其血脉，长其百骸。每经历一次"变蒸"，孩子就要大大地长一次体格，提高一次智力。

　　很多儿科大夫反对"小儿变蒸"这一说法，其实是别有苦心的。以前有很多父母，道听途说了"变蒸"这个说法，就以为孩子有病不用治，可以坐等其痊愈，结果耽误了治疗。针对这种情况，很多儿科大夫就否认变蒸之说。

　　其实，变蒸与治疗并不矛盾。变蒸是孩子的身体在经历成长过程中的一道道坎儿。孩子太弱小了，这些坎儿他很有可能就过不了，这时候就需要医生用点药或者用点推拿手法，给孩子缓解或消除不适，帮他跨过去。这样，不但可以减轻孩子的病苦，还能让他的成长更为顺利，岂不快哉？通常，这种治疗没有必要非得找医生，父母只要学一点小儿推拿就完全可以应付。到时候，顺一顺孩子的经络和气血，就可以了。

　　现在的父母与过去相反，遇到孩子有个头疼脑热，就带着孩子从一个医院跑到另一个医院，排队，化验，把小孩折腾得大哭大闹，然后大量吃各种药，这种过度治疗往往害了孩子。其实，找个社区卫生所看看，就完全能解决了，要不要上大医院，卫生所的大夫会告诉你的。小病小治，大病大治，既有效率，又省心。如果你觉得自己有钱、有条件，非得小病大治，那只会弄巧成拙。这就好比从深圳到香港，坐飞机并不比坐汽车省时间。

　　如何判断孩子是不是变蒸呢？只要摸摸孩子的耳朵和屁股就知道啦。如果是变蒸，那么，孩子的耳朵和屁股必然是凉的。即使是孩子发烧的时候，耳朵和屁股也应是凉的。如果耳朵和屁股发热，那说明病情不妙，得马上提高警惕了。

　　总之，遇到孩子生病，我们既不能掉以轻心，也没有必要过于惊慌，小题大做。相反，我们甚至应该为此感到高兴才对。我们家乡有句老话说得好：葫芦是吊大的，孩子是病大的。每经历一次疾病，孩子就经历了一次生命的考验，他就会成长一次。

不要把孩子"照顾"病了

很多时候，孩子的疾病就是家长"照顾"出来的。穿得太多，吃得太饱，照顾太周到，都会人为地造成孩子的疾病。

一个年轻的主妇跟我倾诉："大夫，我的孩子经常生病，感冒发烧，几乎没有间断过。我平时也挺注意的，衣服穿得很厚实，生怕他吹着冻着；水果之类的也是监督着孩子吃。您说这是怎么回事呢？"

原因很简单，孩子经常生病，不是因为虚弱，而是过于娇弱。家长在抚育孩子方面，不是照顾不周，而是照顾得太过。

中医里讲，小儿脏腑稚嫩，形气未充，尤其是肺脏和脾脏，为娇中之娇。因为肺脏娇嫩，所以容易发生感冒咳嗽之类的疾痴因为脾稚嫩，就容易发生腹泻、消化不良的疾病。

民间有一句话叫做：要待小儿安，三分饥与寒。很多人就不理解了，孩子正值发育，怎么能让他挨饿受凉呢？其实，饥与寒不是要你刻意去饿他、冻他，而是让你不要给孩子穿得太多、吃得太饱。儿科书上都讲：寒衣过暖，食过饱，皆及于病。上面那个孩子的病，就是这么来的。

首先说"饥"：我们总怕孩子吃不饱，老是变着法儿地哄孩子吃东西。但小孩的脾是格外娇弱的，根本不能吃太多，否则脾胃就会受损。过度的饮食会加重孩子脾胃的负担，从而影响运化，于是经常性的腹泻、食滞、不思饮食都来了，时间长了，孩子就会面黄肌瘦。

再来说"寒"：孩子怕着凉，这个我们都知道，殊不知太"暖"了同样存在弊病。尤其对于一两岁的小孩来说，更是如此。家长总是给孩子裹得里三层外三层的，使得孩子经常出汗，这样其实更容易着凉，引起发热、咳嗽等病症；其次，出汗太多就会造成身体"内营养"的消

耗，时间长了就会损伤到肾，也就是损及先天，到时候可真要出现"先天不足"了。

我在农村呆过一段时间，那里的孩子才刚会走路，大人就任其在田间地头摸爬滚打，这样的孩子体格往往很健壮，也很少生病。对于吃的，也没有那么多讲究，大人吃啥，小孩子也就跟着吃点啥。照样都很健康地走过来了！

要待小儿安，三分饥与寒。要想让孩子健康地成长，就应该让孩子在外物和环境中得到锻炼，而非一味地去顺从。弱不禁风的总是温室里的花朵，吃得太好，穿得太暖，未必就是好事。

会用风穴，您的孩子就不用打针吃药

风池、风门、风府是孩子与外界能量交换的通道。用好这几个简单的穴位，孩子的健康就会不请自来。

孩子都怕上医院，见到医生的时候，年纪小一点的孩子就会不由自主地大哭起来，稍微大一些的孩子也是一脸惶恐。我喜欢摸摸这些孩子的后脑勺，说："别怕，李伯伯不打针的。李伯伯是不打针的医生。哈哈。来，看看你的小手……"

说来也奇怪，多数的孩子经过这么一抚摸，就会慢慢平静下来。其实，这是因为后脑勺那里有三个穴位：风府、风池和风门。

风府和风池在后脑勺下方，我们一拍孩子的后颈窝，就拍到这两个穴了，如果顺着孩子的后颈窝抚摸下去，到背部的时候，就摸到风门了。这三个"风"字号的穴位，在人体上非常特殊，中医认为，风可以从这三个穴进入人体。风是什么呢？我将其总结为两种：一种是自然界的风，我们经常说的"伤风"，就是因为防护不力，导致外在的风邪袭击人体，使人生病的。

另一种是人与人之间的风，也就是人与人之间的某种信息和能量的传导，这对人体的健康也有很大的影响。

对于自然界的风，我们要懂得如何预防，不能让它入侵到身体里面。所以，小孩的风府、风池和风门一定要保护好，天凉多风的时候，一定要给孩子戴帽子、穿坎肩，以免外在的虚邪贼风入侵。保护好了这三个穴，孩子感冒的几率能减少80‰。如果防护不慎，孩子伤风感冒了，出现怕冷、怕风、发热等症状，也要求助于风字号穴位。拿温水袋熨一熨风池，使身体微微发汗，感冒很快会随着汗出而痊愈。

对于人与人之间的风，我们要懂得如何利用它给我们的身体带来健康。与孩子相比，父母是强大的，父母的一言一行，都包含着某种信息和能量，影响着处于学习、成长中的孩子。最直接的信息和能量传递方式，莫过于每天轻轻抚摸他的后脑勺和背部。

风池、风门、风府是孩子与外界能量交换的通道。只要用好这几个简单的穴位，孩子就能健康地生长发育。

如何养孩子的智力

对于孩子而言，养生不只局限于保养身体，心智的培养也属于孩子养生的范畴。重视孩子智力、想象力的培养，保持孩子的好奇心，就是最佳的心智保养方式。

孩子处在人生的春天，是生发的季节。所以，孩子的养生就是要养他正在生发中的一切，像智力、想象力、应变能力等等，都在养生的范围内。

身体的生长发育好理解。智力、想象力就比较抽象了，应该怎么促进它的生发呢？明朝的儿科专家万密斋写过一本《育婴家秘》，他说：衣服、器用、五谷、六畜之类，遇物则教之，使其知之也。意思就是，在日常生活中碰到的衣服、器物、吃的、用的、动物、植物，只要遇到了，就教孩子，让他认识。这句话看似普通，背后却隐含着培养小孩想象力的秘诀！

这句话重点在"遇则教之"，它有两重含义：

第一，遇则教之，意味着不能遇而不教。当我们和孩子一起遇到一个东西的时候，尤其是遇到那些很吸引孩子注意力的东西的时候，必须马上教孩子：这是什么，叫什么名字，做什么用的……

这样，首先能使孩子对这个东西有了清晰的观察和深刻的认识，或许年龄非常小的孩子一次记不住，这不要紧，下次我们可以再教一遍。次数多了，孩子就记住了。

其次，这样还可以延续和鼓励孩子的好奇心，下次再见到别的东西时，他还会以同样的好奇心兴致勃勃地去面对。

当一个人能兴致勃勃地看身边的事物的时候，他会发现更多的细节，而且，这些细节会成为他日后想象的素材，灵感的种子。所以，千万不要忽略孩子对任何事物的好奇，遇则教之，最能鼓励孩子的好奇心，这是培养想象力的基础。

第二，遇则教之意味着不能不遇而教之。教小孩认识事物，是讲究次序的。最初，遇到什么教什么，还没有遇到的东西，最好别教。

我遇到很多年轻的父母，给刚会说话的孩子买来好多图画书，指着图片教孩子说，这是老虎、那是犀牛、这是飞碟、那是金字塔……这种教育恐怕为时过早。如果实在想教孩子认识这些东西，也得把孩子带到动物园里去认识老虎和犀牛，带到埃及去认识金字塔。如果没有那条件，那就不如在家里教孩子认认小猫、小狗和电脑桌。只有真实的东西才能给孩子具体而鲜明的感受。

孩子五六岁的时候，头脑中积累了许许多多鲜明的事物形象，这时候，他可以自由地进行丰富的想象了。因此，我们家长就可以尽情地给孩子看图画书上所没有见过的东西了，甚至可以教他们看更为抽象的地图之类的东西，他会把书上的东西想象得无比丰富而真实。

做到遇则教之，我们就能让孩子的心智和身体都得到充分的发育，并为孩子日后的人生道路打下坚实的基础。

养阳就是在养孩子的良好品德

环境不只影响人的品性，它还会影响一个人的健康。家庭环境、父母的素质、教育程度都和孩子的健康有关。可以说，培养孩子的良好品德，其实就是在给孩子养阳，为他日后的健康打好基础。

我们当中医大夫的，不但每天给成人看病，而且还要接触大量的孩子和家长。看的人多了，也就慢慢地摸出了一些规律。我发现，孩子的健康情况跟他所处的家庭环境、父母的素质、教育程度都有关系。我就见过一件非常有趣的事情：

小王的孩子一直在我这里看病，这孩子很奇怪，看上去也没有什么先天不足，后天在我的调养和建议下也做得很到位，但就是病多，隔三差五就出问题，有时候还抽风，把小两口吓得够呛。经过仔细的观察询问，我发现这个孩子经常模仿小王骂人的样子，这就是孩子生病的原因。

骂人为什么会生病？骂人的时候情绪激动，会让孩子的肝气过于发散，肝气过旺就会生火动风，小孩就会发烧甚至抽搐。五行讲木克土，肝气盛还会影响脾胃，孩子就会没胃口，经常拉肚子。

听了我的分析，小王恍然大悟，也非常惭愧。"那我们该怎么办呢？"小王夫妇恳切地问我。我把明代著名医家万密斋的《育婴家秘》中的一段话送给他们：

> 小儿能言，必教之以正言，如鄙俚之言勿语也。能食，则教以恭敬，若亵慢之习勿作也。能坐能行则扶持之，勿使倾跌也。宗族乡党之人，则教以亲疏尊卑长幼之分，勿使谍嫚。言语问答，教以诚实，勿使欺妄也。宾客往来，教以拜揖迎送，勿使退避也。

这就是强调父母要以身作则，让孩子从小养成一个优良的品格。正气存内，邪不可干，这是最高明的养阳方式，能为孩子日后的健康打下扎实的基础。

如果父母在以身作则方面做得不够，孩子出现不好的苗头，比如骂人，该怎么办？首先是自己改正不良的习惯，给孩子做榜样，然后教育孩子，晓之以理，动之以情。

小孩如果养成了顽固的习惯，适当的体罚是有必要的。或许，很多父母都舍不得动手，体罚孩子自己会心疼。但正因为如此，才更要体罚！体罚孩子不是为了出气，更不是实施家庭暴力，而是在责罚自己，

让自己反省："为什么孩子会染上这样的毛病？这还不是跟我学的？孩子在为我挨打受罚啊！"这样，体罚孩子就是一个反思自我的过程，在这个过程中，父母和孩子就能一同进步。

体罚孩子就是在体罚自己，同样的道理，纵容孩子也就是在纵容自己，不去反思自己的过失，更看不到自己的过失对孩子的影响。这样的父母，只是勉强把孩子喂养大罢了，根本谈不上什么教育。孩子长大不但没有一个好的品性，大大小小的疾病还会伴随他的一生，这样的结果，相信是每一个父母都不愿看到的。

睡时露睛脾阳虚，肝脾两经能治愈

有诸内，必形诸于外。睡觉时眼睛露着一条缝的孩子就表示他脾阳不足。调理肝经，脾经，注意不要让孩子过早吃肉就能治愈这个症状。

临床中我见到过很多小孩儿，睡觉的时候眼睛露着一条缝。家长很奇怪，经常问我是什么原因。

我告诉他们这是脾阳不足的表现。《灵枢》里讲：五脏六腑之精气，皆上注于目而为精。具体地说，内眦和外眦的血络，属于心；黑眼珠，属于肝；白眼珠，属于肺；瞳仁，属于肾；而我们通常所说的眼皮儿，中医叫做眼胞、眼睑，属于脾。

脾阳旺盛，眼睑就能灵活地开合，眨起眼睛来轻快有力，睡觉的时候也能自然地把眼睛合上。如果小孩睡觉的时候不能把眼睛合上，那就是脾阳不足的征兆了。脾阳不足，就会没有胃口，容易拉肚子。长期下去，就会面黄肌瘦，容易感染其他疾病。

小孩脾阳为什么会不足呢？因为小孩普遍的特征就是"肝常有余，脾常不足"。肝阳过亢就会导致脾阳的不足。不仅是小孩，大人肝阳过旺，脾阳不足的话，睡觉时眼睛也会露一条缝，比如三国里的张飞，肝火很旺，睡觉都睁着眼睛。

当然，小孩脾阳不足是比较容易治疗的，一些简单的推拿就可以了。譬如推一下脾经，肝经；揉一揉肚脐和丹田等等。其次不要给孩子过早过多地吃肉，尤其是麦当劳、肯德基一类的快餐，小孩脏腑娇嫩，吃这些不好消化，最是伤害脾阳。在生活中，只要家长们多加注意孩子的饮食习惯，孩子就不会脾阳不足了，睡觉时眼睛露着一条缝的毛病也就消失了。

孩子结巴心气虚，调肝治心没问题

小孩口吃最重要的治疗方法是心理引导，不要让孩子把注意力集中在口吃上，父母多鼓励，再配合中药治疗，大多能取得满意的疗效。

在门诊中，我经常碰见父母带孩子来治结巴。这些孩子小则五六岁，大则十几岁，其中有的也接受过药物治疗，甚至参加过一些口吃矫正的培训班，但都没有明显的疗效。这些孩子见了我，往往很自卑，一言不发，把气氛搞得很紧张。

结巴是心身两方面都有问题的结果，所以治疗起来必须身心结合，齐头并进，才有疗效。一般来说，结巴的孩子在身体上都有些心气虚，兼带肝气郁，我用药也主要是调整这两个方面。但我跟孩子和他的父母，却不会说得如此简单。相反诊断完毕，我会紧锁着眉头说："哎呀，这哪里是结巴啊？问题大着呢！"

接下来，如果是心气虚，我会说："孩子的心脏有问题，可能是先天的。这一点你得千万小心，弄不好又会出别的乱子。"然后给他开几服补益心气的药，让他回去先吃着。如果兼带肝气郁，我会说："孩子不但心脏有问题，而且肝还有问题呢！小小年纪的怎么就有肝气郁结呢？可不能掉以轻心啊！"然后开一些疏肝降气的药。

这时候，那些家长已经没有心思问结巴的事情了。我再当着孩子的面，趁机开导他们：结巴有什么可怕呢？我小时候说话，比你结巴多啦，但现在说话，你看还结巴吗？为什么说话会结巴呢？不是因为别的，而是因为你太聪明啦。你说话的时候，嘴巴跟不上你的思维速度。同一个意思，别人只能想出一种说法，你能想出好几种说法，结果不知道说哪一个好，心里一急，嘴上可不就乱套了吗？

通常，结巴的人会有意回避说话，从而变得很沉默，这也不是坏事。虽然嘴上沉默，可他心里时刻不甘沉默，时刻在跟自己说话，在想象。所以他内心的语言会更丰富。而且，当一个人的口头表达被压抑后，他表达的欲望会通过其他方式发泄出来，这就是写作！因此，很多作家小时候都结巴。伊索如果不结巴，恐怕是写不出那么可爱的《伊索寓言》来的。

儿时结巴的人，生陛沉默，这会使他从小对问题的思考和认识比常人更细致，更透彻，长大后就更容易成为科学家。

更可贵的是，很多儿时结巴的人，从小在略微自卑的心态中成长，性格会变得非常坚强，这样的人更容易成就了不起的事业。

结巴大多都会随着年龄的增大而渐渐消失的。很多人小时候结巴，长大后，随着身体气血的旺盛，结巴逐渐就消失了。只要我们平时不去强化它，它就会渐渐被我们忘记。如果念念不忘，日曰担心，恐怕只会越来越结巴。

所以，对于小儿或少年来说，结巴不是什么大事。我给他们开药，从来不说开的是治疗结巴的药，而说是治疗其他问题的药，这样就能让孩子的注意力转移。

总之，我治疗儿童的结巴，都是两招并用：一是给他们讲那些伟人、名人小时候结巴的故事，鼓励他们，让小孩走出自卑，相信自己可以扬长避短，化弊为利；二是调整他们的身体，补足心气或者疏肝解郁，帮助孩子顺利说话。

治疗结巴，最主要的是心理引导。这是孩子家长的任务。对于说话结巴的孩子，父母一定要善于引导，多加鼓励，这才是治愈结巴最好的药。

孩子和大人都要多吃"糖拌炒鸡胗皮"

鸡内金是鸡体内的金子，也是我们养生的一件宝物。它对促进孩子食欲和治疗拉肚子有很好的疗效，并且它还可以治疗小孩尿床，男子遗

精，女子带下，体内有结石等病症。

小时候，家里每次杀鸡，奶奶总会把鸡脐皮洗得干干净净的，晾干了，收集起来。我有好几个兄弟姐妹，小孩最常见的毛病就是肚子不舒服，或是不想吃饭，或是拉肚子。不管逢着谁拉肚子，奶奶都会拿出几个鸡脐皮，捣碎，放在锅里用小火慢ｆ曼炒，炒到焦黄，再拌上点白糖，这就算是药了，我们叫它"糖拌炒鸡脐皮粉"。这种药并不难吃，甜中带些微苦，香喷喷的微带些烤肉的焦味。每次吃完糖拌炒鸡脐皮粉，没过多久，肚子不拉了，胃口也好了起来。家里的小孩虽然多，却没有谁因为拉肚子而找过医生。

直到学医后，才发现，奶奶常用的"鸡脐皮"是一味中药，正式名称叫做"鸡内金"。《本草纲目》说，鸡内金主治泄痢，小便频遗，除热止烦，止泻精并尿血，崩中带下，肠风泻血，治小儿食疟，疗大人淋漓反胃，消酒积，主喉痹乳蛾，一切口疮，牙疳诸疮。除此之外，鸡内金对很多口腔溃疡，牙龈溃疡等有很好的疗效。

从中医的角度看，当年奶奶为我们做糖拌炒鸡脐皮粉，无论是在药理上、主治上，还是在炮制上，都是正确的！

小孩子脾胃虚弱，遇到自己喜欢吃的东西，总是能吃多少就吃多少，这会造成消化不良或者腹泻。炒到焦黄的鸡内金粉末能健脾胃，又能消除肠胃中的积食，同时还能固涩肠道以止泻，真是一举多得。所以，绝大多数小孩食欲不振、腹泻、腹痛，用炒鸡内金粉末来治疗，效果都非常好。

不过，在从事儿科临床后，我发现，奶奶对鸡内金的利用还不够充分。我还经常使用鸡内金来治疗这些症状：

有的孩子五六岁了还经常尿床，被家长带到我这里来了，我都会说："没什么事，不用吃药就会好的。"开200克鸡内金，让家长拿回家全部炒黄，拌上白糖或者蜂蜜，给孩子每天饭后吃一勺。炒鸡内金粉末能健脾和胃，同时有固涩性，而小儿尿床恰好是因为脾胃虚弱，以及膀胱固涩功能不足导致的。用鸡内金刚好可以弥补这个不足。

鸡内金的固涩作用，还可以用来治疗男子遗精、早泄，以及女子崩漏带下，效果都非常好。

小病不求人

另外，鸡内金不止能消除小儿肠胃中的积滞，它还能消除成年人肠胃中的积滞。不要以为没有什么症状出现，成年人肠胃中就没有积滞，只是因为他们身体强壮，不会马上有不良反应而已。所以，成年人腹泻，也可以用鸡内金来治疗，效果同样迅速。即使没有腹泻，也可以经常吃一点鸡内金粉末，打扫一下肠胃，尤其是经常感觉腹胀的，或者有便秘的朋友。

更进一步，鸡内金还能消除身体内其他部位的积滞，包括五脏六腑以及经络上的积滞，对于治疗闭经、月经不调也有比较明显的效果。结石也是人体内的积滞，鸡内金化结石的能力是非常强大的，对于颗粒不大的或泥沙性的胆结石或膀胱结石，用开水冲服生鸡内金粉，每次 3克，每日 3 次，不到 1 个月，便会有显著的效果。

鸡内金就是鸡体内的金子，它不光是人体天然的"化石机器"，它还对止泻、促进食欲等有非常好的疗效。只要我们运用得当，我们身体的很多部位都会获益于它。

后 记 中医的科学性

前面介绍了大量的方剂和治疗原则，读者只要领会了就可以自己去处理一些常见的疾病，比如说伤风感冒等。了解这些治疗方法和方剂，最重要的是让人们不至于生一点小病却演变成大病。因为病的变化是很难掌控的，瞬息万变。如果没有适时地去治疗，会演变成什么样的病变是不得而知的。这方面最典型的是热性病。热性病因为温度升高，会伤害人体组织，最严重的会破坏患者的脑组织，出现脑炎、日本脑炎、乙型脑炎等；现在甚至还有无菌性的脑膜炎，在脑细胞里面找不到致病的病毒，但患者却已经昏迷，出现牙关紧闭、抽搐痉挛等情况。这样即使不影响以后的智力水平，也会可能破坏患者的运动神经。就像我们在街头上看到的很多残障乞讨者，很多都是小时候因为发烧导致的，有的来势汹汹，甚至会有生命危险。所以如果我们懂一点医理，用一些解表和发汗的药，很快这种发烧的现象就会缓解，就不会出现这样的后遗症，也不会有这些悲剧的发生。

我列举的这些药方都是经过时间检验的。实际上，老祖宗留下的很多宝贵方剂都有很长时间的历史，甚至有早在 1700 年前就在使用的。我们可以想像一下，累积到今天，有多少人、有多少医生在使用。所以，老祖宗的方剂和方法是经得起考验的，这样才会一直累积到现在并传承下来。

现在，有很多人批评中医是伪科学，其中甚至不乏许多学者，挥舞着"伪科学"的大棒砸向中医。那么什么叫做科学？科学的定义就是假设，假设以后就去试验，试验以后就去求证，求证以后得到一个结论，这就是科学。现代医学研究是先设计一个模型，然后用那些小动物来做实验。但动物毕竟是动物，它们的染色体和遗传基因和人并不完全一样，能用在它们身上就能用在人的身上吗？好像不尽然。举个例子来说，我们人的胃液里面大概有300多种成分，所以任何一种药物到我们的胃里面会发生一种什么样的作用，即使在科技发达的今天，依然没有任何人能够掌控，在动物上合适，在人体内可能就会有危险。但我们老祖宗是用活生生的人来做实验的。上古的传说我们都知道，"神农尝百草，一日中七十毒"。这自然是有神话的成分在里面，否则就一个人来说，早就已经"死翘翘"了。明代李时珍《本草纲目》里收录了1892种药，这里面几乎都是他自己一味一味地亲自去观察，甚至有些药都是自己尝试过的。我自己也吃过很多种药材，才知道这种药好不好吃。因此我看儿科，看得好不好姑且不论，但有很多小孩子很愿意找我看病，因为我不会给他们开苦的药。

所以说，中医的科学性是不容辩驳的。如果中医不是科学，早已被祖宗抛弃了；如果不是科学，我们的祖先就不能战胜疾病，特别是面对恐怖的流行性疾病，我们中国人就不能生存繁衍到现在。何况中国比世界上任何地方的人口都多，相反的是，历史上西方一些地方的流行病死亡的人似乎比中国更加突出。这虽然与社会管理有关系，但也与医学的先进与否有关系。从这一点也足以证明，中医与西医相比毫不逊色。